世界哲學家叢書

施萊爾馬赫

鄧安慶 著

1999

東大圖書公司印行

國家圖書館出版品預行編目資料

施萊爾馬赫／鄧安慶著.--初版.--臺
北市：東大，民88
面；　　公分.--（世界哲學家叢書）
參考書目：面
ISBN 957-19-2275-7（精裝）
ISBN 957-19-2276-5（平裝）

1.施萊爾馬赫(Schleiermacher,
　Friedrich, 1768-1834)-學術思
　想-哲學

147.79　　　　　　　　　　　　88000489

網際網路位址　http://www.sanmin.com.tw

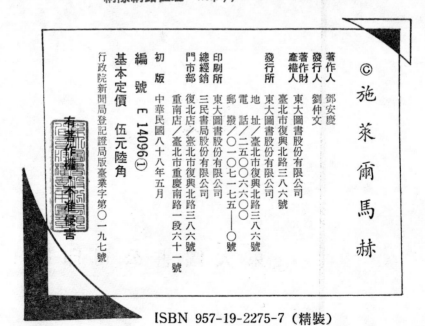

ⓒ 施萊爾馬赫

著作人　鄧安慶
發行人　劉仲文
產著作財
　　權人　東大圖書股份有限公司
發行所　東大圖書股份有限公司
　　　　地址／臺北市復興北路三八六號
　　　　電話／二五○○六六○○
　　　　郵撥／○一○七一七五──○號
印刷所　東大圖書股份有限公司
總經銷　三民書局股份有限公司
門市部　復北店／臺北市復興北路三八六號
　　　　重南店／臺北市重慶南路一段六十一號
初　版　中華民國八十八年五月
編　號　E 14096①
基本定價　伍元陸角
行政院新聞局登記證局版臺業字第○一九七號

有著作權·不准侵害

ISBN 957-19-2275-7（精裝）

「世界哲學家叢書」總序

　　本叢書的出版計畫原先出於三民書局董事長劉振強先生多年來的構想，曾先向政通提出，並希望我們兩人共同負責主編工作。一九八四年二月底，偉勳應邀訪問香港中文大學哲學系，三月中旬順道來臺，即與政通拜訪劉先生，在三民書局二樓辦公室商談有關叢書出版的初步計畫。我們十分贊同劉先生的構想，認為此套叢書（預計百冊以上）如能順利完成，當是學術文化出版事業的一大創舉與突破，也就當場答應劉先生的誠懇邀請，共同擔任叢書主編。兩人私下也為叢書的計畫討論多次，擬定了「撰稿細則」，以求各書可循的統一規格，尤其在內容上特別要求各書必須包括（1）原哲學思想家的生平；（2）時代背景與社會環境；（3）思想傳承與改造；（4）思想特徵及其獨創性；（5）歷史地位；（6）對後世的影響（包括歷代對他的評價），以及（7）思想的現代意義。

　　作為叢書主編，我們都了解到，以目前極有限的財源、人力與時間，要去完成多達三、四百冊的大規模而齊全的叢書，根本是不可能的事。光就人力一點來說，少數教授學者由於個人的某些困難（如筆債太多之類），不克參加；因此我們曾對較有餘力

的簽約作者，暗示過繼續邀請他們多撰一兩本書的可能性。遺憾的是，此刻在政治上整個中國仍然處於「一分為二」的艱苦狀態，加上馬列教條的種種限制，我們不可能邀請大陸學者參與撰寫工作。不過到目前為止，我們已經獲得八十位以上海內外的學者精英全力支持，包括臺灣、香港、新加坡、澳洲、美國、西德與加拿大七個地區；難得的是，更包括了日本與大韓民國好多位名流學者加入叢書作者的陣容，增加不少叢書的國際光彩。韓國的國際退溪學會也在定期月刊《退溪學界消息》鄭重推薦叢書兩次，我們藉此機會表示謝意。

原則上，本叢書應該包括古今中外所有著名的哲學思想家，但是除了財源問題之外也有人才不足的實際困難。就西方哲學來說，一大半作者的專長與興趣都集中在現代哲學部門，反映著我們在近代哲學的專門人才不太充足。再就東方哲學而言，印度哲學部門很難找到適當的專家與作者；至於貫穿整個亞洲思想文化的佛教部門，在中、韓兩國的佛教思想家方面雖有十位左右的作者參加，日本佛教與印度佛教方面卻仍近乎空白。人才與作者最多的是在儒家思想家這個部門，包括中、韓、日三國的儒學發展在內，最能令人滿意。總之，我們尋找叢書作者所遭遇到的這些困難，對於我們有一學術研究的重要啟示（或不如說是警號）：我們在印度思想、日本佛教以及西方哲學方面至今仍無高度的研究成果，我們必須早日設法彌補這些方面的人才缺失，以便提高我們的學術水平。相比之下，鄰邦日本一百多年來已造就了東西方哲學幾乎每一部門的專家學者，足資借鏡，有待我們迎頭趕上。

以儒、道、佛三家為主的中國哲學，可以說是傳統中國思想

與文化的本有根基,有待我們經過一番批判的繼承與創造的發展,重新提高它在世界哲學應有的地位。為了解決此一時代課題,我們實有必要重新比較中國哲學與(包括西方與日、韓、印等東方國家在內的)外國哲學的優劣長短,從中設法開闢一條合乎未來中國所需求的哲學理路。我們衷心盼望,本叢書將有助於讀者對此時代課題的深切關注與反思,且有助於中外哲學之間更進一步的交流與會通。

最後,我們應該強調,中國目前雖仍處於「一分為二」的政治局面,但是海峽兩岸的每一知識分子都應具有「文化中國」的共識共認,為了祖國傳統思想與文化的繼往開來承擔一分責任,這也是我們主編「世界哲學家叢書」的一大旨趣。

傅偉勳　韋政通

一九八六年五月四日

自 序

(一)

施萊爾馬赫研究，在我國完全是個空白。他所生活的年代，離我們今天幾乎已有兩個世紀，然而，即使在哲學工作者中，大多也是只知其名，而對其思想相當陌生。這是否表示他的思想不重要、沒有研究和傳播的價值呢？在此，筆者首先願把現代著名神學家巴特對他的評價獻給我們的讀者：

「我們面對的是一位英雄，是神學中難以得到的那種英雄。任何人如果沒注意到（或從未屈服於）這位人物發出的和仍在放射的光芒，都可以可敬地越過他而採納其他的、也許更好的方式。但是請別對施萊爾馬赫作哪怕是十分輕微的指責。任何人在此如果不曾愛過，而且如果不會一再地愛的話，那也不會恨。」●

如果說，巴特是施萊爾馬赫的一個忠實的信徒，他出於對老師的尊敬而有如此美言，那他的讚美之辭是會有很大水份的。但是，巴特不僅不是施氏的信徒，而是一位本想把他從頂峰上趕下來的「敵手」！可見他的讚揚是多麼地可信。

● K. Barth：《十九世紀的新教神學》，轉引自Hans Küng：《基督教大思想家》，香港，1995年中文版，頁196。

　　施萊爾馬赫就是這樣一個連自己的敵手最終也不得不讚美的偉人。之所以如此，不是他的思想完美得無懈可擊，而是他的思想真正抓住了他那時代文化所面臨的核心問題，並真正深入到人們靈魂的內在深處，表達了他們內心的精神呼喚。

　　在那個啟蒙與浪漫、革命與復辟、科學與宗教、情感與理智相互激盪的時代，施萊爾馬赫首先站在時代的高峰，解決了人們的信仰危機。他讓經過科學啟蒙之後對宗教陌生和討厭的一代人，重新自願地回到了宗教的懷抱；他讓對科學理性執迷的一代人，重新確認了情感和直覺的價值；他讓渴望在外在世俗生活中取得成功的人，重新思考了內在靈性生命的本真意義；他讓盲目崇敬人性的人本主義者，進一步思考了人性的局限和神性的崇高；他讓那些神學的正統派和保守派，正視精神自由的價值和科學理性精神在神學研究中的作用。這一切，都使得他站在了他那時代文化的中心和前臺。

　　在施萊爾馬赫身上，虔敬心和現代性典範地結合起來。他成功地把浪漫主義的情感宗教和科學文化相統一，廣泛地促成現代各種社會理論同與基督新教的協調與對話，在哲學、神學、釋義學、倫理學、教育學、心理學、美學等方面，都確立了堪稱現代性典範的思想。他既是生存意義的思考者，又是教育上和宗教上的實幹家與改革家；既是深得民眾信賴和喜愛的牧師與愛國主義者，又是勇於為真理而同警察當局和國王作對的自由分子。我們崇敬他，不僅因為他有深刻的思想，而且因為他有崇高的人格；我們學習他，不僅因為他有廣厚的學識，而且因為他有為真理和自由而鬥爭的勇氣；我們懷念他，不僅因為他曾在歷史上為人類文明的進步做出過偉大貢獻，而且因為他曾經塑造了並在繼續塑造著人們的精神和人格。

(二)

　　拙著是我國第一部研究施萊爾馬赫思想的專著，因而力圖比較全面地探索他的思想的境況。按照本套叢書的要求，筆者在第一章較詳細地介紹了施萊爾馬赫的生平、時代背景和社會環境；試圖比較逼真地展示出，在那樣一個風雲變幻的時代中，施萊爾馬赫是通過怎樣的家庭教育和社會教育，形成其個性、人格和思想的；在其人格和思想的形成過程中，他受到了哪些人的思想的影響，他又如何影響著別人；我們還介紹了施萊爾馬赫主要著作的基本思想和思路，以及撰寫這些著作時的故事，人們在當時是如何評價這些著作的，以期比較「感性地」介紹其思想的傳承關係。因此，對於只想粗略地瞭解施萊爾馬赫關於思想的人，這一章是必讀的入門書。

　　從第二章到第五章，筆者分別探討了施萊爾馬赫的宗教哲學、神學、倫理學、釋義學和美學思想。這是最能體現其思想特徵和獨創性的幾個哲學部門。我們在論述這些思想時，分別從「學理上」研究了施氏與前輩思想家的傳承關係，力圖客觀地把握其思想的創造性，並嘗試性地與大師展開對話。

　　在第六章，我們從「神學現代性的開拓者」、「現代人文精神的推進者」、「現代方法論釋義學的創建者」三個方面，表達了施萊爾馬赫思想的歷史地位和現代意義；並從神學、哲學（美學）兩方面，充分闡述了施萊爾馬赫對後世的深遠影響。在這裡，讀者可以明顯地看出，施氏對於現代文化精神所產生的巨大建構性意義。

　　限於篇幅，我們對施萊爾馬赫的哲學知識論、教育學和心理學未作專門論述，但我們在介紹他的著作《辯證法》和《關於德國式大學的基本構想》時，簡要地涉及到了，有興趣的讀者可在第一章

找到它們。由於資料的缺乏，在〈美學〉部分，我們未論及施萊爾馬赫關於具體藝術的思想，這是我們深表遺憾的。出於對施萊爾馬赫思想的熱愛，對其思想任何部分的遺漏，都使筆者於心不安。

　　我們還是不要過多地在施萊爾馬赫的窗外逗留，趕緊進入其思想的殿堂吧。

鄧安慶

施萊爾馬赫

目　次

「世界哲學家叢書」總序

自　序

第一章　施萊爾馬赫的生平和著作 …………… 1

一、生平傳略 ……………………………………… 2

　1. 家庭教育 …………………………………… 3

　2. 求學生涯 …………………………………… 6

　3. 成名之路 …………………………………… 13

　4. 愛情生活 …………………………………… 26

　5. 晚年的坎坷和不朽的英名 ……………… 28

二、重要著作的基本思路簡介 ………………… 36

　1.《論宗教──對蔑視宗教的有教養者講話》…… 37

　2.《獨白──一個新年禮物》……………… 41

　3.《對迄今為止的道德學說進行批判的基本思路》… 43

　4.《慶祝聖誕節談話》……………………… 46

5.《辯證法》 …………………………………… 52

6.《論基督教信仰》 …………………………… 54

第二章　施萊爾馬赫的神學思想 ……………… 59

一、施萊爾馬赫神學思想產生的文化背景 ……… 60

1. 啟蒙運動的思想背景 ………………………… 61

2. 德國虔敬主義神學和思辨哲學的文化背景 …… 66

二、施萊爾馬赫的宗教哲學 …………………… 72

1. 宗教不是什麼 ……………………………… 73

2. 宗教作為對宇宙的直觀 …………………… 79

3. 宗教作為虔敬的情感 ……………………… 85

4. 宗教作為絕對的依賴感 …………………… 91

三、基督教信仰論 ……………………………… 97

1.「實證宗教」的意義 ……………………… 98

2. 基督教的個性與本質 ……………………… 104

3. 基督教信仰的核心：基督 ………………… 107

4. 教會存在的意義 …………………………… 111

5. 現世中的不死何以可能 …………………… 116

第三章　施萊爾馬赫的倫理學 ………………… 123

一、施萊爾馬赫倫理學思想發展概觀 ………… 123

1. 第一階段：形成時期 ……………………… 123

2. 第二階段：批判時期 ……………………… 127

3. 第三階段：完善和宣講時期 ……………… 129

二、施萊爾馬赫對傳統倫理學的批判 ……………… 132

  1.「批判」的含義和方法 ………………… 133

  2. 對傳統倫理學最高原理的批判 ………… 135

  3. 對倫理學基本概念的批判 ……………… 139

  4. 對傳統倫理學體系的批判 ……………… 143

三、施萊爾馬赫的倫理學體系 …………………… 144

  1. 倫理學的基本理念 …………………… 144

  2. 善論 …………………………………… 148

  3. 德性論 ………………………………… 153

  4. 義務論 ………………………………… 162

  5. 基督教道德論 ………………………… 173

第四章　施萊爾馬赫的釋義學 ……………… 185

一、施萊爾馬赫釋義學產生的思想資源 ……… 186

  1. 外在的思想資源 ……………………… 187

  2. 內在的思想資源 ……………………… 190

二、施萊爾馬赫釋義學思想的創造性 ………… 191

  1. 釋義學觀念的重新確定 ……………… 192

  2. 語法的解釋 …………………………… 197

  3. 心理的解釋 …………………………… 202

  4. 技術的解釋 …………………………… 207

三、施萊爾馬赫釋義學方法的理論意義和局限 ……… 211

第五章　施萊爾馬赫的美學 ……………… 217

一、施萊爾馬赫的美學定向 ⋯⋯⋯⋯⋯⋯⋯⋯ 219

二、藝術活動的特徵 ⋯⋯⋯⋯⋯⋯⋯⋯⋯⋯ 221

三、藝術的真實性 ⋯⋯⋯⋯⋯⋯⋯⋯⋯⋯⋯ 228

四、藝術中的靈感和沉思 ⋯⋯⋯⋯⋯⋯⋯⋯ 232

五、貢獻和缺陷 ⋯⋯⋯⋯⋯⋯⋯⋯⋯⋯⋯⋯ 233

第六章　施萊爾馬赫思想的現代意義

　　　　和對後世的影響 ⋯⋯⋯⋯⋯⋯⋯⋯ 239

一、施萊爾馬赫思想的現代意義 ⋯⋯⋯⋯⋯ 240

　　1. 神學「現代性」的開拓者 ⋯⋯⋯⋯⋯ 240

　　2. 現代人文精神的推進者 ⋯⋯⋯⋯⋯⋯ 242

　　3. 現代「方法論」釋義學的創建者 ⋯⋯ 248

二、施萊爾馬赫對後世的影響 ⋯⋯⋯⋯⋯⋯ 250

　　1. 對後世神學的影響 ⋯⋯⋯⋯⋯⋯⋯⋯ 250

　　2. 對後世哲學和美學的影響 ⋯⋯⋯⋯⋯ 255

三、結語 ⋯⋯⋯⋯⋯⋯⋯⋯⋯⋯⋯⋯⋯⋯ 256

後　記 ⋯⋯⋯⋯⋯⋯⋯⋯⋯⋯⋯⋯⋯⋯⋯ 259

施萊爾馬赫生平大事年表 ⋯⋯⋯⋯⋯⋯⋯ 261

主要參考書目 ⋯⋯⋯⋯⋯⋯⋯⋯⋯⋯⋯⋯ 271

索　引 ⋯⋯⋯⋯⋯⋯⋯⋯⋯⋯⋯⋯⋯⋯⋯ 277

第一章　施萊爾馬赫的生平和著作

　　德意志民族盛產獨領風騷的哲學家，就像好萊塢盛產光彩照人的電影明星一樣。哲學家的長相雖不及電影明星那樣美艷，然而其充滿睿智的思想卻比明星更能深深地震撼人心。十八世紀末經濟上落後的德國，正是靠著一大批如同用魔法呼喚出來的擅長思辨的哲學家而讓世界刮目相看。從此以後，德意志民族以其深邃的哲學主宰著世界精神的潮流，這一傾向至今沒有改變。在這群璀璨奪目的聖哲之中，康德(Immanuel Kant, 1724–1804)、費希特(J. G. Fichte, 1762–1814)、謝林 (F. W. J. von Schlling, 1775–1854)、黑格爾 (G. W. F. Hegel, 1770–1831)以及叔本華(A. Schopenhauer, 1788–1860)，都是國人耳熟能詳的了。然而，還有一位與費希特和黑格爾共過事、幾乎與謝林同時出名，給叔本華上過課的大哲學家，就是本書的主人翁施萊爾馬赫(Friedrich Daniel Ernst Schleiermacher, 1768–1834)。

　　哲學家施萊爾馬赫同時是、或者說更主要地是一個神學家。他的思想雖不像康德那樣，把整個德意志文化引入思辨之途，當然也未能像黑格爾那樣以其體系化的邏輯思辨建構起「絕對精神」的雄偉大廈，然而他卻以其在神學領域內的「哥白尼式革命」，把宗教領域和人類科學、藝術、智慧的廣大領域巧妙地結合在一起，站在了他那時代進行各種求索的人們的中心。與黑格爾試圖以其邏輯化

的理性涵括和消融活生生的內在激情相反，施萊爾馬赫卻同浪漫派
一起，把生命的非理性的激情推向了哲學的中心和前臺，試圖從宗
教上打動並喚醒他那時代被世俗功利所拖累的心靈，並因此而成為
同時代人們的真正知音。正像威廉·狄爾泰 (W. Chr. L. Dilthey,
1833–1911)所說，施萊爾馬赫這樣的淵博之士：

> 他身上具有前輩們所準備好的，推動他那時代前進的最偉大
> 的東西。進步時代的全部生活內容轉變為他的生活行動，轉
> 變為情感對世界的統治。

施萊爾馬赫雖然反對體系哲學，但他仍然是個百科全書式的思想家，
並追求滲透於各門學科中的精神的整體性與內在的統一性；他雖然
以神學見長，但他在「辯證法」(知識學)、釋義學、倫理學以及美
學領域仍然做出了開拓性的創見，閃現出其思想的獨特光芒，以至
於在他的同時代人看來，他不僅是個偉大的神學家和傑出的牧師，
而且同時也是偉大的文化哲學家、哲學家、道德學家和教育家。在
當代哲學中，他還尤為被尊崇為「現代釋義學之父」和拯救人類心
靈的先知。對於這樣一位偉人，瞭解他的生活和成才之路，是我們
首要的渴望。

一、生平傳略

　　施萊爾馬赫的生活既不像康德那樣枯燥和刻板，也不像謝林那
樣浪漫，當然也沒有叔本華那樣多的風流韻事。他的生活是獨特的，
正如他的思想是富於創造性的一樣。相對於理智的哲學家，他的生

活充滿著情趣；相對於激情滿懷的浪漫派，他的生活散發出倫理道德的光芒；相對於固守書齋的學者，他的生活更多地是社交的和外向的……在此，我們感興趣的是，他是如何走上這樣的生活之路的，他的個性和人格又是如何養成的？

1.家庭教育

施萊爾馬赫於1768年11月21日誕生在布勒斯勞(Breslau)。他是家庭中的第二個孩子，在他上面有一個比他年長三歲的姐姐夏洛特，在他下面有一個比他小四歲的弟弟卡爾。這是一個在濃厚的宗教精神中生活的家庭。施萊爾馬赫的祖父丹尼爾・施萊爾馬赫是個神學家，有一段時間曾被一個狂熱的宗教團體的活動所迷惑，這個團體的首領自認為先知，同他那所謂有先見之明的妻子一起宣布了新正統教會的誕生和救世主的降臨。施萊爾馬赫的祖父在1741年被該教派委命為當地的牧師。在1749年，丹尼爾由於被控施行妖術而面臨著一場迫害，於是他脫離了這一教派並於1751年逃離埃貝爾菲特(Elberfeld)，在荷蘭的埃恩海姆定居下來。從此後，他改邪歸正，並在當地革新派教區當上了長老，他不再佈道了。

小施萊爾馬赫的父親哥特利布・阿道爾夫・施萊爾馬赫也是個神職人員，於1727年生於上克塞爾，當他還只有十九歲時，就差一點成為這個教區的第二個牧師。在他二十二歲時，親身經歷了其父親同那個假先知的決裂。在他身上，我們再也找不到其上輩身上所具有的那種堅定不移的教會信仰，甚至也找不到其兒子身上的那種經過哲學奠基後的肯定性的信仰了，在此意義上，可以說他完全屬於「迷茫的一代」。但從啟蒙理性的角度說，他又屬於「清楚明白」的一代。在某種意義上，康德也可以算作這一代：科學在這一

代人中真正地已經摧毀了信仰的基本支柱，但從個人角度而言，信仰在他們心中仍然還是有生命力的。❶在兄弟會的影響下，小施萊爾馬赫父親的理性思維方式有所減弱。1778年，在他認識了格那登弗拉伊教區的成員以後，他在思想上成了兄弟會的一員，後又成為兄弟會成員的牧師，同時他也成為一名道德學家(Moralist)。

小施萊爾馬赫的母親瑪利亞‧卡塔麗娜的娘家姓施圖本勞赫(Stubenrauch)。她的祖先因信奉新教而遷出奧地利。她的父親是柏林的宮廷牧師和柏林革新派上層牧師，同宮廷牧師奧古斯特‧弗里德里希‧威廉‧薩克(August Friedrich Wilhelm Sacks, 1703–1786)的關係甚密。薩克的兒子弗里德里希‧薩穆埃爾‧格特弗里特‧薩克 (Friedich Samuel Gottfried Sacks) 是施萊爾馬赫後來的上司和神學上的反對者。他與頗負眾望的牧師、修道院院長約翰‧約阿希姆‧施拜爾廷(1714–1804)的關係也很好，儘管他們觀點相左，但施拜爾廷對施萊爾馬赫卻十分真誠友好。這當然是後話。我們現在關心的是，施萊爾馬赫出身的這樣一個家庭，為他後來成為一名出色的神學家和哲學家提供了何種家庭教育？是什麼樣的心智啟蒙使小施萊爾馬赫走上了一條通向心靈拯救的獨特之路，使之成為其家族宗教精神的集中體現並達到其時代的最高頂峰的？

母親總是孩子的第一位啟蒙老師，母親本人的言談舉止和教養總能在孩子幼小的心靈中產生潛移默化的影響。在施萊爾馬赫的家裡，他們姐弟三人的教育差不多完全是由其母親承擔的。像康德等人一樣，施萊爾馬赫從小從母親那裡所獲得的精神食糧就是虔誠的宗教感，對上帝的敬畏，對道德的敬重，以及善待他人，尊重他人的深厚的人文主義精神。母親畢竟不能等同於學校的老師，其教育

❶ 參閱W‧狄爾泰：《施萊爾馬赫的生平》，柏林，1870年德文版，頁7。

子女的方式當然不是簡單地灌輸書本知識，而是細心地發現孩子身上特殊的天分和優秀的品質，對之進行鼓勵，發現他們行為上的缺點，並對之進行糾正。施萊爾馬赫的母親從不為學習而去懲罰孩子，而是以其情感去感化他們，讓他們自己學會反省，這種教育方式堪稱典範。後來，施萊爾馬赫在其《自傳》裡以感激的心情這樣談論他的母親：

> 我的母親雖然相當愛我，但對我的缺點決不是視而不見，她嘗試著通過理性的宗教表象(Vorstellungen)把我的自豪感變成對於上帝的感激……

她不僅培養兒子感覺的能力，而且讓他學會反省。這種教育方式取得了成功。在施萊爾馬赫四歲時，母親就不無自豪地發現他「心地極其溫柔，腦子非常聰明」，因此她給予了兒子特別的關照和培養。

「上帝造人」十分公正，對於一些平庸之輩，上帝往往會賦予其天生麗質和健全的身體，而對於那些天才和偉人也會給他們留下一些天生的缺陷。讓萬世景仰的哲學家蘇格拉底，不僅長相相當醜陋，而且其夫人是有名的潑婦；樂聖貝多芬在音樂創作的盛年卻得了致命的耳聾，以至於他曾無限悲痛地感嘆：「我是上帝創造的最不幸的人。」對於施萊爾馬赫也是如此，其天才的頭腦和聰明的靈性所顯示出的卓絕的美簡直無法同其長相統一起來：他發育不全，臉色蒼白，矮小肩斜，藍眼睛，翹鼻子……好在這個先天不足的男孩擁有特殊的天賦，在母親的愛護和影響之下，智力得到了很快的發展，理解力極強，記憶力也很好。因而，他四歲便開始了閱讀，五

歲進入了當地的弗里德里希學校(Friedrichs Schule)。儘管他是班上最小的學生，卻是班上最優秀的一個。

1778年，巴伐利亞王位繼承戰爭把小施萊爾馬赫的父親驅上了疆場，他們全家遷到了普勒斯(Pleβ)，1779年夏天，又在上西里西亞的一個宗教改革派流亡者的居留地定居下來。從以後施萊爾馬赫宗教思想的發展來看，改革派的觀念在此時就在其幼小的心靈裡埋下了種子。父親從戰場返回後，除了繼續當軍隊牧師外，還在當地佈道，照管這裡的人們的宗教生活。每年他都要在普勒斯改革派教區裡向宮廷官員們講道四次並舉行聖餐儀式。他父母和西里西亞的貴族們保持著許多聯繫，然而牧師大施萊爾馬赫家的經濟狀況卻每況愈下。這時，隨著小施萊爾馬赫的逐漸長大和成熟，如何讓他接受正規的學校教育，已成為擺在他們面前的問題了。

2.求學生涯

父母最初有意將施萊爾馬赫留在家中，但他們擔心，早熟的兒子，會因人們對他過分的誇獎而日益變得沾沾自喜，從而變得嬌慣。因此他們決定讓兒子到普勒斯的市立中學接受有計畫的系統學習。這時施萊爾馬赫已有十二歲了。在這所中學裡，施萊爾馬赫對於古代語言學有了強烈的興趣。所謂「古代語言」，在歐洲一般指的是古希臘語和拉丁語。對於古典文獻的學習，是人文主義教育的極其重要的方面。可以說，正是通過對古典文獻的學習，為施萊爾馬赫日後成為德國柏拉圖哲學的研究專家打下了深厚的基礎，同時也為他後來的宗教人文主義思想的形成作好了準備。在這所學校裡，施萊爾馬赫的批判思維和有條理的表達能力也被激發和培植起來。一種曾經在康德心中也產生過重要作用的懷疑主義精神，正在折磨著

他的日益成熟的心智。這是施萊爾馬赫平生第一次感到的精神痛苦：他覺得，所有古代的歷史都是虛假的。後來他在《自傳》裡寫道：

> 在我看來，我從中所知道的一切都是虛構的、沒有聯繫的……這種看法喚起了我心裡沉默的感覺，而正是這種沉默的感覺，使我保留上述異常的、使我痛苦的思想。

　　在其父母根深蒂固的虔誠的思想中，懷疑主義是危險的，它會毀掉人的內在寧靜和幸福。因為在他們看來，人所要達到的最主要的事情，就是同上帝的再次統一 (Wiedervereinigung)。而在當時德國的一個基督教組織兄弟會看來，人與上帝再次統一的基礎在於，通過基督被釘十字架上的流血犧牲而達到與上帝的和解。正好在這時，普勒斯中學的校長離任了，施萊爾馬赫的父母就決定讓兒子接受兄弟會的教育。因為兄弟會的學校被認為是模範的教育機構，誰能從兄弟會學校畢業，誰就能成為神職人員或教師為教區服務。於是，在1783年的春天，施萊爾馬赫很高興地和他的弟弟卡爾一起進了尼斯基 (Niesky) 師範學校，這是一所修道院，專為兄弟會培養神職人員，其教育宗旨是「要使它的學生永遠脫離現實而心甘情願地進入兄弟會，進入救世主的特別國度。」這實際上就基本上決定了施萊爾馬赫以後的人生方向。

　　兄弟會學校教育使施萊爾馬赫從前所受的道德主義 (Moralismus) 教育發生了某種程度的改變。這時離康德發表其倫理學專著《實踐理性批判》只有五年時間，按照康德道德主義的立場，道德的基礎在於人的理性的自律，道德修養主要在於使人自身的行為準則成為一條普遍的立法原理。因而道德教育側重於培養人自身的理

智能力以及協調與他人之間的關係。但宗教側重的不是理性，而是虔誠的情感，它主要不靠人自身的理性自律，而是通過超自然的努力協調罪過，達到人神和解。這種教育方向的轉變，在施萊爾馬赫心中產生了極其強烈的心靈震撼，這從他下面的一段自白可以明顯地看出來：

現在開始了一場新的鬥爭，這場鬥爭是由在兄弟會中應該怎樣對待關於毀滅和超自然的仁慈的作用所引起的。幾乎每次講道都要涉及到這個問題，而這場鬥爭幾乎一直持續到我成為兄弟會成員才告結束。我的個人經驗已足以向我證實了神秘的苦修體系的這最根本的兩大支柱，在我看來，每一件善行如果不是可疑的，就純粹是虛偽的。因此，我就處於極度痛苦之中，人們常常把這種痛苦歸咎為是我們這些改革派教徒造成的；這就使我失去了某些東西；對人本身的道德能力的信任，卻又不能給我某種補償。因為我徒勞地追求超自然的感情，每當我用關於未來報應的學說的觀點來看待我自己的時候，我就深信這種超自然感情的必然性，每一場佈道和每一首聖歌，甚至每當我看到這種氣氛中的這些如此使人感動的人們的時候，都使我相信在我之外的這種超自然感情是真實的，這種超自然的感情似乎也只是躲避我一個人而已。因為儘管我相信我也掠取了這種感情的一點影子，但它馬上就表現為我自己的作品，表示為我的幻想所做的一次無結果的努力。我那超群的母親徒勞地想把關於懲罰和報應的較準確的概念同我在兄弟會裡聽到的說法統一起來，徒勞地想使我的心平靜下來。在這種情況下，我堅決地贊同兄弟會的說

法，並把沒當上兄弟會成員看作是很大的不幸，這一切就都是很自然的事情了，我甚至決定，如果我不能進尼斯基學校的話，那我就寧可在兄弟會裡學會一種受人尊重的手藝，也不到兄弟會以外去走一條通向學術榮譽的道路，在普勒斯的老師曾激勵我走這樣一條道路。我極其激動地想到我的這個決定是如此的偉大，她第一次使我從內心裡有點贊同一種超自然的作用。

母親寫給施萊爾馬赫的信向兒子指出了救世主的仁慈，這些信使施萊爾馬赫比較容易適應兄弟會的虔誠。她在1782年1月21日給兒子的信中寫道：

我親愛的兒子，我很高興從你的信中看到，我們的晨課對你來說不是完全沒有好處的。你應該常常想一想那些好處，你將不斷地從你所聽到的東西中得到新的收穫。我親愛的兒子，你在信裡說，你覺得基督耶穌的愛還沒有占據你的心靈，你是一個罪人，還沒有受到耶穌的寬恕，並要我們給你出出主意，告訴你怎樣才能獲得充滿愛的耶穌精神。啊！如果你感覺到了這種需要，並且有了這種需要，啊，那你就只請求祂，請求我們那真誠的救世主，那位真誠的幫助者吧，十分執著地請求祂的精神，請求祂的幫助吧；祂召喚我們所有的人，召喚一切靈魂有需要的人，祂也答應我們以祂的名義祈求的一切東西，我們都應該得到這些東西。我的孩子，你要留神那些不想開始完善自己的想法，因為靠自己的力量，我們將一事無成，趕快帶著你的空虛、帶著你的負罪感、帶著你的

全部需要到耶穌那兒去吧，到上帝的兒子那兒去吧，從祂的無比豐富的精神之中去獲得恩惠吧，去獲得一個又一個的恩惠吧。❷

父母的這種宗教教育和施萊爾馬赫本人對世俗道德感的懷疑以及對超自然感情的確信結合在一起，促使他很快沉浸於基督教的精神氣氛之中並成為兄弟會的會員。1785年8月底，他同另外十七個同學一起被巴比(Barby)神學院錄取，於9月22日正式入學。巴比神學院距離易北河邊上的哈勒以北六十公里，也是專門為兄弟會培養神學家的。施萊爾馬赫本來是帶著虔誠的教徒的熱情來到巴比的，內心的期望值很高，然而進校後這裡的精神氛圍令他大失所望。老師們思想保守、知識陳舊，對新興的科學極其無知，而且對學生們進行嚴格的監督。管理員隨時都可能出現在房間裡，把觀察到的情況向宗教監督員彙報。這種狀況使施萊爾馬赫極度痛苦。處於世界觀形成時期的青年人，一旦心中的熱情被冷卻，就會去尋求新的興趣來補償，逆反心理往往會發生重要的作用。這時，被校方冷落的康德的著作，維蘭特(Chr. M. Wieland, 1733–1813)的詩和歌德 (J. W. von Goethe, 1749–1832)的《少年維特的煩惱》在學生中秘密地閱讀著。對施萊爾馬赫而言，巴比時期的重要事件，一是對自然科學和數學的興趣有新的發展；一是對哲學的興趣被有力地喚醒了。他參加了一個由幾個有精神追求的人組織起來的「哲學俱樂部」，開始憑著自己的力量尋求一條通往哲學的特殊通路。但是，自然科學意識的增強和康德哲學的理性精神對其從前所信仰的兄弟會的基督

---

❷ [德]F. W. 康岑巴赫:《施萊爾馬赫》，中國社會科學出版社，1990年版，頁11–13。

教神學有著強大的衝擊力，致使他的宗教懷疑意識大大增強。他不再相信，把自己只是稱作人子的人會是永恆的、真正的上帝；他也不能相信，基督死在十字架上代表著人與上帝的和解，甚至不相信這種和解是必不可少的。失去古老的信仰令施萊爾馬赫十分痛苦，終於在1787年1月21日不得不寫信給他的父親，坦白他心中瀆神的想法：

> 很明顯，上帝並沒有創造完美的人，而只創造了追求這種完美的人。因此上帝也不能為了人的不完美而永遠地懲罰他。❸

雖然這封信極為誠懇地描述了他失去信仰後內心的騷亂和苦悶，但是，他從其父親那裡不僅沒有得到應有的安慰和引導。相反，父親誤認為兒子成了一個背叛了上帝信仰的人，從而對他表示了深深的失望和無奈的痛苦。這種誤解，致使以後父子倆人很長時間都感情不和。這種信仰上的衝突，實質上並非是他父子倆人的衝突，而是倆代人之間的衝突。不過，父親認為兒子已成為不信神的人了，這的確是個誤解。因為施萊爾馬赫儘管不再像其父親一樣信仰兄弟會教徒們的上帝，也不再設想自己能夠真誠地從事牧師工作，但他的確既沒有失去對上帝存在的確信，也不願從此放棄學習他一直喜愛的神學。事實上，從後來施萊爾馬赫思想發展的情況來看，他一直未能在思想上實現從兄弟會教徒的虔誠立場向啟蒙運動的理性批判神學立場的過渡，即使在現在失去了原有信仰的時候，他仍然覺

---

❸ 俄圖・布勞恩(Otto Braun)：《施萊爾馬赫的生平和著作》，載《施萊爾馬赫選集》卷一，漢堡，1981年德文版，頁XLI。以下凡引《施萊爾馬赫選集》，都是該版本，不再註明。

得他最喜愛的還是神學，認為自己離不開神學，因此他請求父親允許他去哈勒(Halle)大學繼續學習神學。然而，儘管其父親不反對兒子學習神學，但他作為一個虔誠的牧師實在不願意使他的祖國將來出現一個信仰異端邪說的牧師，所以他讓兒子慎重地考慮自己的志向，然後決定學習什麼專業。最後，在施萊爾馬赫的舅舅恩斯特·施圖本勞赫——哈勒革新派神學的副教授——的調節下，施萊爾馬赫於1787年的復活節離開了巴比，成為哈勒大學神學系的學生。

哈勒大學的學生人數在施萊爾馬赫進校的前一年就達到了最高峰，在一一五六個學生當中，學習神學的就有八〇〇名。其父親同意他來哈勒，就是希望在這樣的氛圍裡浪子能回頭，他甚至提醒兒子返回古老的信仰，避免純粹思辨的空洞和危險。而施萊爾馬赫則把形成一個統一的世界觀當作他大學時期學習的主要目的。

這樣的一種統一的世界觀決不可能僅從神學中獲得，況且，哈勒的神學教授們有的傾向於虔敬主義，有的則傾向於革新形式的啟蒙神學，後者雖然企圖在科學認識和超自然的天啟要求之間進行調和，但難以形成一種令人信服的統一的世界觀基礎。這樣當然不能真正激發起施萊爾馬赫刻苦學習的激情。他的這種激情的獲得，應當歸功於語文學家弗里德里希·奧古斯特·沃爾夫(Friedrich August Wolff, 1759–1824)，正是在這位和歌德以及威廉·馮·洪堡(W. von Humboldt, 1767–1835)十分要好的新人文主義的開路先鋒的指導下，施萊爾馬赫在大量的古希臘經典作家的作品中吸取精神的養料。沃爾夫後來也在柏林大學成為叔本華的老師，並和叔本華建立了某種友誼。另外，施萊爾馬赫也被大眾哲學家約翰·奧古斯特·埃北哈特 (Johann August Eberhard, 生卒不詳) 的哲學所吸引。這位哲學家堅決反對康德哲學，他對康德的批判儘管粗淺，但仍激

起了施萊爾馬赫親自去研究這位當時在世的最偉大的哲學家思想的熱情。兩年後，當他在德羅森(Drossen)準備他的神學畢業考試期間，他仍然在認真研究康德新出版的第二批判即《實踐理性批判》。 也許正是為了弄懂康德道德哲學同神學世界觀的關係，施萊爾馬赫還花費大量精力研究了亞里士多德的道德哲學，並認真翻譯了亞里士多德《尼各馬可倫理學》的第八、九章，提要和注解。但他非但未被康德倫理觀念所俘虜，反而形成了他從德性而非從義務出發的對康德倫理學的批判立場。後來，康德的道德哲學和道德神學均是他批判的對象，因為他從心靈深處總是寧可相信滲入全部生活的宗教力量，以及由宗教虔誠所支撐的德性所具有的超道德特性，而從未完全領受過絕對理性的威力和崇高。

大學階段的學習自然不可能真正地讓人確立統一的世界觀，但施萊爾馬赫所認識到的宗教個性的寶貴價值和教派寬容的精神，使他能夠不隨便在相互對立的觀點之間作出簡單的選擇，而是自由而安靜地觀察哲學和神學鬥士們的比武，從而能夠對各種派別的學說進行探討和分析，博採眾長，這才是真正確立世界觀的基礎。

3.成名之路

1790年5月，施萊爾馬赫在柏林通過了第一次神學考試，開始步入社會生活。對善作觀察並樂於思考和反省的人來說，社會生活是形成自己世界觀的直接基地。小於施萊爾馬赫的叔本華在他成為哲學家後說過一句十分有名的話：「人所以成為一個哲學家，總是『由於』他自求解脫一種疑難……區別哲學家的真偽，就在於此：真正的哲學家，他的疑難是從觀察世界產生的；冒牌哲學家則相反，他的疑難是從一本書中，從一個現成的體系中產生的。」❹

這種說法雖然不一定人人同意，但對施萊爾馬赫世界觀的形成倒是很適用的。他所自求解脫的一種疑難早就在幼小的心靈中產生了，這就是人的靈魂拯救同超自然的虔誠之間的關係問題。他正是帶著這個問題從事著神學和哲學的學習和研究，現在也是帶著這個問題步入了社會生活，以其直接的直觀、深切的體悟來豐富自己生命的感覺。

像大多數德國哲學家一樣，施萊爾馬赫大學畢業後的第一步是從事家庭教師工作。通過普魯士改革派的領袖、宮廷牧師薩克的介紹，他在西普魯士施洛比滕的多納(Dohnna)伯爵家裡照料三個小孩的學習，一直到1793年5月。在這個完全世俗的、真正的貴族家庭生活中，施萊爾馬赫感受到了一種從來未有過的輕鬆，從小在虔敬的宗教氛圍裡形成的那種壓抑和憂鬱，在有教養的伯爵夫人的沙龍談話中，在對家庭細膩感情的領悟中早已煙消雲散了。這是一份世俗化的歡樂心情。在工作和生活之餘，他仍然是用研究神學和哲學來打發時間，以避免完全的世俗化而沉淪於非超越的生活之中。

1794年1月，施萊爾馬赫通過了第二次神學考試並被授予神職，成為一個較大的市鎮蘭茨貝格的助理牧師。這時，費希特正成名，小小的謝林❺也正嶄露頭角，在費希特之後緊追不捨。而這時黑格爾也仍在從事家庭教師工作。與謝林開始出版哲學著作不同，施萊爾馬赫主要是在實際的教區活動中鍛煉自己的講演才能，寫作對於他而言還頗為費力。不過，他出版了同宮廷牧師薩克一起翻譯的布

---

❹ 叔本華：《作為意志和表現的世界》，北京，商務印書館，1987年中文版，頁65。

❺ 謝林比施萊爾馬赫小七歲，比黑格爾小五歲，卻在1794–95年成為德國哲學界的一顆耀眼的新星。

蘭的《講道集》。《斯賓諾莎體系簡述》尚未完稿，但他已接受了斯賓諾莎、甚至也是康德的這一觀點：我們感知的事物是以超感性的、絕對的東西為基礎的，絕對的東西不能用理性的手段加以描述，它是信仰的、直觀的對象。這一觀點為謝林、施萊爾馬赫和耶拿(Jena)浪漫派所認同，後來成為對抗黑格爾絕對理性主義的主要觀點。

助理牧師的板凳尚未坐熱，施萊爾馬赫就不得不離開這個職位，因為改革教派的領導機關認為由他來當牧師還太年輕。這樣他只能屈就柏林慈善醫院的一個低賤的職位。1794年9月2日，他父親又去世了，這是施萊爾馬赫最孤單、寂寞和痛苦的日子。

1796年9月，施萊爾馬赫在柏林慈善醫院舊樓的第四層，給自己安置了一個簡陋的住處。在這裡，他的主要工作是給醫院和附近城區的平民百姓佈道。柏林的居民中，猶太人占了很大的比例。這時，施萊爾馬赫同一猶太夫人的親密友誼造成了不小的風波。時年三十二歲的赫爾茨夫人，據稱異常美麗，人們樂意把她比作提香畫筆下的威尼斯少婦。她熟知十種語言，對科學問題和一切藝術成就都有極高的理解力。她的感情極為豐富，但對物質享樂的追求甚少，樂於尋求思想上的志同道合者，這同比她大十七歲的丈夫馬爾庫斯・赫爾茨博士——樞密顧問、醫生，曾是康德所喜歡的學生——的性格形成鮮明對照，而與作為牧師的施萊爾馬赫卻十分投機。因為只有這樣年輕的牧師先生才知道怎樣去填補這位富有的年輕的貴族太太的心靈空虛。他們內心共同的感情交流的需要使他們結成一種真正心靈上的友好關係，這種關係儘管同性愛毫無共同之處，但其真誠熱烈而親密的友誼仍然引起了人們的閒言碎語，甚至有人還為他們畫了一張漫畫。施萊爾馬赫被畫成是赫爾茨手裡拿著的一把小的折疊陽傘。更為糟糕的是，教會上層不能允許年輕的牧師同猶

太女士的這種頻繁交往，正在考慮把施萊爾馬赫調往別處。

客觀地說，施萊爾馬赫同赫爾茨夫人的友誼使他受益匪淺：少婦心中熱烈而溫柔的情感，對精神享受的追求，無疑會有助於這位剛出神學院不久的牧師的精神定向；他們一起重讀莎士比亞的作品和歌德的《威廉·邁斯特》，無疑可深化施萊爾馬赫對人文精神的領悟；他在這位女友那裡，還常常碰到洪堡兄弟，可以說也成了朋友，後來 F. W. 洪堡受命組建柏林大學，請施萊爾馬赫一起出謀劃策，並任命他為神學院第一任院長，無疑也同這時結下的友誼有關。

同赫爾茨夫人的友誼後來因各種原因冷卻下來。但施萊爾馬赫同另一位朋友之間的友情，對他未來的精神定向和人生選擇卻更為關鍵，這位朋友就是剛剛組成的耶拿浪漫派的首領之一弗里德里希·施萊格爾(F. Schlegel, 1772–1829)。

施萊格爾比施萊爾馬赫年輕，但早已出名，在詩歌創作和對古希臘文學藝術以及東方語言的研究上有著傑出的成就。他們倆可以說是「一見鍾情」，原因在於他們身上都富有新興的浪漫氣質。他們都厭惡市民階層被世俗生活所扭曲了的天性，追求富於詩性的自我超越和內在精神的豐滿。對無限的嚮往、對藝術和宗教的特殊愛好與感受力，使他們的心靈更為接近。將科學和藝術、哲學和詩歌統一起來，並且以詩性的東西作為科學、哲學及文化的基礎，是浪漫派孜孜以求的，這同施萊爾馬赫追尋內在統一的世界觀不謀而合。起初，施萊爾馬赫被年輕的施萊格爾廣博的知識、深厚的哲學功底和高深的藝術修養所折服。而施萊爾馬赫作為一位牧師所表現出來的道德修養，也滿足了施萊格爾浪漫天性的缺陷。施萊格爾對施萊爾馬赫的品德充滿了讚美之詞：

施萊爾馬赫是這樣一個人，他很有修養……他只比我年長三歲，但在道德理智方面，我望塵莫及。我很想從他那裡學到許多東西。他的整個本質就是道德。❻

從這段話中，可以看出施萊格爾對施萊爾馬赫的把握，從一開始就是準確的。有趣的是，浪漫派最蔑視和反感的就是世俗的道德，而施萊爾馬赫的道德感，卻讓施萊格爾大加讚賞。這表明，浪漫派討厭現成的世俗道德，但並不排斥道德本身，在他們的內心仍然有著對一種新的、脫俗的道德的強烈渴望。這種道德或許只能在詩和宗教的內在精神中存在。

1797年聖誕節時，這兩位新朋友住在了一起，甚至舉行了一次隆重的「婚禮」。施萊爾馬赫在給他的姐姐的信中說：

施萊格爾和我住在了一起，使我的生活發生了美妙的變化。我只需打開房門，就可以和一個智慧的靈魂對話，只要我一醒來，就可以與人互道早安，有人就和我對坐在桌旁，我就可以把每天晚上產生的良好心情一早就轉達給他，這一切對我來說是多麼新鮮啊！❼

這兩位新時代精神的使者，不僅熱烈地討論出版表達浪漫派心聲的雜誌《雅典娜神殿》的計畫，而且，由於他們都有深厚的古代

---

❻ F・施萊格爾1797年11月給其兄弟A. W. 施萊格爾的信。轉引自《施萊爾馬赫選集》卷一，頁LV。

❼ [德]F. W. 康岑巴赫：《施萊爾馬赫》，中國社會科學出版社，1990年版，頁46–47。

語言學功底和對古希臘文化的熱愛，決定共同把柏拉圖的著作譯成德文。當然，這項工作後來主要由施萊爾馬赫獨自承擔，在1804-1828年間，出版了柏拉圖的絕大部分著作。這一意義巨大的工作，不僅使施萊爾馬赫躋身於令人尊敬的古典語文學家之列，而且對他成為一個偉大的哲學家和神學家的意義也非同小可、不可低估。W・狄爾泰認為他的翻譯，澄清了關於「柏拉圖對話結構」的諸原則、「個別對話之間的關係」和「柏拉圖哲學最內在的性質」等問題，是一部不可多得的高質量的力作。可以說，正是通過對柏拉圖著作的翻譯，施萊爾馬赫才把古希臘的哲學理念和思維方式用於德國文化，創建他自己的富有個性的哲學系統的。

同浪漫派的友誼結盟，對他們雙方都產生了強烈的影響。施萊爾馬赫不僅以其深厚的道德氣質感染著浪漫派，而且以其濃烈的宗教情感把浪漫派引向藝術宗教，追求內在精神的無限超升；浪漫派則不僅激發出施萊爾馬赫對詩和藝術的愛好，在詩歌創作和美學研究中挖掘自己的潛力。他們一致的地方就是對世俗生活的強烈不滿，因為連最優秀的人才如果沉溺於世俗生活中而不知精神的超越的話，也會被市民階層的無情所扭曲，變得俗不可耐。所以，施萊爾馬赫和浪漫派所致力追求的就是自我超越，在內在精神生活中尋求詩意的、浪漫的和宗教的超越方式，使自我高大起來。雖然詩歌創作和文學藝術不是施萊爾馬赫的特長，但他身上那根深蒂固的宗教精神在浪漫主義的整個精神氛圍裡成熟起來了。他從1798年8月開始撰寫的《論宗教——對蔑視宗教的有教養者講話》一書，正是從宗教神學方面豐富了浪漫派的精神世界，這本書使施萊爾馬赫成為浪漫神學的開拓者和最主要的代表。

俄國著名哲學家別林斯基 (Виссарион Григорьевич Ьелинский，1811–1848) 曾正確地指出：「從最狹義和最本質的意義上來說，浪漫主義不是別的，而是人的心靈的內在世界，是隱藏在人的內心深處的生命。人的心胸包含浪漫主義的深奧本原，感情和愛情都是浪漫主義的表露和活動。」❽施萊爾馬赫正是從心靈的內在情感出發建立起了獨樹一幟宗教的觀念，啟蒙運動推翻了關於天啟宗教的觀念，在法國出現了戰鬥的無神論。而在德國，啟蒙運動雖然未能使人拋棄宗教走向無神論，但藐視宗教者大有人在。施萊爾馬赫的這部著作就是要批駁這些「藐視宗教的有教養的人」，告誡他們把宗教看作是道德和說教如何誤解了宗教的本性，告訴人們應該如何按照宗教本身的真正本性來尊重宗教。他明確指出：「我的宗教完完全全是心靈的宗教，我不給別的宗教以地盤。」宗教不是道德和說教，而是直觀和情感。它是一種經驗，一種精神的本能，一朵最鮮艷的幻想之花。宗教的真正本性在於，它是同宇宙神秘地一體化的神聖環節，旨在喚起人們對無限的感應和審度。因此在宗教中，上帝的觀念並不像反宗教的人士認為的那樣高,在真正虔信的人中，也從來沒有人表現出對上帝的狂熱和沉醉。實際上，上帝在宗教中只是出場而已，一種沒有上帝的宗教可能比一種有上帝的宗教更好。

　　這部奠定施萊爾馬赫整個神學思想基礎的著作，引起了各方面強烈的反響。高級宗教顧問薩克在書中看出了斯賓諾莎的泛神論，認為《論宗教》這部著作是徹頭徹尾地為斯賓諾莎的泛神論作辯護的書，這一體系是想使他們一直認為的宗教的東西從此完蛋，因而這一體系的基本理論也是最無聊、最腐敗的。費希特認為《論宗教》太費解，而加以拒絕，並告訴謝林，說這部書是「混亂的斯賓諾莎

---

❽　《別林斯基全集》卷七，蘇聯科學院出版社，頁145。轉引自《世界藝術與美學》，第五輯，頁41。

主義」。 謝林作為浪漫派的成員之一，應該是熟悉施萊爾馬赫的思想，並能對之表示贊同的，但他的贊同也只是到了1801年才明確下來，他說：

> 現在，我尊崇作者具有一種精神，人們只有站在同第一流的真正的哲學家一樣的水平上，才能觀察到這種精神。

弗里德里希‧施萊格爾甚至批評了《論宗教》具有主觀性和缺乏歷史性的弊端。只有諾瓦利斯同施萊爾馬赫的觀點最為接近，他在這本書的直接影響之下，於 1799 年就寫下了《基督性或歐洲》(*Die Christenheit oder Europa*)。遺憾的是，這位天才的浪漫詩人，在寫成此書後不久就去世了。但可喜的是，《論宗教》得到了德高望重的歌德的賞識。他認為該書滲透了一種健康快樂的傾向，表現出作者的深厚教養和多才多藝。不過，歌德認為該書的不足在於，行文有點草率，宗教過於基督化。不管怎麼說，這部著作所表達的新的宗教思想對於當時的文化界確實有著重要的影響，對此，我們在後文還要論述。

為了支持自己所獲得的新的世界觀，施萊爾馬赫緊接著《論宗教》又於1800年的元旦出版了《獨白》，幾乎與此同時，費希特也出版了《論人的使命》，這被看作是新世紀難得的兩份「新年禮物」。《獨白》是施萊爾馬赫最優美、最成熟的著作之一，蘊含著他的道德學說的基本思想，為他三年後的巨著《對迄今為止的德道學說進行批判的基本思路》做出了很好的理論鋪墊。

思想的成熟和對內在真理的不倦追求使施萊爾馬赫不盲目地相信任何一位天上的或人間的權威，使他成為任何一種僵化思想體

系的最尖銳的反對者，這尤其招致了正統神學家們對他的懷疑和敵視。1802 年，他自願接受了以流放的形式去一個小鎮斯托爾普 (Stolp)照料一部分改革派基督徒，過著清苦而孤獨的生活。對柏拉圖學說的研究和翻譯，對新舊倫理學體系的批判，成為這一時期他主要的生活內容。皇天不負有心人，1804年，當巴伐利亞想在維爾茨堡設立一所新教神學院時，唯理主義者保羅斯 (Paulus) 介紹他去任職，作為神學倫理學專業和實踐神學的正式教師。學院還答應給施萊爾馬赫一份滿意的薪水。當維爾茨堡的聘任書已到達時，國王弗里德里希・威廉三世卻突然不放他走，而讓他去哈勒大學擔任神學副教授和大學牧師，每月八○○塔勒的薪金。這樣，施萊爾馬赫便於1804年10月到他的母校上任了。

　　哈勒大學一直是理性主義(Rationalismus)占統治地位，而施萊爾馬赫是以反對理性神學而嶄露頭角的，並且又是反理性主義的浪漫派的朋友和成員，在神學系裡，他又屬於改革派，因而在路德派的神學系裡，也仍然是個外來戶。所以，哈勒的精神氛圍對他並不有利，他也是十分有保留地接受了這一職務。施萊爾馬赫沒有為這些不利條件所嚇倒，他要以自己出色的才幹、學識和德行為自己開闢出一條新的人生之路。

　　在哈勒大學，施萊爾馬赫早年的老師F. A. 沃爾夫正處於事業的頂峰，他曾經引導施氏沉醉於希臘經典作家的作品裡。如今學生沒有辜負他的期望，已出版了柏拉圖的譯著，現在仍然在繼續從事著這一翻譯工作。施萊爾馬赫還與謝林來自丹麥的學生、自然哲學家亨利克・斯忝芬斯(H. Steffens, 1773–1845)有著密切的交往，因為兩人都有令人放心的良好品德。施萊爾馬赫這樣評價他們之間的關係：

在斯忒芬斯和我之間有著一種令人驚奇的和諧，這種和諧為
我產生了偉大的友誼並彷彿為我自己提供了一種新的保護。
只要他在談話中說出道德的觀念，那麼總能符合我的心意，
而我所理解的自然和我說出的東西，也總是融入到他的體系
之中去了。❾

在斯忒芬斯的影響下，施萊爾馬赫研究了謝林的《學術研究方法講
演集》，並於1804年4月對此書做出了公開評論和辨析。他在謝林這
部著作的科學結構中找到了其倫理學的聯繫。自1804年以來，施萊
爾馬赫掌握了謝林的同一性(Identitätslehre)學說。這一學說在他看
來只是他從前就預感到並擔心的那種體系化的東西。不過，就斯忒
芬斯來說，他對謝林思想的進一步深造，確實受益匪淺。因為謝林
思辨的自然進化論的思想，推動著他的思想從自然向人過渡，也即
從自然哲學向倫理學過渡。而這種過渡，在謝林那裡，只有過內在
的設想和要求，在施萊爾馬赫那裡，當然就更重要了。

由於同斯忒芬斯的友誼，施萊爾馬赫在哈勒生活得很愜意。
1805年12月，他只用了二、三個星期的時間，按柏拉圖的對話形式，
寫成了《慶祝聖誕節談話》。這部著作從心理學和世界史的角度，
闡明了基督誕生對於人的生存意義。其越來越具有鮮明個性的思想，
更加不同於當時的哲學傾向和宗教傾向。

在哈勒，教學是施萊爾馬赫生活的一項重要內容，他十分重視
教學，就像他作為牧師十分重視每一次佈道一樣。他並不向學生灌
輸陳舊僵死的神學教條，甚至也不把講稿寫下來，以便到講臺上去
宣讀現成的東西。他總是先精心地策劃講課的思路，然後憑靈感所

❾　《施萊爾馬赫選集》卷一，頁LXIX。

至，乘興而發，充滿著佈道時的真誠和自由的激情。他講課的標準是，只講自己內心相信的、自己願意接受的東西。連自己也不願聽、不願接受的那些虛偽的陳詞濫調，他絕不拿到課堂上去講。正如他在《獨白》的「獻辭」中所說：

> 人所能給予人的最珍貴的禮物，莫過於他在心靈的最內在深處對自己所說的那些話，因為這給予他的是存在著的最偉大的東西，是在一個自由本質中張開的不受干擾的目光。沒有比這更持久的了，因為沒有什麼東西能干擾直觀所給予你的享受 (Genuß)，內在的真理保證了你的熱愛，你將樂意再一次看到它。……接受這份禮物吧，它能使你理解我的靈性的思想！你的歡歌將伴隨我的感情的大聲表演，而在你觸及我的心靈時，深入你的心靈的節拍，也將給你的生命力以令人振奮的刺激。❿

施萊爾馬赫每次講課都是這樣將自己內在的心聲傳達給學生，因而每一次都是在從事一種全新的工作。他講課還有一個特點，就是不拘泥於細節，即個別的神學知識，而是注重整體精神的培育。另外，他講課所包含的材料之廣博，令人感到吃驚。他講授的教義學、倫理學和釋義學 (Hermeneutik)，聽課的人數都很多，不僅有神學系、哲學系、法學系的學生，還有醫生和語言學家，這每每使他十分高興。他常常免收學生的聽課費，這使他同學生的關係十分融洽，但生活卻必須由此而十分節儉。當然，神學系的學生常常並不十分信任他，因為他們不知道，施萊爾馬赫那自由發揮式的講演能否符合

---

❿　《施萊爾馬赫選集》卷四，頁403。

《聖經》，能否在宗教法庭面前通過。有人認為，施萊爾馬赫講的神學思想是屬於謝林派的，而此時謝林總是受到神學教授和教會的懷疑和否定。儘管施萊爾馬赫自己辯解說，他的教義學不屬於謝林派，而屬於改革派，但人們怎會輕易相信他呢？從外表上看，他就不像個神學教授和牧師，經常穿著綠色短外套，淺色褲子，手上還要拿著一個採集植物標本的白鐵罐，他的這副裝束據說讓有些警察也感到惱怒。

然而，1806年普法開戰。拿破侖的大軍占領了哈勒，並下令關閉曾是抵抗中心的哈勒大學。這一歷史事件使施萊爾馬赫有機會改變人們對他的不信任態度，因為他把基督教和愛國主義聯繫起來，堅決反對暴君拿破侖對新教自由的摧毀和對普魯士主權的侵略，成為當時十分著名的愛國主義牧師。一個學醫的學生於1807年3月7日從哈勒寫信到柏林報告說：「施萊爾馬赫常常講道，大家對他的勇氣表示驚訝，他懇切地要聽眾們想起他們的祖國及其國王，並和藹地鼓勵每一個有能力促進國家長久幸福的人。他每次結束講道時總是以堅定的口氣說著這些話。有些人受到了鼓舞，有些人的眼睛不能隱瞞自己所受的感動。」哈勒住滿了拿破侖的士兵，施萊爾馬赫只有搬到斯忿芬斯家去和他合住在一處很小的房子裡。令人驚奇的是，在此兵荒馬亂的日子裡，職位、工作被取消了、工資沒有了，施萊爾馬赫和斯忿芬斯這兩位好友竟然還能靜下心來從事學術研究！施氏仍然從事柏拉圖著作的翻譯，研究《提摩太前書》，還在寫一本講道集。

在1807年，施萊爾馬赫還針對費希特新出的一本《現時代的特徵》一書寫下了一篇最富論戰性的評論文章。他不贊成費希特對世界歷史的分期，尤其是，費希特關於聖經所表述的基督教和改革派

的評價使他怒不可遏。費希特認為基督教具有一種建設國家的力量，施萊爾馬赫認為，基督教只有擺脫國家的桎梏才是正確的。他以這篇論戰性的書評公開同費希特抽象唯心主義的世界觀分道揚鑣。而正是在這一年，黑格爾也以其《精神現象學》一書躋身於哲學家之列，謝林則在此前後完成了從理性主義的同一性哲學向非理性的宗教哲學的轉變。

　　1807年是施萊爾馬赫生活的一個轉折點。在7月，哈勒併入了拿破崙建立的威斯特法利亞王國。這樣，哈勒大學就再也留不住施萊爾馬赫了。他於年底搬到了柏林，受威廉・馮・洪堡所邀一起討論如何創辦柏林大學去了。

　　古老的哈勒大學淪入敵手之後，戰爭的慘敗使得普魯士舉國上下進行反省，他們認識到，德國的失敗，不在於物質、武器不如人，而是輸在精神上。結果，國王聽從了改革家們的建議，在德國要先改革人的「頭腦」，下決心「以精神的力量來補償肉體的損失」，於是，偉大的教育家洪堡受國王之託，著手籌建柏林大學。洪堡雄心勃勃，要使大學成為培養人文主義精神的基地，要造就胸襟開闊、目光遠大、領導世界精神潮流的人才。為此目的，洪堡從全國網羅了一大批第一流的專家教授，調來共事。費希特、施萊爾馬赫及其老師沃爾夫，都是在這種背景下來到柏林大學的。這無疑表明，施萊爾馬赫已躋身於全國第一流的神學家和教育家的行列之中了。隨後我們將看到，他一直是柏林大學最引為驕傲的閃光的人物之一。在進入他生命的巔峰之前，我們先來介紹一下他的愛情生活，以期全面地瞭解施萊爾馬赫的個性和人格。

4.愛情生活

施萊爾馬赫是個神學家，但不是個清教徒；他屬於浪漫派，但他對於感情十分認真。感情往往像根魔杖，它既能給人帶來無比的快樂和歡欣，也能把人拋入痛苦的萬丈深淵。施萊爾馬赫的幾次感情經歷很有戲劇性，伴隨著他心靈成熟的路徑。

施萊爾馬赫第一次意識到自己對女性柔情的敏感，是從1790年他在多納家當家庭教師時開始的。這是一個與他從前所處的幽靜的、滿是書香氣和虔誠感的牧師之家完全相反的、真正充滿世俗歡樂的貴族之家。在這裡，他有著一種全新的和睦而溫馨的幸福感。細膩的感情和有教養的沙龍活動，給他純靜的心靈留下了深刻的印象，尤其是多納伯爵年輕嬌媚的女兒對他具有一種不可抗拒的吸引力。但施萊爾馬赫知道，他的這種愛情是不會成功的。原因倒不是自己長相不佳且具有缺陷的形體，而是由於他與兄弟會之間對立的政治觀點，引起了他同主人之間關於教育原則的爭執，結果施萊爾馬赫不無遺憾地離開了伯爵之家。

第二次重要的情感經歷，就是我們在上文提到的施萊爾馬赫初到柏林時，同亨里埃特・赫爾茨夫人之間的柏拉圖式的親密關係。這種關係雖然和情愛不同，但可以說，它完全打開了一位年輕牧師情感的閘門。更為重要的是，它讓施萊爾馬赫不得不思考如何把世俗的、感情的生活方式，同心靈的精神的生活方式結合起來。這是一個重大的理論和實際問題。

在同浪漫派結盟之後，耳聞目睹了浪漫派內部弗里德里希・施萊格爾和多洛蒂婭・法伊特之間的愛情關係，以及謝林同卡洛琳娜・施萊格爾之間的愛情風波。❶之後，施萊爾馬赫形成了自己成

熟的愛情觀。他認為,人生應該擁有真正的愛情,完整的人必須充
滿愛。有了愛,人就會免於粗野。愛情既不是情慾,也不是純粹的
精神。高尚的愛情總能把情慾精神化,從而使情慾更為純真。在你
不愛的時候,你不應希望被人愛,也不應去締結必然要破裂的婚姻。
他鼓勵由於和不愛的人結合在一起的人去離婚。也正在此時,施萊
爾馬赫熱戀著柏林一個牧師的太太——埃萊諾勒·格魯諾夫。這位
太太從長相上完全不及亨里埃特·赫爾茨夫人,但她顯示出一種巨
大的精神適應力。她嫁給了一個和她青梅竹馬,但自私自利的男人。
婚姻使她異常痛苦。起初,她把同施萊爾馬赫的友誼看作是對痛苦
的撫慰,但共同的志趣,相互的理解,慢慢發展成熱烈的愛戀。施
萊爾馬赫也一改從前與亨里埃特的精神戀愛,勇敢地建議她離婚。
1801年夏,這位女友在一次熱烈的談話中表示,萬一她和丈夫離婚,
她對自己的未來很擔心。施萊爾馬赫幽默而真誠地說:「您可以成
為我的太太,我們將十分幸福。」 這種大膽的行動令他從前的女友
亨里埃特·赫爾茨夫人大感不解。她不懂,為什麼這樣一個並不漂
亮、穿著簡陋的太太,竟能激起施萊爾馬赫這樣的一種熱情。然而,
當施萊爾馬赫為了使他的這位心愛的太太不受束縛地作出對他有利
的離婚決定,他自己甘願接受懲罰性的、流放於小鎮的命令後,埃
萊諾勒卻多次動搖,終因膽小老成而放棄了離婚的打算,重回已經
離開了的丈夫的身邊。這簡直讓施萊爾馬赫陷入無法想像的絕望之
中,摧毀了他整個內心愛的熱情。他只有在對以往倫理學的批判研
究中平息心中難言的悲痛,打發那單調、寂寞和沉悶的日子。

　　這種生活一直到施萊爾馬赫成為哈勒大學的副教授後才得以
改變。1804年,他成為埃倫弗里德·馮·維里希 (Erlenfriede von

⓫ 參閱拙著《謝林》第二章,臺北,東大圖書公司,1995年版。

Willich, 生卒不詳) 的未婚妻亨麗特(Henriette)的義父, 並在這年的9月分享了這對新婚夫婦的幸福。不幸的是, 埃倫弗里德 · 馮 · 維里希在婚後的第三年因傷寒病而去世了, 留下他的兒子和這位將要生第二個孩子的妻子。亨麗特驚慌失措地向義父尋求安慰和精神支持, 施萊爾馬赫慷慨地給予了她: 「我可憐的、親愛而又甜蜜的孩子, 但願我能擁抱你這個淚人兒! 我也流下了痛苦的熱淚, 讓我們把淚水流在一起吧。」 他表示希望能對孩子的教育作些貢獻。一年之後, 亨麗特對施萊爾馬赫的感激之情變成了愛情。1808年的夏天, 四十歲的施萊爾馬赫在呂根島的一條長凳上向這位十九歲的帶著兩個孩子的年輕寡婦求婚, 亨麗特說了聲「行」, 於是他們就訂婚了。不過, 未婚妻對施萊爾馬赫在精神上大大優越於她表示了擔心: 「噢, 上帝, 你把你的生命、你的神聖的愛都給予了我, 我常常覺得我可能會承受不了這些。」 由於此時正值拿破侖關閉哈勒大學的動亂時期, 施萊爾馬赫正在調往柏林的過程之中, 他除了對不能馬上來照顧亨麗特和她的兩個孩子表示內疚之外, 對在這個動盪的歲月, 和長期的孤獨與飄零之後締結的婚約表示由衷的高興。這對未婚夫婦焦急地等待著最終的結合。這一天終於在一年後的５月18日來到了。他們在訂婚時的呂根島舉行了婚禮, 在柏林一處簡樸的機關宿舍裡開始了甜蜜的生活。

5.晚年的坎坷和不朽的英名

從 1808 年起, 施萊爾馬赫就積極參加關於建立柏林大學的討論, 他的《關於德國式大學的基本構想——論將要建立的一所新大學》(*Gelegentliche Gedanke über Universität in deutschem Sinn*), 充分反映出其文化教育哲學的思想。這部著作首先論證了大學作為

科學的團體 (Verein) 同國家的關係。同費希特主張國家要對大學施加各種影響的想法不同，施萊爾馬赫要求大學完全獨立於國家，主張思想自由和思想獨立。在第四節論「院系」的設置時，施萊爾馬赫說：

「顯然，真正的大學，當它按理組成科學的團體時，自然應該有一個哲學院，而另外三個學院（即神學院、法學院和醫學院——引者注）只不過是專門性的學校，它們或者由國家資助，或者至少首先地和優先地是受到國家保護的，因為它們和國家的根本需要直接相關。而哲學學院則相反，就像科學團體相對於國家來說從根本上是一個私人團體一樣，它被當作本來就是一種純私人的團體，一項純私人的事業，而只因一種內在的必然性和其他學院職員的純粹科學意向，哲學院才被附帶著設立起來，因此被排在最後。這整個形式也就反映了大學歷史的基本特點。」❷儘管施萊爾馬赫明確表示，大學裡設立上述四個學院使得大學具有一種「畸形」的外表，但他不同意隨意改變這種自然形成的東西。不過，他強調指出了哲學院的重要性：哲學院是第一位的，而且事實上也是所有其他學院的首領。這是因為大學的所有教師，不論是哪個學院的，都必須把根紮在哲學院。如果學生們從一開始就把自己歸入非哲學的學院，那是很糟糕的。所有的人都必須是初學者並熱心於哲學；所有的人在他們學術活動的最初幾年也不應該是別的什麼樣子。施萊爾馬赫的這種思想並不是出於一個哲學家的專業偏見，而是反映了他的一個極其重要的教育思想：大學教育應該把培育科學精神作為最高原則，而科學精神按其本性而言應該是系統的，不可能在一專門的學科中達到其明晰的意識，它必須由哲學課喚醒出來，並且從一較高

❷ 《關於德國式大學的基本構想》，載《施萊爾馬赫選集》卷四，頁579。

的立場出發對從前所學過的東西再進行直觀。只有經過哲學的訓練之後，才能對最高知識的統一性有一明確的概念。對科學生涯而言，大學只是一個搖籃，只有喚醒了學生身上的科學精神，才能使他們獨立地深入到科學當中去，強迫性的學習並不能做到這一點。只有從哲學的自由思辨精神出發，才能把科學從對任何一種外來權威的屈從狀態中解放出來，因此大學就要求有一種「精神上完全自由的氣氛」。 而若大學不能獨立於國家就達不到這一點，大學應該是由學者們自由聯合而形成的。

施萊爾馬赫的這些思想產生了反響，柏林大學一成立，他就成為神學院的第一任院長，1813–1814 年，1817–1820 年他都擔任該院院長，其中只有1815–1816年，在他擔任該校校長❸期間才中斷。他還被召去參加復興普魯士的教育工作，內務部的文教局委託他研究課程設置問題。1810年初，由於洪堡的推薦，他還當過文化部的一個處長。在這些工作崗位上，他都以其深刻的思想使人們充分認識到人文主義教育和非人文主義教育的社會意義，並對這些教育加深理解。

柏林大學建立後，教授們表面上雖然能過上平靜的書齋生活，然而動盪的時局，黑暗的政治卻不可能讓教授們真的能平靜下來。普魯士在1806年被拿破侖打敗後，便成了這位皇帝的追隨者。無能的政府一方面不得不對拿破侖唯命是從，另一方面對民眾的愛國主義儘管不敢過分壓制，卻總是大加限制。到了1811年，弗里德里希・威廉三世在愛國者們的推動下，於7月16日和俄國結盟，並下令進行武裝動員。可是，當拿破侖要求對此加以澄清時，國王又在1812

---

❸ 我們熟悉的哲學家中，還有費希特和黑格爾分別在1811年和1828年擔任過柏林大學的校長。

年2月14日與法國結成反俄聯盟。這時，拿破侖一共糾集了五十萬大軍，要採取最大的軍事行動：遠征俄國。普魯士作為法國的盟國，其軍隊也在向俄國進發的浩浩蕩蕩的大軍之列。然而柏林城苦不堪言，五十萬大軍在這裡要吃、要住、要納稅。然而，習慣於勝利的拿破侖大軍卻抵抗不住俄國那讓人無法忍受的嚴寒和飢餓。地域遼闊的俄國人堅壁清野，採取令人驚魂不定的游擊戰，這一切使拿破侖的大軍土崩瓦解。1812年12月大敗而逃，回到西方時僅剩下幾千人。柏林滿是擔架、傷病者和為爭吃馬肉而相互鬥毆的士兵。目光所到之處，都是一片混亂，是各自向著未知的前途奔跑的分裂。在此讀大學的叔本華這時就正在逃離柏林。留在柏林的人，都在憑運氣追求眼前的利益，混一天算一天。在這時，只有那些有著良知、為民族和祖國的命運擔憂的知識分子，才挺身而出為祖國出謀劃策。知識界小心翼翼地說出了內心的希望：普魯士應該更換盟友，和俄國結盟，擺脫法國的奴役，使德意志建立起一個民主的民族國家。而普魯士將軍約爾克(Yorck)則於1812年的最後一天同俄方私簽了條約：普魯士在俄法戰爭中保守中立，來了個「將在外，君命有所不受。」而普魯士國王不同意這樣做，宮廷中人人猶豫不決。腐敗無能的政府總有一個通病：既想利用人民的愛國熱情達到其政治目的，又害怕愛國熱情達到超出他們所能控制的目的。在此維持現狀，按兵不動的狀態下，1813年1月底在普魯士出現了這樣一樁怪事：從「富裕的階級」中招收志願兵，但沒有說明，為何招兵買馬，新招募的軍隊要去保衛誰、反對誰。因此，在知識界此時許多人對喧鬧的愛國主義保持著距離：歌德甚至反對自己的兒子去參軍；浪漫主義者反對狹隘的民族主義，要做「世界公民」；叔本華逃離柏林的混亂，躲在自己的哲學王國裡高呼盲目的意志造成了「世界的痛

苦」；　而我們這位可敬可愛的虔誠牧師施萊爾馬赫，儘管他極力反
對德意志民族狂，但一直高舉著愛國主義的大旗，既強調人的獨立
自主的個體性，同時強調個人對社會的責任感，顯得比其他人的觀
點更有合理性。他積極參加了招募志願軍的工作，在軍營裡和招募
而來的工匠、商人、學生一起進行操練，想作為隨軍的牧師一道出
征。1813年3月28日，普魯士正式對拿破侖宣戰。施萊爾馬赫和費
希特等愛國知識分子都走出書齋，披掛上陣。他的充滿愛國主義激
情的講演尤其具有感召力。F. R. 艾勒特報導說：「他講得虔誠、熱
烈，打動了每一個人的心。他的講道有力、飽滿、清晰，使人人心
嚮往之。」

　　然而，施萊爾馬赫的拳拳愛國之心非但沒有得到統治階層的認
可和肯定，反而，謹小慎微的稽查當局卻因施氏發表在《普魯士通
訊》第六十期上的一篇反對媾和的文章而讓內閣給予他「嚴重警告」，
他們甚至把他的愛國行為指責為犯了「叛國罪」。　1814年，施萊爾
馬赫作為反動派的嫌疑犯還被大學校長、國家法教師馬爾茨誣蔑為
革命者並被教學部解職。施萊爾馬赫不得不用尖刻的諷刺進行自衛，
他指責反動派把叛國罪加在人民頭上是要破壞人民的生活。這一抗
議使反動派很不高興。施氏關於立憲制國家的主張在此政治形勢下
無法得到實現。然而，施萊爾馬赫的正直、善良，和為了祖國的利
益而不計個人安危及利害得失的高貴品質以及勇敢的精神，卻使柏
林人深為嘆服，也使他在人民群眾中享有真正的聲望。

　　施萊爾馬赫的聲望，隨著上流社會的排斥打擊而與日俱增。有
一個年輕婦女只是因為在社交場合提到施萊爾馬赫的名字而被驅逐
出了上流社會，可見上流社會對他的懼怕和仇恨是何等之深了。對
他仇視的根源不僅在於他愛國，更在於他主張徹底改革教會的現狀，

在宗教鬥爭中堅定地站在民眾的立場上。施萊爾馬赫是十九世紀民眾宗教運動的發起人。民眾教會的最大敵人是國家教會，施氏堅決拒絕國家教會。他的改革目標是使世俗之人積極行動起來，教區應該由世俗者們選出的代表來管理，政府不能對主教發號施令。施萊爾馬赫還反對宗派主義，歡迎國王關於路德派和改革派聯盟的號召，他設想完全重新組建全德國的新教教會。這一切都使他處在同神學中的復辟傾向尖銳對立的位置上。「難道歷史上的疙瘩就應該靠把基督教和野蠻相結合，把科學和不信仰上帝相結合的辦法來解開嗎?」他在給朋友的信中談到他對當時神學鬥爭的憂慮。

　　為了反對復辟派神學，1821年施萊爾馬赫再度出版了他的《論宗教》，另外還在著手出版他盡其畢生之所能而寫成的《論基督教信仰——根據新教教會的原則系統描述的》，這一著作從源自基督教的虔信的經驗，而不是來自哲學的和教義學的思辨，論證了信仰的重要意義，從信仰歷史上的耶穌基督這一中心學說論證了救世論的根據和來源。這時黑格爾也在柏林大學，並已成為普魯士的官方哲學家。他不顧歷史理性在現實中的呻吟和無能，仍在思辨的夢幻裡，試圖通過邏輯的力量，將理性超越於藝術和宗教建構成絕對圓滿的大廈。因此他對施萊爾馬赫的宗教本質說和信仰學說進行了最尖刻的攻擊，指責他「對上帝動物般的無知」，並於1827年拒絕與施氏合編《科學批評年鑑》。青年黑格爾派的主要人物大衛・弗里德里希・施特勞斯等也激烈反對施萊爾馬赫。可以說，施萊爾馬赫晚年的盛名，不是被官方政治家所壓倒，而是被代表官方思想的黑格爾的陰影所籠罩。然而從一個半世紀之後的今天的純學術觀點來看，無論是黑格爾把施萊爾馬赫的神學當作主觀主義的感情狂熱而加以拒斥，還是費爾哈把宗教理解為個人的自我欺騙，實際上都沒有說

到施萊爾馬赫神學的點子上。他是個自信的人，不喜歡人云亦云，也討厭對別人指手劃腳。他只認準他心靈的直觀和對上帝的虔敬，根本無暇去理睬包括黑格爾在內的哲學家、神學家和政客們對他的諷刺、攻擊和詆毀。他清楚地知道，他盡其一生的心靈追求和神學修養而完成的信仰學說決不會毫無價值，也不可能是那些反對者說的「神學式的欺騙」。因為他作為一個虔誠的牧師決不會在靈魂深處欺騙自己。

實際上，他在柏林大學時期的著作和思想反響十分強烈，其中不乏讚揚之聲。著名的神學家J. Chr. 高斯認為，施萊爾馬赫的教義學不僅揭開了這一學科的新的時期，而且也開創了整個神學研究的新時期。許多人公開表示，施萊爾馬赫的《論基督教信仰》確立了他的大師地位，是他們所擁有的第一部基督教教義學。無論是攻擊他的人還是同意他的人，在內心都不能不承認，他們自己在神學上都未能超過施萊爾馬赫。思辨神學家反對他，是因為他在早年學習謝林《學術研究方法講演集》時就拒絕了基督教的思辨的基礎，正如索爾茨(Scholz)所說：「原則上摒棄思辨方法，是施萊爾馬赫神學的基本事實。」❹施萊爾馬赫和晚期謝林一樣，把思辨神學的僵死的上帝概念還原於活生生的充滿愛心的上帝，他作為我們依賴感的「源頭」(woher)，不斷啟示著我們身上潛伏著的神性，以及我們未能達到的現實與理想的完滿的同一性。思辨神學不可能達到和理解這些劃時代的神學思想。就連反對施萊爾馬赫的大衛·弗里德里希·施特勞斯也不能不承認：「施萊爾馬赫出版的著作表明，他是一個無與倫比的大師，並且正是由於有了這樣一個特點，我們也就可以在這些著作中看到他那無可比擬的激情和豐富的教益。」❺

❹ 轉引自《施萊爾馬赫選集》卷一，頁XCIV。

施萊爾馬赫神學課講得特別好，這是公認的。原因在於他的思想尖銳而富有吸引力。當然最引人入勝的是他本人內在的激情，他在對經文進行清晰的分析時，自由地發揮，激情滿懷，雄辯的威力迫使聽眾也走上了他事先精心安排好的道路。有人甚至說，自從施萊爾馬赫不再活在人世，人們再也聽不到他的講道以後，他們就再也不想聽任何講道了！當然，對人的任何評價都有例外。叔本華曾是柏林大學施萊爾馬赫神學講座的一個聽眾，施萊爾馬赫的大名也是吸引他去柏林求學的原因之一，但聽了兩次課之後就非常討厭施萊爾馬赫，甚至看到施氏的樣子他就不舒服，以至於在柏林期間，叔本華同施萊爾馬赫從未有過私交。我們由此也可知叔本華待人的尖刻。

偉人總會有受到公正對待的一天的。1831年，施萊爾馬赫平生第一次獲得了三級紅鷹勳章，他很高興地接受了這一榮譽。這一勳章用它的柔和覆蓋了以前的一切渾濁陰暗，表現出人們對哲人的認可與崇敬。施萊爾馬赫雖不像叔本華那樣終生不得志，但他的人生之路也不乏坎坷之途，世人能在哲人的有生之年理解他，實在是其一生之大幸也。

1833年，施萊爾馬赫去瑞典和丹麥旅行。他在哥本哈根受到了熱烈歡迎，學生們為他舉行了一次盛大的火炬遊行，唱了一首讚歌。1834年2月6日，施萊爾馬赫突然感到胸部劇痛，他沒有把此事告訴家裡人，實際上，他得了嚴重的肺炎。六天後他便不再給世人講道，獨自一人去見上帝了。

他的葬禮在柏林三一公墓舉行。兩三萬人擠滿了街道，悲痛地為他送行，長長的道旁，每一個窗戶、每一個門口都有人在哭泣。

---

⑮　轉引自F. W. 康岑巴赫：《施萊爾馬赫》，頁167。

在為他送別的隊伍裡，不僅有將軍和部長，而且也有大中小學的學生們；不僅有新教的支持者和同事，也有天主教和復辟派神學界的敵手。「柏林從未有過這樣的葬禮」。人們深深地懷念這位塑造、改變了柏林精神的人。這位無畏、真誠、善良的人，集哲學家、神學家、心理學家和教育家於一身，作為牧師，現代人的靈魂拯救者，他的思想與人格反覆顯示著一個機智聰明、感情豐富的人的本質。他使人明白，人應該是什麼樣的，人身上蘊含了怎樣的可能性，人又如何能夠超越自身的軟弱、無能和有限去達到超越的神性和不朽。三〇年代幾乎每天都要去施萊爾馬赫之家的、著名的浪漫主義者阿爾尼姆的妻子貝蒂娜這樣評價施萊爾馬赫：「他的時代並不知道他是否是那時代最偉大的男人，但確實無疑的是，他是最偉大的人。」

對於這樣一位偉人，我們若只粗略地瞭解一下他的生平，而不去閱讀他的傑作，那簡直對不住哲人一生的辛勞。

二、重要著作的基本思路簡介

施萊爾馬赫一生著述頗豐，自1834-1864年陸續在柏林印行的《施萊爾馬赫全集》達三十卷之多。他擅長用各種體裁寫作，思辨式的、對話式的、獨白式的、座談式的、講道式的，都是其慣用的形式。由於他的牧師職業，他的著作行文流利，富於文彩，且能以其內在的激情打動人心。下面，我們依時間的順序，對施萊爾馬赫最重要著作的基本思想或基本思路分別加以簡介。

1.《論宗教——對蔑視宗教的有教養者講話》(*Über die Religion—Reden an die Gebildeten unter Verachtern*)

　　這部著作從1798年8月開始寫作，1799年5月匿名出版，是施萊爾馬赫的處女作。在此之前，他只於1794年出版過翻譯的《講道集》。順便說一句，翻譯，尤其是翻譯柏拉圖的著作，是施萊爾馬赫一生著述的一個重要方面，在此不便贅述。

　　《論宗教》是部論戰性著作，共有五講，各講的標題依次為：〈聲辯〉；〈論宗教的本質〉；〈論宗教感的培育〉；〈論宗教的團體〉（教會和教牧）；〈論諸宗教〉。這部著作主要是批判啟蒙理性對宗教的種種誤解，尤其批駁了康德以及費希特的所謂「道德神學」。指出啟蒙學者從人類的知性出發把宗教等同於迷信和欺騙，如何誤解了宗教；闡明哲學的形上學從知識的有限概念出發，去推導一個無限的關於上帝的實體概念，怎樣扼殺了宗教的充滿生機與靈性的生命；論證了把宗教等同於道德說教和無上命令，如何窒息了宗教的熱情和內在的自由精神。他以「現象學」(Phänomenologie) ⑯ 的方法，層層剝離了哲學、文化和理性所強加於宗教的各種外在的定性和偏見，明確告訴人們：宗教不是知識，不是道德，不是形上學。雖然知識、道德和哲學形上學有助於宗教，但它們不是宗教本身。那麼，真正的宗教是什麼，或者說它可能是什麼呢？施萊爾馬赫要求人們返回到與宇宙的原初的直接關係來領悟。所謂「直接的關係」，他指的是未經過觀念階段，而純粹起於「直觀宇宙」時所產生的情

---

⑯　現象學雖然只是在德國現代哲學家胡塞爾(E. Hussel, 1859–1938)那裡才成為最成熟和純粹的哲學，但施萊爾馬赫對宗教的考察堪稱「宗教現象學」的最早成果。

感體驗。因此，他把對宇宙的直觀作為全部講話的中心，以此來闡述宗教的本性。

他說，宗教的本性不是思維和行動，而是直觀和感情。所謂直觀宇宙，就是直觀者像小孩似地聚精會神地從宇宙自身的表現和行動來觀察它，從而讓自己的身心被宇宙的直接影響所抓住和充滿。這樣，在直觀者的內心就獲得了一種特有的啟示：有限之物的實存只不過是從無限宇宙的懷抱裡產生出來的顯示其自身的個別，是宇宙對我們的行為。因此，宗教獨立的內在品質只能在對無限的直接直觀這裡得到描述。如果誰一點也沒有覺得自己的感情是宇宙直接作用的結果，既不知道其中有著某些獨特的東西是不能模仿的，也不知道他的感情確實完全來自於這些東西的最內在深處，他就沒有宗教；而如果誰能把所有個別的東西都看作是整體的一部分，把所有有限的東西都看作是無限的一種表現，那麼這就是宗教。有宗教感的人，隨時隨地都有著最生動的信念，感到有一種神聖的精神在推動著他，他是由於無限神聖的靈感在講話和行動。

這就是施萊爾馬赫從對宇宙的直觀和情感兩方面對宗教本質的描述。他從宇宙的直觀講宗教，從人的心靈感受到宇宙對人的直接作用論述情感或宗教感，從如何讓人睜開自己的雙眼，開啟自己的心靈去聆聽宇宙的親切話語及其在世界上的共鳴的回聲，闡述宗教感的培育。他的目的是，向那些只習慣於理解有限和瑣碎小事的有理智的人描述神聖而無限的靈性的生存，陪伴那深陷於世俗功利中的人到達人性中最內在豐滿的精神的深處，告訴他們，宗教源自人類的哪些素質，以及它是怎樣成為人性中最崇高、最珍貴的東西的。他也深刻闡明了基督教信仰的本質，即從耶穌基督的受難和犧牲中，領悟愛的意義以及超越自己平庸而有限的生存、通達創造性

的無限之路。在現實世界中，理智的和實際的人，是宗教的大敵，完全在有限者之外去尋求無限者，亦是一種誤解宗教超越的最大迷妄。

近代啟蒙主義對宗教的激烈批判，實際上更多地是批判教會組織和宗教制度。施萊爾馬赫沒有去駁斥這種批判，表明他在某種意義上承認這些批判有一定的道理。他不倦地反對教會和國家的結合，堅持教會應該重新具有完全私人的性質並放棄一切外部的特權。因此他在第四講，是想從宗教和信仰的本性出發，給予教會團體一個正確的概念，說明教會應該是怎樣的，教牧人員應該做些什麼，從而能夠真正地改造教會團體。他的中心思想是，教會組織應是對宗教有虔敬之心的人自覺自願組成的團體。之所以需要這樣的團體，乃是因為宗教是無限的，沒有哪一個人能夠單獨地完全把握到它。因此具有共同虔敬的人必須走到一起，相互交流，在講與聽的關係之中，在親密的友誼交談和充滿愛心的對話裡，能夠讓喪失在僵化的文字和言不達意的日常語言中的真正宗教性顯現出來。在這樣的場合，由於大家的心一同趨向於傳播和領悟那神聖的奧秘，一同期盼那永恆而無限的靈光，因而心靈的和諧，超脫的喜悅就像一崇高的合唱，以其和諧的音調，回應那召喚之聲。即使無言無語，在眉目的交流和莊嚴的沉默中也能把最難確定而最可領會的表情送達心曲，比一般的公共話語更富於彼此了然的表達性。所以，教會團體理應是會友完全平等、充滿愛心的共和國，是心靈相互感應的幫家。儘管現實中的教會團體離此「應然」的樣子相差甚遠，施萊爾馬赫仍然滿懷信心地奉勸大家，只要大家真心奉獻和努力參與教會的改善，真正宗教人士的團體必將隨同大家的勤勞結出令人滿意的美果。

在《論宗教》的第五講〈論諸宗教〉中，施萊爾馬赫闡述了宗

教多樣性的思想以及宗教寬容的精神。他認為宗教按其概念和本質，即使對於理智而言，也是一種無限的和無法測度的東西。宗教的無限性是由宇宙的無限性或者說直觀宇宙方式的無限性所決定的。而人是有限的，他對宇宙的直觀也只能是個別的、有限的。因此，宗教可以依據對宇宙直觀的形式採取無限多樣的方式使自己具體化。

那麼，是否可以說，凡實際存在的宗教都是好的呢？施萊爾馬赫的確有此高論：「凡是宗教的都是好的。」然而，這種「宗教」並非一切實際存在的宗教，而是真正地按照宗教的本質在人們心靈中存在的宗教。他一再告誡人們，不要被流行的關於宗教的偽謬概念所誤導，要按正當的合理的標準去評估任何宗教的真實內容和本質，嚴格區分內在的和外表的、固有的和附加的、神聖的和塵俗的宗教。他勸告啟蒙主義者，你們把宗教的各種實存的、特定的表現稱為實證宗教(Positive Religion)，仇恨它、厭棄它，而樂於接受所謂的自然宗教(die natürliche Religion)，甚至對之大有尊敬的傾向，這實在是種偏見。對自然宗教的這種優越感，來自你們對於宗教本性的誤解而導致的最卑鄙的前後不符。施萊爾馬赫認為，自然宗教也好，泛神論也罷，均不是真正宗教的類型，一個真正獨立的個體性的宗教類型產生的唯一路徑，是在人類世界中從對至高的所可能有的各種偉大關係中，採取一種關係確立為中心，將一切別的關係都引向於它。只有這樣，宗教才能獲得一種獨特的精神和性格。按照此概念，他突出地研究了猶太教的精神和基督教的獨立品格。他也痛斥了基督教的腐敗，批駁了基督教作為唯一宗教來統治人類的專制想法。但他讚美真正的基督精神，並相信，隨著基督教腐朽性的改造，會出現一個基督教復興的新時代。在這時，喚醒真正的基督精神並使之成為一個嶄新而更美的姿態，必將成為現實。

這部著作作為施萊爾馬赫最早的一部專著，像其之後的一系列著作一樣，作為「虔敬派」思想運動的神學闡明，志在蘇醒那被正統派所窒死的信仰。它為反抗對宗教作制度化的、形式主義的和理智性的理解的偏差，恢復宗教（他強調的是基督教）之人文的、性靈的和內在的自由精神作出了重要的理論創造，的確堪稱一部劃時代的神學著作。這部著作對渴慕無限的浪漫主義思潮的影響也是眾所周知的，我們也能在謝林隨後的《藝術哲學》和宗教轉向中，看出施萊爾馬赫思想的痕跡。同時這部著作也蘊含了施萊爾馬赫二十多年後出版的《論基督教信仰》的基本思想。

2.《獨白——一個新年禮物》(*Monologen—Eine Neujahrgabe*)

這部著作於1800年元旦匿名出版，因此加了個副標題：「一個新年禮物」。 在上文的「生平」部分，我們已提到這部著作扉頁上的優美的「獻辭」：「人所能給予人的最珍貴的禮物，其過於他在心靈的最內在深處對自己所說過的那些話……接受這份禮物吧！它能使你理解我的靈性的思想！你的歡歌將伴隨我的感情的大聲表演，而在你觸及我的心靈時，深入你的心靈的節拍，也將給你的生命力以令人振奮的刺激。」

讀了這麼激動人心的話語，誰能不去聆聽他心靈的獨白，接受這份最珍貴的「新年賀禮」呢？

由於前一部著作《論宗教》被有些宗教界和哲學界正統人士誤認為是為斯賓諾莎泛神論作辯護的著作，施萊爾馬赫在這部《獨白》裡，有意識地同斯賓諾莎的決定論思想決裂，把自由作為自己的中心思想。在斯賓諾莎的體系之中，有限的自由只限於對必然的認識，

而整體世界是服從於必然性規律統治的。但施萊爾馬赫明確地把人們引入到自由和無限的領域，告訴人們如何脫離外在世界的必然枷鎖。

只有存在於他的內在本性中的內在行動，才是自由的。只要我注視到了這一內在本性，我就感覺到自己立於自由的神聖基地上，遠離著一切無謂的柵欄。我的眼光必定要返回到我自己身上，使得它不只是把每一個時機看作是時間的一部分，而且要把它挑選出來作為永恆的要素，變成一種高級的自由生活。

> 只有知道世界是什麼和人是什麼的人，才有自由和無限，只有那些知道人和世界怎樣分離和怎樣相互作用的人，才為自己解開了大的謎語；成千上萬的人還將毀滅於這一謎語的古老的黑暗中，並且不得不奴隸般的追隨那騙人的假象。因為真正的燈光熄滅了。他們稱為世界的東西，在我看來是人；他們稱為人的東西，在我看來是世界。他們認為世界永遠是第一位的，精神只是世界上的一個小小的客人，不肯定它的地位和力量。但我認為，精神是第一位的，是唯一的！因為我認作世界的東西是精神的作品，是它自我創造的鏡子。❼

由此可見，施萊爾馬赫這時受著費希特的自我學說的影響。他的這種建立於自我之上的唯心主義，同三個月後謝林出版的《先驗唯心論體系》一起推動了德國先驗唯心主義哲學的發展。但他的意義不止於此。由於他從人、精神來理解世界，從而也就更加明確地把在《論宗教》中的「宇宙」看作是世界的靈魂，❽或者說，直接

---

❼　《施萊爾馬赫選集》卷四，頁408。

地把宇宙看作是富於創造性的上帝或神了。這使得他更明確地從人的心靈方面來說明宗教的本性以及人們的宗教感。

在這部著作中，施萊爾馬赫由於區分了人所生活於其中的時間性的有限世界和人所追求的超時間的永恆世界，並把人引向自覺追求自由的內在超升之路，因此，也顯示出一種難以控制的倫理學衝動。這種倫理學不是尋找道德的理性規範，而是力圖把人引向追尋人性完滿和心靈高尚的人生境界。這為他三年後出版的倫理學著作奠定了思想基礎。

3.《對迄今為止的道德學說進行批判的基本思路》 (*Grundlinien einer Kritik der bisherigen Sittlehre*)

這部著作自1802年開始寫作至1803年8月底完成。由於要對以往的倫理學說進行清理和批判，尤其是要批評德高望重的康德和年輕氣盛的費希特，施萊爾馬赫深感問題的艱難和棘手。1803年7月他寫信給女友亨麗特時吐露了他心中的煩惱：「寫作是件苦差，尤其是寫這樣一本書，我再也不幹了！我相信，這整個一段時間，我什麼都沒有明白，真是太煩惱了。」這是他第一次公開以自己的姓名出版的理論著作，也是他發表的最系統的哲學著作，困難是可想而知的。不過，施萊爾馬赫還是自信地感到這本書比以前的任何一本都令他滿意，也許這正是戰勝思想史上的巨人後所常有的對自己思想成熟的驚喜吧。而外界對這部著作的反應卻十分冷淡。啟蒙學者施拜爾廷甚至不無遺憾地嘆息道：「我完全沒有弄懂這部著作的

---

❶⑧　謝林於1798年出版的一部著作就是《論宇宙靈魂》，可見，此時施萊爾馬赫也是受了謝林思想的極大影響。但他此時明確的宗教思想傾向，無疑對謝林此後向宗教哲學過渡產生著決定性的影響。

內在聯繫。」這也難怪,一般的科學倫理學一向被局限為道德學說,施萊爾馬赫卻要摒棄這種觀點,他要用一種泛倫理學的立場來把握所有的生活關係,從而大大擴展了倫理學的範圍,正如柏拉圖大大擴展了至善的概念一樣。另外,他那「對迄今為止的道德學說的批判」這種口氣,也是足以讓人望而生畏的。然而,在當時,又有誰肯跟隨他這個初出茅廬的小伙子去批判那些舉世公認的聖哲呢?施萊爾馬赫不無幽默地把自己的這部作品稱為東印度的仙人掌,雖然外表帶刺,然而開出的智慧之花卻異常地艷麗!

只要人們去讀,就會發現這部著作結構鮮明,邏輯清晰。在前言中,施萊爾馬赫開宗明義:他的批判並非要否定倫理學本身的可能性,而是要指出一個出發點,由此可以改善以往的倫理學。在導論裡,他也明確指出,常有的批判方式均有失誤,在這裡他要確立的是一種科學形式的批判。因此,從內容上把整個批判區分為三大部分:道德學說最高原理的批判;倫理學諸概念的批判和倫理學諸體系的批判。

在第一書:〈道德學說最高原理的批判〉中,施萊爾馬赫首先在〈導論〉裡指出:我們所有的認識(Erkenntnisse)都與一種最高的知識(Wissen)相聯並從它那裡演繹出來,這是必然的現象;因此倫理學也必然要從其最高的理念中產生出來。這說明他的立足點仍然是從柏拉圖至康德的先驗唯心主義,然而接著就對康德和費希特展開了猛烈的批判。而柏拉圖和斯賓諾莎由於建立了一種最高知識,作為由此推導出一切的最初的和本源的知識,而大受讚揚。由此可見,所謂的「最高原理的批判」就是審查各種倫理學說所由建立的最高知識,相當於幾何學所由建立的最初的幾條「不證自明」的公理。接下來的第一節就是考察「迄今為止」(即從古希臘一直到費

希特）的倫理學基本原理的多樣性。第二節論述如此多樣的倫理學原理對於建立倫理學體系的適用性，並進一步論證了「適用性」的條件以及依據被確立的諸條件審查各種原理。

在第二書：〈倫理學諸概念的批判〉中，首先在〈導論〉裡，施萊爾馬赫論證了形成倫理學諸概念的方式方法；在第一節裡，論述的是形式的倫理學概念；義務概念，德性概念 (Tugeudbegriff)，善與惡的概念；在第二節裡，論述的是現實的個別倫理概念，如財富、市民權力 (bürgerliche Gewalt)、友誼等等，這些概念從倫理學的角度看，屬於實踐的道德學；從行為看，與外在的善行相關。

在第三書：〈倫理學諸體系的批判〉中，施萊爾馬赫首先論證了「體系」或「系統」之運用於倫理學的意思。就是說，一般地諸種現象的整體性只能在相互關係中才被理解，那麼，與倫理學相關的現實，必須把每一個作為系統才是許可的。例如義務，每種義務都只能通過所有其他的東西來規定，不能以一個更高的義務推論出來。在生活中，所有善的要求都不是單個地前後相連地出現的，而是同時出現的。外在的行為雖然不是作為系統而出現，但在一個有道德的人那裡有著系統的內在的決定。在幸福主義倫理學那裡，福祉也就被看作是關於行為的系統。接下來，施萊爾馬赫對上述觀念進行了審查。

在第一節裡，論述的是倫理體系內容的完整性，在第二節裡，論述的是倫理體系形式 (Gestalt) 上的完整性，在這部分裡，康德同樣遭受到最嚴厲的批評。因為康德的倫理學僅涉及道德的純粹形式，不涉及活生生的道德內容，從而失去了倫理體系的完整性。費希特作為康德的後繼者，也在批評之列。仍然是柏拉圖和斯賓諾莎獲得的較多的肯定。因為在施萊爾馬赫看來，知識本身應有道德的目的，

而從亞里士多德開始把知識同倫理學分離，物理學和倫理學成為兩門特殊的學科，服從於自然與理性（歷史）的對立。只有柏拉圖樂於在知識中闡述完整的德性，而斯賓諾莎則把德性置於同整體知識的最緊密的關係之中。⓳

4. 《慶祝聖誕節談話》(*Die Weihnachtsfeier—Ein Gespräch*)

這部著作1806年於哈勒出版，是一部具有鮮明的施萊爾馬赫個人風格的作品。本書的格式採用了柏拉圖式的優美的對話文體（因為當時施萊爾馬赫正在埋頭於柏拉圖對話錄的翻譯）。他假借一個聖誕節之夜，主人埃納斯廷(Ernestine)及其小女兒索菲(Sofie)邀請親朋好友共慶聖誕之場景，充分討論了基督誕生對人類救贖的重大意義，說明了帶有自我犧牲式的真誠的母愛實乃基督本質的面影，兒童般的天真無邪的喜悅是人類心性中的高級階段，而聖誕便是象徵人類今日皆成兒童的一個新世界。這種思想明顯地與提倡科學理性、開啟人類理智的啟蒙主義這一文化主流格格不入。

全書大致按照以下順序依次展開：

首先，主人埃納斯廷故意讓興高采烈的客人們等候在她布置得富麗堂皇、充滿節慶氣氛的大廳外面，使他們產生一種急於進去觀看漂亮的客廳和各種聖誕禮物的迫切心理。然後她才開了門，站在一處朦朧的燈光下，靜靜欣賞在她面前的這群歡欣的朋友。結果她發現，這群朋友突然在房子的中央停住，在那裡雖然可以看到整個布景，但他們不自覺地都把目光轉向了她，似乎發現他們所高興的，

⓳　《施萊爾馬赫選集》卷一，頁290。

並不是房屋裝飾的美麗，不是禮物的豐盛，而是她自己；似乎她是這一切禮物的贈予者那樣。這暗示了全書的主題：聖誕快樂的中心不是外在的禮物，而是充滿母愛的人性的誕生。

接下來，通過大家猜禮物是什麼，顯示各人的好奇心，尤其是通過埃納斯廷小女兒索菲的動作、表情和話語，表達人類歡樂時的童心是多麼地天真無邪。令人驚奇的是，索菲雖然十分欣喜地把她的禮物一件一件地分別加以讚美和炫耀，但令她驚喜若狂地還是那表達心靈高蹈的音樂。她叫喊著：「啊，偉大的音樂！啊，一生可用的聖誕歌，你們必定要同我一起高唱這最光彩的樂歌。」這進一步暗示施萊爾馬赫的這一思想：每一童心都蘊含著真正的宗教情懷，音樂最能表達人們的虔敬之感，使人心鄰近上帝。在此情景之下，索菲的母親埃納斯廷激動地說：

> 真的，我承認，索菲剛才用她的幾句話，把我推上了喜樂的浪潮。但我把它弄錯了。這些話本身，對不知道她的人而言，或許顯得虛飾，但使我感動的乃是兒童的整個見解。她像天使般純潔的心，似乎十分榮耀地敞開了。你們明白我指的是什麼，但我卻不能拿別的話來表達它。在她無拘無束 (Unbefangenheit) 和無意識的狀態中，有著如此深刻、根本和明慧的情感，從這種情感中必然產生出的豐滿的美和令人崇敬的愛使我為之傾倒。誠然，我感到她在一點上未曾多說，她只說了我也會是那可敬的女兒之母，因為我在女兒中，如同瑪利亞在她兒子中一樣，能謙遜地敬崇神的純粹啟示，而未可因此擾亂母子之間的正常關係。[20]

---

[20] 《施萊爾馬赫選集》卷四，頁484–485。

下面，他們就如何引導和培育兒童天真虔敬的情感，展開了熱烈的討論。

埃納斯廷的女友愛德華(Eduard)認為，兒童心靈的純潔幼芽，在尚未變壞或成熟之前，必定要去護看它和發展它，獻身於這一神聖事務的婦女們，總是最適宜於住在神殿的內部，作為守護聖火的女祭師。

受啟蒙思想影響很深的列昂哈特(Leonhardt)，是個重理智和重實際的人，他提出了不同於愛德華的觀點。他說，索菲的天真虔敬當然十分令我感動，但我也少不了為之寒顫。當她的情感迸發而出，有時我就覺得她的心靈像條嫩芽，在它尚未放苞之前，就會由於內在的驅動力(Trieb)過於強烈而自行死滅。親愛的朋友們，神明在上，我求你們千萬不要給這種情感太多的營養，否則你們便不能像我想像的那樣，看到她的將來如此活躍。她那鮮艷的色彩會過早地消退，甚至還會頭戴面紗，跪倒在一聖徒的形象前，雙手合十作無果的祈禱；或者裹上了小頭罩，穿上難看的服裝，離開自由而快活的生活，呆在一間令人望而卻步的亨胡特(Herrnhutisch)兄弟會的修女院中。列昂哈特繼續說，這是一個危險的時代，許多美麗的女性都可鄙地誤入了歧途，割棄了她們的家庭緣帶。婦女天賦的最美的形象和最豐富的幸福都告消失，更不用說自然本性的扭曲了。他所擔心的，正是索菲太容易偏向此途，她的心靈和精神會被時代的頹風所捲去，因為時下婦女們在此事上沒有不失當的。索菲的母親埃納斯廷接著談了她的看法。她認為列昂哈特根本不知道索菲的內在本性，否則他就不會有所謂的「扭曲」之說了。她質問道：「你能否指出在她內心什麼被扭曲了，什麼溢出於兒童的天性之外去了呢？或者有什麼不正常的關係同她不相稱，並因之使她的虔敬情緒受到壓迫

呢?」她覺得對於兒童而言，什麼出自內心，什麼是由外而強加的，沒有什麼比這更容易認出來的了。所以，她估計，索菲的虔敬之情完全是自然的、高尚的、出於其內在本心的，因而這樣發生的事，也可聽其自然，不受干擾。

愛德華也插話幫腔，說兒童所能抓住的，必定是內在的東西，因為他們根本沒有機會依靠於純粹外在的東西。所以在兒童身上所體現出的虔敬的情感，是屬於那最美的和最高貴的。在他們這個圈子裡，在連續多天的聖誕慶祝時期，沒有什麼宗教的形式、沒有定時的祈禱、沒有自己回憶反省的時間，卻能自然而然地擁有虔敬之心，一切均按兒童的方式進行，這才是出自內心的。她說，有許多人，並不像索菲這樣自兒童時就開始傾向於宗教生活，而是在遭遇到某些失意之後而變成虔誠信徒的。像從業的婦女和陰謀的政客，從前無論追求的是學問或藝術，或家庭生活，都是受著完全世俗方式的驅使，而完全不能留意於同無限的關係。因此這些入教者只會履行一種冷淡的形式主義，在空洞的言詞和枯燥的儀式上，將自己悔改的意願緊緊依附於外在的教會。

卡洛琳納 (Koroline) 在列昂哈特尚未答覆之前，表示她不能把「歪曲本性」的字眼用到亨胡特兄弟會上。她說她有兩個女友生活在那修道院中，她們完全沒有怪癖的被歪曲的氣質，她們的判斷和理解力之正確，就像她們的虔敬心之湛深一樣。

最後，列昂哈特必須進一步陳述他的觀點。他認為，宗教帶來的罪惡不全是由外在的東西帶來的，也有是發自內部的，比如迷信，這是他所反對的。而對於那種內心的真正宗教性之美，他也是尊敬並喜愛的。但若它出於外在並欲構成生活中的功利關係，那就是最可惡的。於是，他們就這一話題基本達成如下一致：他們處於非常

快樂的聖誕情緒之中，彼此交換禮物的這種美好的行為，不是別的，乃是宗教喜悅的純粹表現。這種喜悅像其他的一切一樣，總是表現在自然而來的親切的善意上，表現在給予和服務上。這種情緒越是純粹地全部地出現，我們的本心就越為它們所占有。在這種純粹的聖誕喜悅中，使我們再度年輕，回復到童心的情感，這是一種鄰近新世界的熱烈的喜樂，因而我們感謝這受慶祝的聖嬰。這才是最純粹地對於聖誕本身的宗教喜樂。

從聖誕的宗教喜樂本身，他們自然地過渡到對於母愛的讚美。女性們說，在人的內心，單獨的熾熱的生命之火，很容易被微風所吹滅。而那屬於永恆的，乃是母愛，它是我們人生的基本和弦。有了它，內在的生命，心的聯結，就決不會喪失。每一位母親是再一位瑪利亞。在每一母親的愛心裡，都熱誠地尋求著高級聖靈的鼓勵，去護育顯現在孩子心靈裡的純潔的美麗和神聖的情感。在兒童時期那吸引我們的東西，已經預見了我們的整個生命。在我們成長過程中，在由我們按自己的生活之路理解了上帝和世界之時，我們最高級的純美情感，總是拿那些我們曾在兒童時期用以表示與外界友善的可愛瑣事和那種溫柔的光輝來加以表達。男人和女人雖然在靈性的發展上雙方必是一樣，但又各有其不同的方式。在男人那裡，無意識和深思熟慮(Besonnenen)的對應表現得很強烈，在每一轉變的關頭，卻以騷動的追求同外界進行著艱苦的鬥爭，以此來表現自己。因此男人必先經過悔改而後才能成為兒童；而在女人那裡，在她們恬靜而諧和的本性裡，始終表現出兩種成分的連續以及內在的統一，聖潔的誠摯與柔和的活動是一致的。因而，女人始終保持著兒童的天性。

慶祝聖誕節，就是在這一特定時刻，讓每個人與其童性的直接

結合，迎接一個新的生命和新的世界的再次誕生。基督教的所謂救贖就是消除那普遍的分裂，回復到天然的和諧。在此救贖過程中，聖嬰的誕生是首先的曙兆。對於雖受時間流變的支配，但又企求不生活於遷流浮生的人們，聖嬰的降世帶來了救贖的希望，因而是唯一普遍的喜樂節日。凡慶祝此節的人們，只有把耶穌看作是一新的世界得以形成的吸引力，看作是構造新生命形式的偉大力量，才可體驗到由重新發現高級生命而來的真喜樂，才能得到兒童天真之樂的回報。只有這個，才是產生聖誕慶典的一切可愛的歡欣的根本理由。

全書在充滿激情的喜悅中結束：

> 我覺得，今天所有人都是兒童，正因為如此，才顯得這樣可愛。嚴肅的皺紋已經舒展，耄齡與憂戚全不刻印在額頭，眼光明亮而生動，在大家的心裡都預感著一個美麗而佳惠的世界。我自己也有幸完全成為一個小孩。像小孩享受著兒童的喜樂時，幼稚的痛苦不見了，悲嘆受到抑制，涕淚得到收斂一樣，以我們而言，生命中長久、深刻而不可消逝的痛苦都在今天全部消融，我感覺著自己非常自在，像已新生在更好的世界中，其中痛苦與憂愁全無意義，毫無地位。我用歡樂之眼觀看一切，甚至包括那深深傷害過我的東西。……來吧，讓我們都高興，高唱那些虔敬而歡快的歌。❷

---

❷　《施萊爾馬赫選集》卷四，頁531–532。

5.《辯證法》(*Dialektik*)

德國古典哲學是唯心主義辯證法發展的最高頂峰，但在達到黑格爾所完成的最終統一之前，雖然在康德、費希特和謝林的思想中都不同程度地有著辯證思維的特徵，但專門以「辯證法」為書名作此專門探究的，還是首推施萊爾馬赫。所以，完全可以說，他是辯證法思想的重要開拓者。

這部著作寫於1811年，起初是作為柏林大學哲學講座的〈導言〉而寫的講稿，後來於1814年、1818年、1822年和1828年都講授過它，但每一次都對這個講稿進行了擴充。

《辯證法》是施萊爾馬赫唯一的一部專門的哲學著作。他把辯證法定義為使思想中的差異達到一致(Übereinstimmung)的藝術。❷
這一規定實際上既不同於後來黑格爾意義上的，也不同於後來馬克思意義上的，而是與辯證法的本義，即蘇格拉底和柏拉圖意義上的辯證法相一致：作為哲學意義上的對話藝術。只有批評式的對話，那種蘇格拉底式的對於前提的反覆詰問，才使思想具有一種自我否定的性質，從而為達到思想一致創造條件。

當然，思想的一致性，不僅僅是人與他人的一致，更主要的還應是思與在的一致，後者即一般所謂的知識。施萊爾馬赫正是在知識論的意義上來定義哲學的。他說，哲學，狹義上的哲學，即是構造所有知識的內在聯繫。哲學是最深刻的人類認識，因為它為所有其他的人類認識提供一般的基礎和一般的聯繫，誰從事著哲學，誰就在尋找這種聯繫和基礎。由此可見，施萊爾馬赫基本的哲學觀仍然與費希特有著難以割斷的聯繫。

---

❷　參見《施萊爾馬赫選集》卷三，頁3。

《辯證法》分為「先驗的」和「形式的或技術的」兩部分。前者探討何為知、何為思，以及它們與存在的關係；知識的性質、功能、種類，知和思的先驗基礎；哲學和宗教、上帝與世界的關係等等；後者探討的知識產生的具體條件，從符合知識理念的一種思想如何過渡到另一種思想，使得這第二種思想在其同第一種思想的聯繫中，也符合於這種知識的理念並同樣成為知識總體中的一個要素。雖然施萊爾馬赫的知識論類似於費希特，以本原的自我意識作為出發點，從對混沌的未定狀態過渡到規定性。但他一向堅決反對任何關於體系的設想。活生生的哲學思想比任何體系的設想都更能吸引他。他關於先驗的技術的辯證法之劃分，很明顯地是受了康德的影響，但他並未十分嚴格地區分先驗和超驗這兩個概念。因為在康德那裡，他十分明確地反對認知理性對超驗領域的僭越，在施萊爾馬赫這裡，雖然他也堅決反對於超驗界的知識把握，但卻堅持宗教性的直觀能夠使人在有限中發現超驗存在的表現和啟示。他在反對康德時認為，如果上帝不能成為我們存在的建構原則的話，那麼上帝也就不能成為調節我們認識的原則。在這裡，他認為上帝是無矛盾的、絕對的和最高的存在，它不是概念，不是知識，不是客體，而是一切存在、一切知識和願望的先驗根據。在這一點上，他又是同謝林一致的。一種存在從自身釋放出世界的存在，但不能說明，這是怎樣發生的。我們所能有的知識只是關於現象世界的知識。現象世界的最低界限是我們感官感覺到的渾濁，最高界限是世界的理念。現象的絕對多樣性和所有對立的絕對統一性是世界理念的雙重法則。每一種真正的思想只要近似地符合知識的理念，它就是世界的理念的一部分。

辯證法既然是使思想達到一致的藝術，那麼它不是具體的科學

方法，而是普遍的科學自身。從屬於這一普遍科學的，是物理學和倫理學，在這兩門特殊科學中只能達到相對的知識。而在辯證法中，則會對知識的總體、知識的統一性具有堅定的確信。

6.《論基督教信仰》(*Der christliche Glaube nach den Grundsätzen der evangelischen Kirche im Zusammenhang dargestellt*)

這部著作出版於1821和1822年間，1830和1831年間出了第二版，到1884年至少出了第六版（現在筆者參照的就是依據1884年柏林第六版刊印的）。 第一版問世時，正是普魯士正統神學復辟，黑格爾將神學哲學（理性）化，施萊爾馬赫的年輕同事奧古斯特·特羅克（G. A. Trock，生卒不詳）發動信仰復興運動的非常錯綜複雜的歷史時期。根據副標題的提示，這部著作是依據福音新教的原理來闡述基督教信仰，實際上也就是按照自己對《新約》福音的直接理解，按照虔誠的宗教體驗，從而既區別於哲學的或教義學的思辨，也區別於正統神學的立場。但有一點是很危險的聯在一起的，他既堅持虔信的立場，又堅持為啟蒙精神所滲透的歷史的耶穌。認為基督教隨耶穌基督而進入歷史，並保持著它的歷史性存在，並且同對基督的歷史形象的一切內在的信仰經驗聯繫在一起。正是這種危險的聯合，使得這部書在出版時遭到了各方人士的尖銳批評。正統神學家批判他試圖摧毀基督教信仰，黑格爾及其弟子們把他的信仰的虔敬說比喻為不如「狗的忠誠」，連浪漫派的朋友奧古斯特·威廉·施萊格爾也這樣嘲諷他：

把赤裸裸的真理遮上一層面紗，

是聰明的神學家的勾當，

在幹這種勾當的時候，

面紗製造者總是教義學的大師。❷❸

那麼，這部著作到底是一部什麼樣的著作呢？

在〈緒論〉中，施萊爾馬赫首先闡述的是第一章：教義學的定義，共分四節：一、教會的概念；二、一般宗教團體的多樣性；三、基督教特質的提出；四、教義與基督教虔敬的關係。第二章：論述的是教義學的方法，分二節：一、教義學資料的揀選；二、教義學體系的形成。

在〈信仰學第一部分〉裡，第一節主要是就虔敬的自我意識所表達的上帝與世界的一般關係，論述上帝的屬性，上帝的創世及其保存；第二節主要論述的教義有：上帝永恆，上帝無所不在，上帝無所不能，上帝無所不知；在第三節裡，主要論述的是世界的結構，人的生存處境等。

在〈信仰學第二部分〉裡，主要闡明由人的罪惡和上帝的恩典之對立所規定的宗教意識的事實。首先論述的是原罪意識：罪為人的生存狀態，原罪、本罪，世界因與罪惡的關係而有的結構；由罪的意識反照出的神的屬性：上帝是聖潔的，上帝是公正的，上帝是慈悲的；其次論述的是恩典的意識：一、意識到神恩的基督教徒之狀態；基督的生活；基督的位格；基督的工作；再生與成聖；與救贖相關的世界之結構。二、教會的起源；揀選；聖靈的分賜；教會

---

❷❸　在德文裡「面紗」的寫法是Schleier，而「面紗的製造者」即是Schleier-macher，這正是「施萊爾馬赫」的大名，施萊格爾以此諷刺他的信仰學說是騙人的面紗。

不變的核心；有形教會的可誤性和無形教會的無誤性；圓滿的教會概念。三、基督的活動；傳上帝的話、洗禮、聖餐、奉基督的名禱告；基督的再生；肉身的復活；末日審判；永生的福分；有關救贖之神的屬性；神的愛與神的智慧。四、結論：神的三位一體。

在此，我們只能就此基本的思路作一簡介，詳細的表述和研究讀者會在後文中見到。

宗教改革的結果是產生了一個明確地擺脫了天主教的、不是由教會中介的，而是從個人體驗產生出來的特殊型態的基督教社團。在此問題上，施萊爾馬赫所謂的福音新教教會，包括了信義宗和改革派。他毫無諱言，這兩者之間存在著差異。他的著作作為虔敬主義的神學闡明，也決非是想以此來拉幫結派，他只主張由心靈的契合而形成的無形的教會，他的寬容精神把一切心靈中有宗教感的人均視為友人。他從人生的虔敬情感而對基督教信仰的系統論述，依賴道成肉身的耶穌基督而有的對於上帝的正確認識和聖靈獲得恩賜的救贖觀念，發前人之未發，開創了近代經驗神學的新路。在對《舊約》的批判研究和對《新約》教義的虔敬闡述中，他一系列的嶄新觀點都起了開創性的作用，但他決不把自己的學說視為唯一正確的標準，而只意在啟示基督的活的真理，這是他自我確認的神聖使命：

> 正如基督除了教會沒有新娘，除了朋友沒有兒女，除了神殿與世界沒有家庭，但他的心仍充滿了神聖的愛與喜樂一樣，我覺得我自己也是為了這種追求而出生的。[24]

對於這樣一位為了重構現代世俗社會中人類的精神家園而貢

---

[24] 《施萊爾馬赫選集》卷四，頁532。

獻了自己畢生才智的偉大哲人、開創了嶄新紀元的神學家和卓越的愛國者與教育家，我們怎能不懷著敬仰之情而去探索他精深的思想寶庫呢？

第二章　施萊爾馬赫的神學思想

施萊爾馬赫雖然是個百科全書式的人物，幾乎對人類精神文化的所有方面都作出了重要的理論貢獻，但對現代文化影響最大的，還要首推他的神學思想。他不僅是作為一個具有深刻洞見的神學家活躍於大學的講臺上，而且還是作為一個令人崇敬、信任和精神上依賴的「牧師」，在教堂、社區、學校，甚至在軍營，把「基督教的福音」傳播到每一個信教的或不信教的人的心中。他既不同於一般的宗教哲學家，因為一般的宗教哲學家只是出於純粹的理性（或科學的態度）對宗教現象作學理上的思考和表述，而且與自己真的是否信仰一種宗教無關，即使是一個無神論者也可能會有一種關於宗教的哲學。他也不同於一般的神職人員，因為他們雖然有真誠的信仰，但對其所信仰的宗教卻缺乏理性的深刻思想。施萊爾馬赫的神學思想，在內有其對於上帝真誠的信仰和情感為基礎，在外有基於對主宰世界之本原的理智直觀和由此而來的對宗教本質的哲學思考為依據，所以在下深得民眾之心，在上廣開思想之源，連他最激烈的反對者也不得不承認他對神學發展的偉大貢獻：「他未開創一個學派，而是開創了一個時代。」他被看作是自馬丁·路德(Martin Luther, 1483–1546)之後的最偉大的神學家，「十九世紀的教父」。當代神學家巴特(Karl. Barth, 1886–1968)這樣評價他的地位：「最近時

代的神學史中的首要位置應歸於並將永遠歸於施萊爾馬赫，無人能
與他競爭❶」。

一、施萊爾馬赫神學思想產生的文化背景

　　一個人思想的產生，一是與他自己對他生活於其中的世界的獨
特直觀和領悟相關，一是與他那個時代的文化精神相關。沒有自己
對生活和世界的獨特直觀和領悟，決不可能成為一個思想家。同樣，
如果不把自己的直觀和領悟融入那個時代的文化形式之中，這種個
人內在的直觀和領悟只能是一堆混亂的模糊意向，也不可能成為思
想。如果說，個人的直觀領悟構成一種思想的內容的話，一個時代
的文化則構成一種思想的形式。而且，一個時代的文化精神總是以
這樣或那樣的方式影響、制約和規定著個人的直觀和領悟。由此可
見，無論是思想的內容還是形式，無不同其時代的文化密切相關，
那麼，個人的思想與時代文化的切合點，就在於個人以這樣或那樣
的方式回答這個時代的文化提出的精神問題。

　　就施萊爾馬赫而言，其神學思想的產生，就在於力圖回答自啟
蒙運動以來所提出的，人為什麼要有信仰、人能信仰什麼、信仰的
內在依據是什麼，這些所謂的「精神家園」問題。啟蒙運動反對宗
教，立足科學的理性信仰，同施萊爾馬赫自小在虔敬主義的宗教文
化中形成的基督信仰的尖銳衝突，構成了其神學思想產生的直接現
實基礎。

---

❶　參閱K. Barth:《十九世紀的新教神學》，Zurich，1985年版，頁379。

1.啟蒙運動的思想背景

　　眾所周知，學術界一般把整個中世紀稱為「信仰的時代」，而把從文藝復興到啟蒙運動的整個時期，稱為世俗化和理性化的時代。在「信仰的時代」，一切以神為中心，對上帝的絕對信仰壓倒了人類理性的光輝；一切事物只有達到神化，才有永恆的美；相反，在文藝復興的世俗化過程中，真摯自然，具有充沛的青春與力量的人性之美得到了極高的讚美和謳歌。人性之美雖然還帶有一絲神話故事的光彩，但一切必然返回到自然和人性，才有其魅力和美感。所以，整個文化價值由中世紀對神性的崇拜轉向了對人性的肯定。文藝復興之後在歐洲興起的啟蒙運動，正是在這種人文主義基礎上進一步擺脫宗教神學，確立人的主體地位的過程。對「人性」的肯定也超越了文藝復興時期對人體美的感情描繪和對人的感性的讚美，而是上升到「理性」的高度，從而對人類自身「理性」能力的崇拜和信仰，替代了原來對於上帝的崇拜和信仰。

　　毋容置疑，啟蒙運動所崇尚的理性，是科學理性，是以人類對外界的科學知識為基礎而對人類自身能力的確信。以這種科學理性為法庭，一切事物只有經得起理性的審查才有自己存在的合法性。這種追求本身粉碎了封建神學的思想專制，使人的自由精神獲得空前的解放，從而極大地推動了人類科學知識的發展，促進了人類社會向著理性化的目標不斷邁進。這種歷史功績是不容懷疑和否定的。但是對自身理性的崇拜，能夠代替對上帝的信仰嗎？它能完全解決人類心靈對無限的渴求嗎？事實上，除了十八世紀法國少數達到了無神論立場的啟蒙學者之外，其餘大部分的啟蒙思想家都對上述問題作出了否定的回答。

相信「知識就是力量」的培根(Francis Bacon, 1561-1626)，雖然十分崇敬從人的經驗和理性得來的科學的哲學的真理，但他同時承認理性的真理不能也不會替代依靠神的啟示得來的宗教和神學的真理。認為這「雙重真理」是各自屬於不同的領域，互不相干的。這種雙重真理論，存在於後來許多著名的哲學家思想中，如笛卡爾和萊布尼茨。

一般教科書認為，霍布斯(Thomas Hobbes, 1588-1679)比培根更具有堅定的唯物主義思想，消滅了培根唯物主義學說中的「神學的不徹底性」。但是，霍布斯在其重要的著作《利維坦》中還是承認「信仰是上帝賜予的禮物」，這是決不能以任何方式取消的，甚至認為：「人們根據自然理性的原理來辯論上帝的本質便是對上帝的不敬。因為在我們給予上帝以屬性時，我們應不去考慮其哲學的意義，而應只考慮對他最崇敬的虔誠用心的意義。」❷

縱觀整個啟蒙運動的思想發展，無論是英國經驗主義哲學家，還是德法理性主義哲學家，他們在涉及世界的本質或知識的最根本原理時，往往都會發現，人類理性的有限和無能，從而以這種或那種方式抬出上帝來幫忙。因此，上帝雖然不是他們內心信仰的對象，但卻是彌補理性無能的輔助工具。

總之，整個啟蒙運動，從總體戰略上看，是以科學理性的信仰來取代宗教神學的信仰，以人的世俗主體性的勝利來取代宗教神學的權威。但是，宗教神學既沒有在社會生活中被取消，在哲學家的思想中也未消失，而只是變換了其存在的形式。

大致說來，啟蒙運動時期宗教哲學或神學存在的形式主要有四

---

❷ 轉引自[美]莫蒂默·艾德勒等編《西方思想寶庫》，中譯本，吉林人民出版社，1988年版，頁556。

種：自然神論、泛神論、無神論和道德神學。從思想的外在環境而言，施萊爾馬赫的神學思想正是從對上述四種形式的宗教哲學（神學）的不滿中產生的。

自然神論最初產生於英國，愛德華・赫伯特(1583–1648)被看作是「自然神論之父」。這種學說採取的是一種理性和宗教妥協的形式，它一方面承認上帝的存在，另一方面又企圖把上帝變成一個合乎理性的上帝，把神學的教義盡可能地納入理性範圍內來加以解釋，從而限制甚至根本取消啟示的作用。因此，自然神論這樣解釋上帝和世界的關係：上帝是世界的創造者，但上帝在完成了創世的任務之後，一般就不再干涉自然界的事務，讓世界按其自身的機械規律運轉。這樣，上帝自身其實也只是按照一種「理性原則」來創造世界的。「自然的東西」就是合乎理性的東西，也是出自上帝「本性」的東西。由此可見，自然神論完全是在神學幌子下的理性主義，在其初級的型態中還能在自然理性的真理之外，保留神學啟示真理的獨立性，把自然界和神界看作兩個獨立的世界。然而在其典型的或者說高級的型態中，啟示的神秘性被取消了，成為人類理性可以認識和清晰把握的對象。如約翰・托蘭德(John Toland, 1670–1722)在其著名的論著《基督教並不神秘》中，就從洛克的唯物主義經驗論出發，通篇都是力圖證明「福音書的教義並不違背理性」，甚至「福音書中沒有任何神秘的東西或超越理性的東西」❸，這無疑就是要把理性確立為信仰的基礎，上帝只不過是一種無限理性的假設。

所謂泛神論，即是認為萬事萬物及其總體都是神。在近代典型的泛神論思想家斯賓諾莎的學說中，神被說成是唯一的實體，廣袤

---

❸　參見[英]約翰・托蘭德：《基督教並不神秘》，北京，商務印書館，1989年版。所引之處為該書第二部和第三部的標題。

和思想是神的兩種屬性。所以黑格爾說：「泛神論通常具有這樣的意義：萬有、萬事萬物，宇宙，一切實存的事物這個集合體，這無限眾多的有限的事物就是神。」❹自然神論把神看作在自然之外，泛神論則把神看作在自然之中；自然神論把神說成是自然的創造者和設計者，泛神論則把神等同於自然本身。因此，無論是自然神論還是泛神論，都只是在神學掩護下的理性主義本身。英國的啟蒙主義者一般是在自然神論的形式下來確立經驗理性（科學知識）的權威，而德國的學者如謝林、歌德等更樂於採取泛神論形式來推進理性的絕對化，法國的啟蒙學者乾脆去掉了羞答答的神學外衣，在休謨懷疑論的推動下，立足於機械唯物主義的世界觀，將自然神論和泛神論發展為戰鬥的無神論。

如果說，自然神論和泛神論在神學的掩護下確立人類理性的權威，仍然還能把上帝假設為是高於人類理性的「無限理性」或「絕對理性」的話，那麼法國的無神論者則從世界觀的根基上完全鏟除了神的存在的任何理由。因為世界只是一個按機械運動的規律所支配的物質的世界，精神、靈魂是物質的一種屬性，因而種種神靈世界存在的理由都是站不住腳的。所以法國啟蒙學者進而深入揭露了宗教與迷信的相關性、虛妄性和欺騙性，揭露和批判教會的種種虛偽、墮落和罪惡。例如，代表法國啟蒙學者唯物主義思想最高水平的霍爾巴赫 (Holbach, 1723-1789)，在其《揭穿了的基督教——對基督教的原則和後果的考察》一書中，明確地說：

> 總之，一群狂信之徒聽從別人的建議，以一個殘忍的、虛偽
> 的、邪惡的、愛看不幸的生靈流淚的、為他們設下陷阱的、

---

❹ 黑格爾：《宗教哲學講座・導論》，山東大學出版社，1998年版，頁83。

等他們陷下去就加以處罰的、命令人盜竊、犯罪和屠殺的神
為榜樣，我們怎麼能夠期望這種人有人性、正義和美德？
……這個神是一個獨夫，一個民賊，一個什麼都能幹得出的
暴君；……由此可見，基督教自詡為道德提供一個堅不可搖
的支柱，為人民提供最為有力的動機，以促使他們行善，其
實對於人們來說乃是一個分裂、狂暴、罪行的來源；它藉口
給人們帶來和平，其實只是給他們帶來狂暴、仇恨、不和與
戰爭……。❺

　　對基督教的上述評判，可以說完全是法國啟蒙學者宗教觀的集
中體現，表達了他們共同的心聲。這種無神論和反基督教的觀念，
隨著自然科學的不斷進步以及人們世俗生活水平的不斷提高，正在
摧毀著人們的宗教信仰。即使像休謨這樣的哲學家，儘管他認為歷
來各種宗教的教義，本質上都是違反理性、違反自然的東西，但他
也還是要深入地思考：人類生活中到底為什麼要有宗教存在？既然
任何形式的宗教都是荒誕不經，為什麼宗教會在許多不同形式之下
普遍地掌握著巨大的勢力來影響人類生活？為什麼在他這個時代又
流行著加爾文派那種嚴峻而陰鬱的宗教？❻那麼，對於一直生活在
德國具有神學唯心主義傳統和虔敬主義家庭教育中的施萊爾馬赫，
面對著種種虛假的、懷疑論的和無神論的學說，他除了在情緒上給
以強烈反對的同時，更要從學理上回答，人類為什麼需要宗教信仰，
基督教的本質到底何在？人們應如何理解《聖經》中的基督？對這

---

❺　引自《西方古典哲學原著選輯──十八世紀法國哲學》，北京，商務
　　印書館，1979年新版，頁556-558。

❻　參見[英]休謨：《自然宗教對話錄》，北京，商務印書館，1989年版。

些問題的思索和表述，正是其神學思想的內容和核心。

關於啟蒙時期的道德神學，雖源自斯賓諾莎，但其代表人物是康德和費希特，我們將放在下文中給予闡釋。

2.德國虔敬主義神學和思辨哲學的文化背景

英法的啟蒙學者，儘管不斷地在學理上限制、懷疑甚至否定和咒罵基督教，但他們並沒有造成宗教神學的真正終結，而是促成基督教不斷改變自身的型態，使之向更適合於各民族文化心理的新的型態轉變。與英國的自然神論、荷蘭的泛神論、法國的無神論相應，在施萊爾馬赫成長於其中的德國，啟蒙哲學家康德使基督教神學取得了一種「道德神學」的形式。

嚴格說來，道德神學並非是真正的「神學」，因為它不是論述基督教神學的信仰體系，而只是顛倒了信仰與道德的關係。在康德那裡，「道德學原理並不是由神學而來的，而乃是純粹實踐理性自身的自律，因為這種道德並不拿關於神和神意的知識作為這些律令的基礎。」❼然而，道德神學存在的必要性，乃在於出於純粹實踐理性自律的道德無法在此岸世界中實現德與福的統一，即無法達到「至善」，但實現「至善」，又是理性在實踐方面的最終目的。因此，要讓人們產生「對道德律之承諾的信任」，必須假設人的靈魂不朽和上帝的存在。在這裡，不是先有對上帝存在之信仰，然後才從它那裡產生出道德，而是先有道德的存在，然後從它推論出上帝信仰的必要性。信仰上帝成為道德學的必要的擔保，因為「這個至善只有在神的存在的條件下才能實現」。❽這就清楚地表明了，宗教信仰是從

❼　康德：《實踐理性批判》，北京，商務印書館，1960年版，頁130。

❽　康德：《實踐理性批判》，版本同前，頁125，128，135。

道德的要求而來的，不是信仰作為理性的基礎，而是實踐理性成為信仰的內在根據。所以，康德的「道德神學」「可以正確地理解為是從道德律出發的神學，而不是僅僅停留在道德（純粹性）中的神學，也不是可以徹底還原為純粹道德的神學。」❾

對於這種把上帝看作是道德秩序的必要條件的懸設，如同對於把上帝看作是理性（知識）的最終基礎的假定一樣，在施萊爾馬赫看來，都是一種虛假的神學，是啟蒙學者企圖把宗教信仰理性化的又一嘗試。這種思想本身是施氏無法接受和同意的，但是卻刺激了他的神學思考。要駁斥啟蒙運動的種種理性化的神學思想，必須站在更高的基礎上，說明它們如何誤解了宗教的本質，宗教不是什麼，能是什麼，這樣才能真正贏得人心。

因此，啟蒙運動以來的種種宗教哲學（神學）思想，無論是自然神論、泛神論、無神論還是道德神學，都只是作為思想的對立面激發了施萊爾馬赫的神學思考，作為其批判的對象和必須回答的時代神學疑問而成為其思想的一種文化背景。其自身神學思想的內在資源，還是要在德國文化根深蒂固的虔敬主義(Pietismus)神學傳統和思辨唯心主義渴求無限的內在超越性中去尋找。

德國文化自古以來就具有唯靈主義、神祕主義和強調內心自省的精神，這種精神最適宜於作為基督教靈性的傳承者。在歷史上，日耳曼民族入侵羅馬後，並沒有接受任何屬於羅馬文化的東西，他們從羅馬世界中繼承下來的唯一的文化遺產就是基督教。「基督教是羅馬文化的特洛伊木馬，它的精神正是對世俗的羅馬帝國的否定。與文明程度較高的羅馬人相比，野蠻的日耳曼人……在他們所破壞

---

❾　謝舜：《神學的人學化——康德的宗教哲學及其現代影響》，廣西人民出版社，1997年版，頁82。

的古代文明的廢墟上，很快就感受到一種靈的呼喚，普遍地皈依於基督教信仰。」**⑩** 到了近代，「基督教精神配以哥特式教堂的形式，對人的靈魂產生了無法抗拒的感召力。即使在科學高度發達的今天，當人們走進哥特式教堂中時，仍然能夠非常明顯地感受到這種靈的呼喚。」**⑪**

因此，在古代德國的思想家中，艾克哈特(Meister Eckehart)、陶勒爾等人提出的神秘主義的救贖理論在當時就是獨具特色的，後來這種理論又作為馬丁・路德宗教改革的思想淵源之一，並經過馬丁・路德而延傳到近代德國文化之中。因為正是路德的宗教改革客觀上促成了相對統一的近代德國文化的形成，甚至整個德國古典哲學，也正是在馬丁・路德宗教改革的思想自由的土壤上所開出的最重要的、具有世界意義的花朵。**⑫**

但是，宗教改革後的路德新教，在逐步取得正統地位的過程中，日益呈現出教條化、外在化的傾向，「路德當初提倡的那種信徒與上帝間的直接關係，後來基本上被一整套以教條為內容的信仰所取代。路德新教逐漸成了另一種壓制精神自由的新的迷信、教條和死正統。」**⑬** 在此情境之下，在法蘭克福和萊比錫等地出現了以深化個人內在的靈性生活，反對正統教會為目標，以直接領悟《聖經》的福

---

⑩ 趙林：《神旨的感召——西方文化的傳統和演進》，武漢大學出版社，1993年版，頁166。

⑪ 趙林：《神旨的感召——西方文化的傳統和演進》，武漢大學出版社，1993年版，頁169。

⑫ [德]亨利希・海涅：《論德國宗教和哲學的歷史》，北京，商務印書館，1974年版，頁42。

⑬ 謝舜：《神學的人學化——康德的宗教哲學及其現代影響》，廣西人民出版社，1997年版，頁58。

音為主旨的「虔敬團體」。 這便是福音派虔敬主義神學的起源。虔敬主義的基本特徵就是反對信仰的外在化，強調宗教情感，試圖將宗教從外在的教條、制度、儀式導向個人的內心的信念與虔敬，把基督教復活視為一種活生生的宗教，使宗教不再只是訓練有素的神學家的事，而是每個普通的人都可直接享用的精神遺產，鼓勵個人在精神的內在世界中直接發現上帝。

的確，深沉內向，追求精神生命無限超越的德國哲學的思辨特色，與這種虔敬主義精神十分吻合。因此，啟蒙運動在德國，❶不僅未導致反宗教神學的無神論思想的出現，而且正是這種虔敬主義最初作為啟蒙運動的先導，並繼而作為德國啟蒙運動中的一支重要力量與理性主義的自然神學，泛神論和道德神學平行發展。

尤其是在人們的日常生活中，虔敬主義神學自從它產生之日起，就成為人們精神啟蒙的重要內容和道德教養的重要手段，包括康德、黑格爾在內的許多理性主義哲學家都是在這種虔敬主義乳汁中餵養成人的。黑格爾曾回憶說：

> 當兒童時我們已經被教導喃喃對神明作祈禱，我們已經學會合上小手，舉起來向最崇高的存在敬禮，我們的記憶裡被裝進去一大堆當時還不瞭解的命題，以便將來運用並作為生活中的安慰。❶

---

❶ 關於德國啟蒙運動與英法啟蒙運動的區別，以及德國啟蒙哲學與宗教的相通性，可參閱拙著《謝林》第一章，臺北，東大圖書公司，1995年版。

❶ [德]黑格爾：《黑格爾早期神學著作》，北京，商務印書館，1988年版，頁1。

施萊爾馬赫因祖宗三代都是神學家和神職人員，從小其母親給他的精神食糧就是對上帝的虔敬之心，對道德的敬重。後來又在虔敬主義團體的兄弟會學校接受正規的教育，這些我們在第一章中已作了闡明，在此不再贅述。現在我們必須交代的是，施萊爾馬赫自小所受的這種虔敬的宗教教育，如何在其時代的文化精神中轉變成為其神學思想的內容，或者說，他是以什麼樣的文化形式把德國傳統的虔敬宗教情感轉化為現時代人們仍可接受的宗教觀念的。

由於康德哲學的二元性，在其中既有對科學真理的清晰的理智和嚴格的哲學反思，又有對審美直覺、想像和天才詩意創造能力的強調，以及對上帝存在、靈魂不朽和意志自由的先驗假定。所以，在康德之後，德國哲學具有兩種不同的思維範式：一是追求絕對理性的科學主義思維範式，一是追求生命的情感和詩意的浪漫主義。前者通過費希特、早期謝林到黑格爾那裡達到頂峰，後者通過耶可比(F. H. Jacobi, 1743-1819)、謝林、施萊爾馬赫同文學上的浪漫主義者相結合，在詩學、文學、哲學、宗教以及日常生活中造成了一股聲勢浩大的價值大轉變。如果說，前者的追求目標是要達到情感的理性化、知識的科學化，並以間接的哲學反思式思維為中介的話，那麼後者追求的目標是要達到理性的情感化、知識的詩意化和以神秘體驗為基礎的直接性，並以直接的自我意識（直觀、直覺、體驗）作為通達無限的中介。

因此，如果說，馬丁·路德的新教自由主義，福音派虔敬主義的神學情感，以及啟蒙主義的理性精神構成施萊爾馬赫的神學思想內容的話，那麼，發軔於艾克哈特等人那裡的德國神秘主義，經過耶可比，甚至早期費希特和謝林等人所追求的直接的自我意識，則是賦予其神學思想以形式的思維方式。因為無論是艾克哈特，還是

雅各布・波墨(Jakob Böhme, 1575-1624)，他們均認為上帝是不可通過邏輯來證明、規定和思想的精神實體，而只能在個人內心的直覺、體驗中與之溝通和融合，並以自己的真實情感為根據。耶可比更明確地把人的精神世界分成兩個相互獨立的部分，一邊是思維、理智和科學知識，一邊是直覺、情緒和宗教信仰。前者是間接的證明的知識，後者是直接的直觀的知識。他甚至把直覺和信仰看作是比科學的理智(Verstand)更高的理性(Vernuft)。

經過康德美學的薰陶，德國傳統的神秘主義和虔敬主義的直接的直觀，披上了浪漫主義的審美直觀和藝術直觀的新衣，它在人們審美的瞬間直接把自身的情感投射於審美對象之上，使人超越有限而與無限相通，從而在人心中打開了一條通往無限宇宙的神秘暗道。

施萊爾馬赫正是以上述直接的自我意識為思維的形式，重新闡述了基督教的真實本性，回答了啟蒙運動以來人們對宗教的種種不信和否定的疑問，重新從宗教上打動並喚醒他那時代被世俗功利和物質享受所拖累的心靈，並因此而成為同時代人們的真正知音。他把在前輩身上所準備好的、推動他那時代文化和精神前進的最偉大的東西承繼下來，發揚光大，把宗教領域同人類科學、藝術、道德和智慧的廣大領域巧妙地結合起來，站在了他那時代進行各種追求探索的人們的中心。與他身後的黑格爾試圖以邏輯化的理性涵括和消融生活中活生生的內在激情相反，他通過神學、藝術和道德等文化科學，同浪漫主義一起把生命的內在激情推向了哲學中心和前臺，成為浪漫主義神學的傑出代表。

二、施萊爾馬赫的宗教哲學

施萊爾馬赫處在西方本質主義思維方式昌盛並登峰造極的時代。本質主義的特點在於，對一切事物都首先追問「它的本質是什麼」， 即從事物的多種多樣的特徵中抽象出一種所謂的根本性特徵作為其「本質」的界定。這種思維方式實質上是一種科學主義的思維方式，它的優勢在於能夠讓人對某物產生一個明確的「概念」，但也有其不可避免的弊端：使人機械地固執於事物的某一特徵，並使之絕對化，而忽略了其餘的豐富多彩的無限可能性。尤其是對於非實體性的事物，本來就很難作出明確的規定，而本質主義卻非要獨斷式地說它「是什麼」， 阻斷了人們對其進行自由反思的可能。所以，本質主義在現代哲學中遭到了普遍地拒斥。施萊爾馬赫當然不可能明確提出反本質主義的主張，但可以說，他已清楚地意識到了有關宗教本質問題的困境，以至於他在《論宗教》的第二講，在寫下了「論宗教的本質」的標題後，馬上講了這樣一個故事：相傳公元五世紀有一希臘人西莫尼德(Simonides)，對於國王所問的「究竟什麼是諸神呢」(Was wohl die Gotter seien)，他回答說：「請等一天之後再聽答覆吧。」 次日，國王再問，他又如此回答。經過一天又一天的重覆和延遲，國王終於不問了，最後說：「讓我永遠思考這問題，終有覺悟的一天啊。」

從這個故事當中，我們一方面可以看出，施萊爾馬赫已意識到「思」和「悟」的重要性，對於「本質是什麼」的問題，關鍵在於不斷去「思」和「悟」， 而不要急於給出一個確定的定義。另一方面，我們油然而生一種期待：施萊爾馬赫不採取本質主義的定義方

法，他將以何種方式回答標題所提出的這一重要問題呢？

施萊爾馬赫明確告訴我們，他也將以西莫尼德「類似的延遲」開始，但向讀者保證，他不會以最終的緘默，讓大家永淪於困惑之中。就是說，他將以對宗教的理性反思為背景，向人們「描述」宗教多方面的特性，從而讓人們明白，真正的宗教能夠是什麼和不能是什麼。

「宗教從未純粹地出現過」❻。這是施萊爾馬赫對宗教的歷史和現狀所作出的一個基本判斷，這意在表明，不能按宗教曾經是的和慣常的外表顯現去看待它，而要返回於「宗教性」(Retigiosität)本身，發現宗教的真正本性。這種「返回」之途，必須來一番如同康德為「未來形上學」的建立所作的「清掃地基」的工作，更類似於現代現象學的「本質還原」，它必須層層剝離掉歷史文化和偏見誤解所強加於宗教之上的虛假的外殼，而讓「真正的宗教」這個「現象學的剩餘物」最終顯現。這也就是後來黑格爾為宗教哲學規定的任務：達到宗教本身的自我認識。

由於施萊爾馬赫時代對宗教的最大誤解是由啟蒙思想家帶來的，所以他把批判的矛頭直接指向啟蒙思想家，並從全面考察他們的主要觀點入手，分析它們是否正確，或者，我們是否能從他們那裡達到正確的結論。在此過程中向人們講明什麼不是宗教，真正的宗教能是什麼。

1.宗教不是什麼

常人看宗教，總是被它的各種表面的現象所迷惑，威嚴的教會、尖尖的教堂、神秘的十字架、靈修時的祈禱，這些都是民眾辨認基

---

❻ 《施萊爾馬赫選集》卷四，頁239。

督教的標誌。而在有教養的知識階層中，對宗教的認識雖然大大超越了上述外在性的特點，他們憑著哲學的理智、科學的知識和道德的崇高呼喚，把宗教同形上學、科學知識和道德聯繫起來考慮。然而可悲的是，他們非但沒有從這些聯繫中發現宗教的獨立地位和特殊品性，反而卻以科學知識和道德的要求去強求宗教。結果，導致了在思想上對宗教的極大誤解，在行動上對宗教的堅決拒斥。這便是啟蒙時代以來知識階層批判和否定宗教的深刻根源。要達到對宗教本身的真正自我認識，首先就必須審查，宗教同哲學的形上學及其附屬的知識論和道德學的關係以及它們對宗教的要求是否合理，以便能讓宗教顯示出它的獨立品性。

應該承認的是，宗教同哲學的形上學具有內在的關聯，因為它們均要探討一切存在的終極基礎和原始奧秘。形上學 (Metaphysik) 作為「一切存在之為存在」的學問，鮮明地表現出它超越一切有形之物而達到最終的無條件的終極存在的超驗本體性。這樣的超驗事體作為「實體」(Substanz) 建構起來，就表達了人們對世界的一種領悟和知識，回答了世界萬物由以構成的本原，即成為一種「世界觀」和知識論的原理。宗教也是力圖尋找這種終極存在的努力，但宗教的這種努力，更多地不是來自於人們對世界萬物之存在的「知識論」要求，而是來自於作為有限的存在（人是有死的）對於隨時處於非存在（死）的威脅而追求「不死」（永恆存在、不朽）的願望，所以它始終是「生存論的」。當把形上學的超驗實體不作為知識論的原理而僅作為生存論上的價值本體來運用時，形上學是可以和宗教相通的。因為那種包容一切存在的永恆不變的實體，作為萬物的本原也就是作為造物主的「上帝」或「神」。正因為如此，柏拉圖的、尤其是亞里士多德的形上學成為基督教形成時期的最重要

的思想基礎。當然，把形上學的「實體」當作「神」的理論困境也是難以克服的。因為作為「不變不動」的實體如何能夠演變成富於變化和永恆運動的物質世界呢？出路只有兩條：它或者把形上學的實體改造成富於創造性的上帝，但這必須放棄對終極實體的知識論要求，從而使哲學變成以信仰為基礎的神學，這就是中世紀的神學之路；或者把實體僅看作一個認識論的前提，堅持對世界採取認識論路線，但這勢必碰到康德所深刻揭示的難題：本體界是不可知的，能知的只是本體的現象，從而在本體和現象界之間留下不可超越的鴻溝。

隨著文藝復興運動開始，自然科學得到了迅速發展，人類認識能力也得到了空前提高，而且「知識論」取代了宗教神學而成為「第一哲學」。 在此基礎上產生的啟蒙運動正是要通過「知性」的無所不能的認識特性，取消一切宗教的神秘和啟示的真理。在法國的啟蒙運動發展成為戰鬥的無神論，從而宣布取消神學的同時，英國的啟蒙運動也從科學理性的要求出發，更對宗教採取了全面的認識論要求。雖然他們一開始採取的是一種羞答答的自然神論的形式，並未完全否認宗教神學的合法性，但卻企圖把上帝變成一個合乎理性（即知性）的上帝，並把一切神學教義盡可能地納入到理性的範圍之內來解釋，從而限制甚至從根本上取消啟示的作用。在洛克的信徒約翰·托蘭德的《基督教並不神秘》一書中所表達的，正是人類知性對於認識宗教（基督教）本質的樂觀信念。在康德思想中，他雖然以晦澀但堅定的形式為信仰爭得了合法的地盤，限制了知性的不合法要求，但在其道德神學中卻又僅僅只把上帝理解為道德規律的給予者，把宗教從屬於倫理學。所有這一切均使得宗教的真正本性晦暗不明。施萊爾馬赫告誡那些蔑視宗教的有教養者，你們不應

控告宗教，因為你們沒有看出宗教的真正面目；你們應該控訴那些
敗壞宗教、用哲學來淹沒宗教，並想給宗教戴上體系枷鎖的人。

> 宗教只有完全走出思辨的「知識」領域，走出實踐的「道德」
> 領域，才能保持自己的領域和特性。⓱

之所以要走出思辨領域，是因為近代哲學的思辨完全定向於科
學知識原理的建構，它以其有限的概念、嚴密的邏輯和明晰的理智
（這些對於科學知識是必不可少的！）摧毀了思辨本身的沉思默禱
的整體直觀（這種含義對於宗教恰恰是本質性的！）。走出思辨也就
是要讓宗教脫離科學知識的形上學，走向對宇宙本身及其宇宙靈魂
(Weltsgeist)的直觀。之所以要走出實踐領域，是因為實踐領域是完
全有限的、實用的行動領域。每種行為只表示著一種有限的欲求，
一種特殊的品德，一種世俗的愛。它禁止了那種以無限的強力
(unumschrankter Gewalt) 從事創造的行動，一種博大無私的自我犧
牲的愛，從而在道德領域阻止了有限的人追求無限的精神超越的實
際可能性。由此推之，施萊爾馬赫在消極意義上得出了關於宗教本
性的判斷：宗教不是形上學，不是知識，不是道德。「道德和形上
學這兩者都不屬於宗教」⓲。它們可以是宗教的隸屬部分，但必須
批判地對待它們對於宗教的滲透。

宗教不是形上學，因為形上學出自人的有限本性。人想用它那
極簡單的概念，用它的力量的規模和它對意識的感受性來確定宇宙
對於人來講可能是什麼，來確定人必須如何來觀察它。宗教與之不

⓱ 《施萊爾馬赫選集》卷四，頁241。

⓲ 《施萊爾馬赫選集》卷四，頁248。

同，在於它的整體性，它以其整個的生命，生活在本性之中，但是生活在整體、唯一和全體 (das Einen und Allen) 三者的無限本性之中；對於在這種本性中適用於一切個別事物的東西，因而也適用於人的東西，宗教都想靜靜地、忠誠地、仔細地加以直觀和猜測。宗教不是道德，因為道德雖然出於自由的意識，並想把自由的王國擴大到無限，使一切東西都從屬於道德。但是，這種道德的自由只是在有限的行為決斷（選擇）中才表現出來，它也只是在人生活的世俗的此岸來把握人。宗教只在自由本身已重新成為本性的地方活動，在人的特殊力量及其人格表現的彼岸來把握人，並這樣來看人，即人必是人所是的，必須是人想是的或不想是的。宗教不是知識和科學，不論是關於世界的或關於上帝的知識或科學，它都不是，雖然它承認知識和科學，但那不是它本身所在。

通過「宗教不是什麼」的這種否定性，施萊爾馬赫堅決地批判英法等國，甚至包括本國的以康德為代表的所有啟蒙理性派的宗教觀念，清除了種種近代偏見附加於宗教身上的塵垢。這種批判式地同近代傳統宗教哲學的決裂，正突現出施萊爾馬赫在一系列理論上的巨大突破。

一方面通過強調宗教不是科學和知識，使得他同英國「自然神學」(Natural Theologie)觀念決裂了。對於施萊爾馬赫而言，根本就沒有「自然神學」這回事。因為他認為，「自然神學」是哲學反思的人為結果，並沒有真正的宗教所持有的生命和直接性；另一方面通過強調宗教不是道德和形上學，也使得他反對康德的宗教哲學觀念。雖然施萊爾馬赫認真地鑽研了康德的每一本重要的哲學著作，對康德的閱讀也在實際上塑造了他的整個生活，加強了他對傳統路德派正統教條的懷疑和批判，但他在倫理和宗教問題上並不追隨康

德，甚至於總是把批判的矛頭指向康德。因為他始終認為，康德對
上帝和靈魂不朽的道德論證在理論上缺乏根據，在實踐上缺乏情感
的直接性。上帝如果不首先成為我們存在的（生存論上的）構成原
理，又如何能夠成為人類知識的範導原則呢？當然更重要的方面還
在於，施萊爾馬赫以否定的方式描述宗教，不是像法國啟蒙主義者
那樣以無神論來否定宗教。相反，他要在新世紀的門檻上，為現代
人尋找一個新的信仰的形式。或者說，是為了在啟蒙運動之後，讓
對宗教陌生而又懷疑的這一代人重新記起宗教。用 R. Otto 的話說，
他要「把遭受湮沒威脅的宗教，重新織入破土而出的現代理智生活
的無比豐富的新布之中。」⓳這是一個相當勇敢而又富於原創性的嘗
試。說其「勇敢」，是因為在經歷了啟蒙運動之後，「宗教」被誤認
為是「反科學」的代名詞，而在一個極端崇拜科學的時代，想要讓
人重新記起宗教，合理地理解宗教，的確是極富冒險性的。說其是
「原創性」的，是因為在當時，一切情況都對宗教和神學不利，而
且人們或者從科學理性出發拒斥宗教神學，或者像費希特、謝林、
黑格爾以及荷爾德林等人那樣遠離宗教神學，從神學轉入哲學和詩
歌。而在這樣的時刻為了人們的精神的安頓，又極有必要有一位像
施萊爾馬赫這樣地位的人，來採取一個值得認真對待的相反立場。
的確，不論在教會的神學圈子中，還是在啟蒙派和浪漫派的學術圈
子中，都沒人能像施萊爾馬赫這樣能在這個由革命和復辟、啟蒙與
浪漫激起各種風暴的年代中，公開地、令人信服地以及有效地回答
甘淚卿所提的信仰問題：「你信宗教又怎樣?」雖然，對「宗教不是
什麼」的回答只能起到清掃地盤，消除誤解的作用，而最為關鍵的，
還是要從正面回答人們的疑問:「真正的宗教到底應是什麼樣的呢?」

⓳　見 R. Otto 為《論宗教》所寫的前言，頁VI。

只有對此問題作出令人滿意的答覆，正確理解宗教的這一開創性工作才算真正完成了。

2.宗教作為對宇宙的直觀

宗教不是科學,也不想像形上學那樣去尋求宇宙本性的解釋。但宗教也必須有其自身對宇宙的理解。在這裡，「宇宙」只是與有限的「個體」相對的「無限者」，是一「大全」。科學能以概念和理智的知識把握「宇宙」的某一部分的特徵，形上學也能以理性和邏輯對「宇宙」作出某種「知識論」上的解釋，而宗教不想對「宇宙」作知識上的片面的理解。它只想從總體上直接感受「宇宙」的無限和永恆，並在這種直接感覺中，使個體和宇宙直接相遇相通。

施萊爾馬赫一再宣稱，宗教為了擁有自己本身的財產，首要的條件就在於放棄對屬於形上學的和道德的東西的所有要求，並拋棄這些所強加給它自己的東西。就宗教的本性而言，它既不想像形上學那樣來解釋宇宙，也不想像道德一樣用人的自由的力量和神聖的任意(Willkür)來繼續塑造宇宙並使之完善。宗教的本性不是思維和行動，而是直觀和感情。它想直觀宇宙，它想聚精會神地從宇宙自身的表現和行動中來觀察它，它想使自己像孩子似地（啟蒙運動則相反地要使人理智起來、成熟起來！）被宇宙的直接影響所抓住和充滿。因此，宗教和形上學及道德兩者在本質所構成的一切方面、在它們的效果 (Wirkungen) 所表現的特徵的一切方面,都是對立的。形上學和道德在整個宇宙中只看到人是一切關係的中心，是一切存在的條件，是一切變化的根源；宗教主要在人身上而並不是在一切其他個別的東西和有限的東西的身上看到無限、看到無限的足跡、看到無限的顯現。

通過這樣對宗教的清理，施萊爾馬赫更進一步地從正面論述對
宇宙的「直觀」作為宗教的真實本性。可以說，對宇宙的直觀這一
概念，是他全部講話的關鍵(Angel)，並把它作為宗教的最普遍的和
最高的公式。人們在《論宗教》的每一個地方都可以發現這一概念，
宗教的本質和界限可以據此得到最精確的規定。在他看來，所有的
直觀都來自被直觀的對象對直觀者的作用，來自對象原初的和獨立
的行動，然後由直觀者根據對象的本性對對象進行攝取、總結和理
解。直觀的對象自在地發揮它的作用，不受直觀者的影響。直觀者
像孩子似地被動地接受它的影響，不受自身功利欲求和慣常觀念的
影響，這就返回到了事物與人之間的本原關係，這也正是現代哲人
胡塞爾現象學所要求的「面向事物本身」的那種原初狀態。但施萊
爾馬赫的「直觀」的意圖只在強調，直觀對象對人的作用、影響是
既可感覺、認識和用邏輯把握的有限的東西，而直觀對象自身的本
性只能直觀，不能對它提出知識的要求，不能用邏輯去規範它，因
為它是無所不包的宇宙大全。對它作知識的要求，用概念和邏輯的
手段去規定宇宙大全本身，這是形而上學而不是宗教。所以人們所
知的遠在直觀的彼岸，而宗教只在於直觀之中。這樣，施萊爾馬赫
就可以從積極的、正面的意義上來闡明真正的宗教到底是什麼了：

> 宇宙在不斷地運動之中，而且每時每刻都向我們顯現它自己。
> 宇宙根據生命的豐富性賦予每種形式和本質一種特殊的定
> 在，宇宙從它那豐富的、一向多產的懷胞中產生出來的每一
> 件事物，都是宇宙對我們的行動。因此把所有個別的東西看
> 作是整體的一部分，把所有有限的東西都看作是無限的一種
> 表現，這就是宗教；想超出這一點，想更加深入整體的本質，

就不再是宗教了。如果想這樣做的話，就必然會重新陷入空洞的神話學。如果取消了時空的限制，生命的每一特殊的類型，在整個世界中被看作是一個無所不在的本質的作品和世界，它們被作為宇宙在其統一性中的一種特殊的行動方式而被直觀到和被描述，這也是宗教；如果在世界的永恆規律巧合地(im Zufälligen)以一種明顯的方式顯示自身的地方，給每個屬於上帝的有益的事物取個別名並為它建造一座自己的廟宇；把它們理解為宇宙的一種行動並以此作為它們的個體性及其特徵的標誌，那這也是宗教；如果它能使這個充滿裂縫和不平的世界，超越它那易碎的鐵的時代，重新回到過著快樂生活的奧林匹斯山諸神的黃金時代；那麼它就直觀到這個世界及其精神的永遠活躍、充滿生機而熱烈的運動，直觀到一切變易的和只是從有限形式的紛爭中產出的一切表面的罪惡的彼岸，這也是宗教；但是如果它把諸神的起源看作是一種神奇的編年史，或者如果一種後起的信仰向我們展示的是一個很長系列的外射(Emanation)創造的話，這就是空洞的神話學。把世界上的一切事變(Begebenheit)設想為一個上帝的諸行為，這就是宗教，這反映出事物同一無限整體的關係。然而，苦思暝想關於世界之前和世界之外的這個上帝的存在，只在形上學中是好的和必需的，在宗教中這也只會變成空洞的神話學。[20]

這就是施萊爾馬赫描繪的宗教的本性。他時刻強調的是，宗教通過對宇宙的直觀建立起了人與無限的本原關係，建立起了同整體

---

[20] 《施萊爾馬赫選集》卷四，頁244–245。

的直接聯繫。在這種聯繫中，有限的個人不再感受到自己是孤零零的個體，在他有限之中滲透著無限，是無限的表現，是宇宙萬有的行動創造的一個在世界之中的定在，從而消除人的無根的恐懼。宗教的作用在於促使那些還沒有直觀宇宙能力的人睜開眼睛，在宇宙對人的原初的直接的關係之中，找到他對無限的關係，消除在有限世界中一切有限之物相互干擾、相互破壞他者生存的罪惡。宗教之所以能起到這種作用，是因為宗教使每人直接同無限相關而在無限之中，一切有限之物都互不干擾地並存在一起，一切都是一，一切是真。這樣的宗教也能使每一個信教的人意識到，他的宗教只是整體的一部分，從而建立起宗教的寬容精神，從而不會出現派別之爭、黨同伐異的現象。因為在這種宗教之中，一切存在著的東西，都是必然的，一切可能存在的東西，都是無限之物的一幅真正的、不可缺少的畫面。

這樣的宗教規定，可以說，完全是從宗教本身的獨立性和自在性而言的，在某種意義上，的確可以是「無上帝」或「無神」的宗教。因為宗教只是對「宇宙的直觀」，「只是把所有個別的東西都看作整體的一部分，把所有有限的東西看作是無限的一種表現」而用不著再去進一步思考「宇宙」本身的本質，用不著思考「在世界之前或之外的上帝之存在」，那麼我們是否可以說，施萊爾馬赫在此是把「上帝」等同於「宇宙」或「自然」，等同於一個「個別的直觀」了呢？或者說，他的宗教觀念是否等同於斯賓諾莎的泛神論呢？的確，在施萊爾馬赫的《論宗教》一出版時，如同我們在第一章所述，當時有些宗教界人士就把它斥之為「泛神論」。但我們認為，在施萊爾馬赫把宗教規定為對宇宙的直觀這一思想中，與泛神論只有表面的類似性，而沒有實質上的等同性。因為在泛神論那裡，神

僅僅是實體，唯一的實體，它是不變、不動的抽象普遍性而缺乏生動的能動性，而施萊爾馬赫的「宇宙」或「自然」則不是「實體」，是處於永恆變動變化之中的。另外，施萊爾馬赫的宗教，也放棄了對作為這樣的一個「實體」的宇宙的沉思，而是要經過自我心靈的直觀以及由此而喚醒的情感，在有限之物中看出同宇宙的無限的直接關係，因而和泛神論是不同的。

不過，可以肯定的是，在施萊爾馬赫的這一宗教的規定中，有無上帝是無關緊要的。他明確地說：

> 宗教就叫做對宇宙的直觀，你們宗教的價值就是你們直觀宇宙的方式，以你們在宇宙活動中發現的原則為基礎的。如果你們不能否認，關於上帝的觀念要順應每一種對宇宙的直觀，那你們也就必須承認，一種沒有上帝的宗教可能比另一種有上帝的宗教更好。❷❶

在這裡，正確把握施萊爾馬赫宗教觀的合理意義的關鍵，是要準確地把握「上帝」與世界的關係。儘管施萊爾馬赫認為「上帝的觀念要順應每一種對宇宙的直觀」，但他並沒有取消「上帝」。如果取消了上帝，作為「把有限看作是無限的一種表現」，「把個別看作是整體的一部分」的這種宗教，也就能夠直接地等同於哲學和藝術。宗教之區別於哲學和藝術的一個重要特點便是它通過人的幻想的力量，把宇宙的精神人格化為一種超自然的力量，即成為「上帝」。這樣，宇宙原初的作用及其非凡的創造力量，就不被看作是與人無關的純粹「客觀規律」，而是人格化的上帝的創造行為。這種非凡的

---

❷❶　《施萊爾馬赫選集》卷四，頁286。

創造行動是有限的個人無力而為的，或者說是人嚮往著的自己能夠擁有的理想。於是，人們就對於這樣的上帝產生了虔誠的崇拜心理，這便是宗教。在施萊爾馬赫的宗教中，是有上帝的，這個上帝無非就是人格化的宇宙的「行動者」。所以在這樣的宗教中，他既要反對哲學的形上學，因為哲學的形上學將人們的幻想依附於知性，總十分理智地看待宇宙，然而只看到宇宙對人的有限的作用及其個別特殊領域的細節，從而只擁有了「世界」，而沒有「上帝」；他也明確地避免完全從主觀幻想出發將宗教浪漫化的危險，因為純粹的主觀幻想的狂熱，將使人們只有「上帝」，而沒有「世界」。所以，施萊爾馬赫認為，只要我們從對宇宙的直觀出發，就會公正而冷靜地來看待宗教及其上帝與世界的關係：

> 在宗教中，上帝的觀念並不像你們認為的那樣高；對於上帝的定在，甚至在真正虔誠的人中也從來沒有人表現出狂熱、熱烈和沉醉；他們極其冷靜地看待自己身旁被稱為無神論的東西，而且他們認為始終存在著比無神論更反宗教的東西。在宗教中，上帝無非是作為行動者(Handelnd)出場而已，還沒有人否認宇宙的神聖生命和行為，宇宙和存在著的、起支配作用的上帝無關，就像宗教的上帝對物理學家和道德學家並無好處一樣，這正是他們的可悲的誤解，並將永遠是他們可悲的誤解。㉒

在世界和上帝的關係問題上，施萊爾馬赫越來越趨向於謝林的觀點，尤其是在其以後的哲學著作《辯證法》中，更明確地說明了

㉒　《施萊爾馬赫選集》卷四，頁288。

上帝和世界是互相轉化的：上帝不能沒有世界，因為我們只能從世界為我們創造的東西出發到達上帝那裡；世界不能沒有上帝，因為我們覺得世界的樣式是不充分的，是不符合我們的要求的。但因施萊爾馬赫否認上帝和世界的本質同一性，從而也避免了泛神論。

從宇宙的直觀方面論宗教，其所能說的就只是這些了。它的重要意義在於澄清了宗教的自在本性，明確區分了宗教同哲學形上學、同知識論、同道德以及神話學的聯繫和界限，為真正的宗教是什麼提供了一份正反兩方面的答案，為消除啟蒙運動對宗教的誤解，恢復宗教在人類精神生活中的合理地位掃清了道路。

當然，把宗教規定為對宇宙的直觀，只是施萊爾馬赫宗教觀的一個方面，可以說只是關於宗教「對象性」的說明，而真正顯示施萊爾馬赫宗教觀特色的還不是宗教的對「對象性」規定，而是從人類心靈的內在性方面，把宗教規定為人的一種虔誠的情感。

3.宗教作為虔敬的情感

情感 (Gefühl) 在一般的心理學中被看作是人在活動中對客觀事物及其他人所持的態度的體驗，一般地把與有機體生理需要相聯繫的態度體驗稱為情緒，如由於防禦性反射、性反射、食物反射等複雜的無條件反射引起的恐懼、憤怒以及性慾和食慾等的體驗，人們稱之為較低級的情感；把人的複雜的社會性情感稱為高級的情感，並劃分為道德感、美感、理智感三種。但從宗教學的角度而言，無論是低級的生理性情感還是高級的社會性情感都只是有限的世俗化的情感，而宗教的情感則是超越於世俗化的，是對於宇宙、無限、絕對等這些能夠稱之為上帝的東西的體驗。在施萊爾馬赫這裡，情感首先是直接同對宇宙的直觀聯繫在一起的。在直觀中，人直接意

識到自己被無限所充滿，是宇宙萬有的一種實存，因而直接意識到人和世界在上帝之中，是被上帝所把握和包圍著的。所以可以說這是一種本體論的情感。

本體論的情感不是起源於任何一個世界之中的有限之物對人的作用，而是起源於宇宙本身對人的本原的作用。有限之物對人的作用固然可以引起一定的情感，但決不能引起虔敬的情感體驗。不過，若是一個外物不作為一物來作用我們，卻以全宇宙的部分來作用我們，它就在這作用上為全宇宙開了路。當人的心靈的直覺力不把外物看作是宇宙的相互聯繫中的一個部分（或部分的集合），而是把外物看作是被宇宙的和合統一性所充滿的代表，這樣的外物對我們的直接作用才能引起我們虔敬的情感。更進一步地說，我們虔敬的不是一個外物或外物的集合，而是支配萬物的統一性的精神。因而，當人的心靈的想像力把這宇宙的精神人格化，這種人格化的精神就讓人們產生出了上帝的觀念。這種人格化精神對人的原初的直接作用，就產生了本體論的虔敬的情感。

虔敬不是無限存在者本身的屬性，而只是人心的一種情緒。因而本體論的虔敬的情感不是屬於本體的，而是屬於人心的，是人心對於無限存在的一種虔誠的敬意。因而，從虔敬的情感出發來規定宗教，也就是說，宗教是心靈的宗教。

把宗教看作是人的心靈的虔敬的情感，這是受浪漫主義影響的結果。但重要的在於，這種情感又不能理解為有限的、心理意義上的浪漫派激情，而應當生存論地理解為人在自己內心深處的遭遇、直接的宗教自我意識。這是施萊爾馬赫的獨特之處。要理解這一點，我們必須明白，施萊爾馬赫一方面延續著康德關於「知」（知識、認識）、「情」（感情）、「意」（實踐、行動）三者的劃分，但他只作

學理上劃分，而不作實際上的區別。因為在人的生命裡，三者是「不可分的」，當然亦「不是同一的」。「知」與「行」是相互激勵的，「知」也是「行」，「行」也是「知」，關鍵就在於看到底是客體還是主體占優勢。倘若客體的能力占優勢，要把主體拉入到對象存在的圈子裡，而這時你所產生的直觀和感情，就是「知識」；倘若優勢在主體一邊，因而你把自己反映或烙印在對象上，它便是「行」（活動）。人的生命只是在那兩者的交互變換中才能存在。而「情感」一般地說，產生於「知」與「行」二者之間的相互影響。心理學上的甚至浪漫派的愛的「情感」都是有限的，即「某物」、「某人」對你的影響，或者說是有限的「知」與具體的「行」之間的相互作用。而宗教的「情感」則是你（個體）對「無限」的遭遇時所產生的那種直接的虔敬之感。就是說，當你在有限中直覺到無限的啟示時，你整個的身心均被無限所充滿，既未對對象產生認識（不是知!），也未自覺地把自己烙印在對象上（不是行!），你只驚異地直覺到自我邂逅了無限，從而激起一種無限的敬意，這便是「宗教的情感」。

在這裡，宗教的情感仍然是同「直觀」緊密相關，甚至是作為它的同義詞而使用的。就是說，它不是把「直觀」當作本義的「思辨」，[23]而是當作一種廣義的由外在活動引發的直接的非邏輯化的內在精神活動。所以施萊爾馬赫說：

> 顯然，宗教的直觀和情感也必定是如此不可分離地在心靈的第一激動(Handlung)中。無感情的直觀，絲毫不能存在，既

---

[23] 「思辨」一詞的本義是「直觀」，在宗教學中的「沉思默禱」是「思辨」的一個基本含義。

不會有其合理的起源，也不會有其適當的力量；無直觀的情感（當然）也完全不能存在。❷

在這裡，人們必須注意的一個關鍵問題在於，雖然把「情感」同「直觀」聯繫並等同起來，十分便於我們理解施萊爾馬赫把宗教看作是「對宇宙的直觀」和把宗教看作是「虔敬的感情」之間的內在同一性及其聯繫，但是，我們是否能夠說，這兩個規定之間沒有什麼不同，意思完全一致呢？從施萊爾馬赫的本意看，一致性是本質的，因為「直觀」如果是「無感情的」，那將會導致對「宇宙」、對外界一般對象作客觀知識論的要求，而不能在內心引起宗教性情緒體驗。「對宇宙的直觀」之所以是宗教，就在於這種「直觀」的瞬間被無限性所感動而產生的情感狀態。但是，既然如此，施萊爾馬赫又為什麼在後來的著作《論基督教信仰》中，把在《論宗教》中說的「直觀」改為「虔敬的感情」呢？原因就在於為了避免誤解，避免人們把他的宗教觀看成是斯賓諾莎式的、或者謝林式的泛神論。在《論宗教》一書出版後，許多人正是在這種誤解中指責和批評他的。

「直觀」一般指向於客體，而「情感」一般指向的是主體。所以，施萊爾馬赫為了更清楚地把宗教描述為心靈的宗教，又把虔敬的情感說成是「直接的自我意識」。在他看來，把情感和自我意識同等並列，決不是有意地把這兩個詞當作完全的同義語。但情感一詞在日常語言中早已通用在宗教界內，當然，作為科學的用語，它還需通過其他的詞語賦予它更清楚的規定。這種規定，一方面表現為他反對在廣義上使用情感一詞，即反對把無意識的狀況也包括在

❷　《論宗教》，《施萊爾馬赫選集》卷四，頁254。

內；另一方面，即是在「自我意識」一詞之上再加上「直接的」形容詞，免得有人想到一種無關情感的自我意識，即把自我意識當作同對象意識(gegenstandliches Bewuβtsein)一樣的「客觀意識」，是對自我本身的「表象」以及通過對他自身的注視而間接得到的意識，好比是在思想和欲念(wollend)中一樣。因之，施萊爾馬赫總結道：

真正的、直接的自我意識，不是表象，而是真正意義上的情感，決非總是一種伴隨物。㉕

這就是說，作為宗教的虔敬的情感，不是出於對自我本身的思考並隨伴著自我的意志而間接表現出來的狀態，它是在自我與無限性相遇時直接在內心中表現出的那種驚喜。它無須思考和意志的伴隨，在直接的自我意識中表露出它的情緒、喜樂或憂愁、痛悔、認罪與信賴等等。在這裡，施萊爾馬赫既反對把情感放在對象意識中，當作是知覺(Wahrnehmung)的表達；也反對把在自我意識之底層的「無意識」的意志等欲求和情緒衝動包涵在情感之內，只認虔敬的情感等於直接的自我意識。這種「自我意識」之所以能成為虔敬的情感，乃在於我們直覺到的無限性及其無限的生命，就像我們自己一樣。它是普遍生命跟一個體生命的初次接觸和融合，是大宇宙與孕育的「理」之間的聖潔的婚姻。在你產生直接的自我意識的那一剎那，你就似乎直接是躺在無限世界的胸腹上。存在藉著這種直接的結合而投至我們，但不是投至我們表象與知識的意識，而是投向我們情感的意識。一旦投向知識的意識，你把存在規定為「這個」或「那個」，那宗教的情感便當場中止。而虔敬的宗教情感，「它流

㉕　《論基督教信仰》，《施萊爾馬赫選集》卷三，頁634。

動而透明，就像那呼吸在花果間的蒸氣和露水；它嬌羞而溫柔，如同少女的親吻；它聖潔而豐腴，像新娘的擁懷；不，它不僅僅是像，而是簡直就是這個」。在自我意識同存在的無限性合一的瞬間，我們的靈魂感受到了無限的驚喜，「我擁抱著的不是一個幻影(Schatten)，而是神靈本身(das heilige Wesen selbst)。我躺在無限世界的胸腹上。在此瞬間，我是它的靈魂，因為我感覺到它的一切力量和它無限的生命，如同我自己的一樣，在這一剎那，它就是我的身體，因為我被它的肌肉和筋骨所充滿，如同我自己的一樣，甚至它最內在的神經也如我自己的一樣，按照我的感覺和預感(Ahndung)在運動。」❷⑥

只有這樣的「自我意識」才能成為「虔敬的情感」，只有如此描述的宗教，才是「心靈的宗教」。但是，「自我意識」這一表述本身仍然不能令人滿意。因為在德國古典哲學中，「自我意識」本身一直是作為「知識論」基礎的一個基本範疇，像在費希特和謝林的哲學中那樣。如果說把宗教表述為「對宇宙的直觀」，難以避免「泛神論」的誤解的話，而從「直接的自我意識」來說明宗教的虔敬情感，又難以明確劃清知識論和倫理學的形上學思路，因為宗教的情感是止於達到明確的意識的。在此情況下，施萊爾馬赫使情、知、行三者最終以獨特的方式結合在一起了。就是說，「虔敬」本身雖然只能歸屬於「情」，但決不意味著它與「知」和「行」無關。因為直接的自我意識總是在由知作主和由行作主這兩種狀態之間過渡的媒介。這就是說：

知和行都涉及虔敬，但兩者都不構成虔敬的本質。它們之所

❷⑥　《論宗教》，《施萊爾馬赫選集》卷四，頁254。

以涉及虔敬只是由於所激起的情感，有時只有在一種使之凝固的思想中才得以平靜，有時則傾注在一種表現它的行動中。❷

這說明，從自我意識出發，雖然有助於說明知、情、行三者的關係，從而把虔敬歸屬於一種情感狀態。但若要更清楚地說明虔敬之情的本質，還不能停留在一般意義上的自我意識裡，必須對它作出深刻的闡述。

4.宗教作為絕對的依賴感

施萊爾馬赫說，人的自我意識可以分成三個階段，最低級的混亂階段是動物式的，因而也就不可能出現情感的對立；中間階段是感性的，意識的全景都建立在對立情感之上；最高階段是靈性的，是絕對的依賴之感，其中的對立消除了。

兒童，尤其是學語之前兒童的意識，處於最低級的狀態，其中沒有客觀與內省、知覺與感情之分，甚至也沒有你我之別，一切都混然未分。在這裡，總的來說，動物式的生活幾乎獨占優勢，而靈性的生活尚隱居後臺。中間階段的感性的自我意識，全然建立於對立情態之上。這是由於自我意識中一般地只有兩要素：一是表明主體為自己的存在（即自我意識到自己本身）；另一是表明它與它物並存。❷ 與此相適應，主體表現為自動性（Selbsttätigkeit）和感受性（Empfanglichkeit）。❷ 前者表明自我意識是由自己作主，因而是一

---

❷ 《論基督教信仰》，《施萊爾馬赫選集》卷三，頁639。

❷ 在德語中，意識一詞的本義就是「被意識到了的存在」：Bewußt-sein，而自我意識即自我意識到與一「存在」的並存。

種「自由感」，而後者表明自我意識是由一外物的影響而造成的這
種狀況，因而是一種「依賴感」。但是，在整個感性自我意識階段，
既沒有完全的自由感，也沒有完全的依賴感。在由這對立的雙方組
成的自我意識的整體中，是主體同與它一起確立的對方「交互作用」
(Wechselwirkung)的意識。人的意識往往都處在這中間階段，即使
是兒童，雖然我們說它是處在動物式的階段，也不會完全是「依賴
感」，也常常會表現自己的「自由感」；成年人當然更是處在依賴感
和自由感的交互作用狀況。不僅外在於我們的對象，而且包括我們
自身在內所構成的這種交互作用的關係，就是與我們合一的「世界」。
施萊爾馬赫說：

> 因此，我們的自我意識，作為我們在世界中存在的意識，或
> 者作為我們同世界共在(Zusammensein)的意識，就是一系列
> 被分流了的自由感和依賴感。**㉚**

在整個人類的感性的自我意識領域中，既看不到絕對的依賴感，這
種絕對的依賴感意即在共同決定的心態中沒有任何自由感；也看不
到絕對的自由感，這種絕對的自由感意即在共同決定的心態中沒有
任何的依賴感。

那麼，在自我意識的最高階段，為什麼能消除一切對立，而有
絕對的依賴感呢？按理說，消除了一切對立的最高階段也就是絕對
的自由感的階段，為什麼施萊爾馬赫不把這個階段稱為絕對的自由
感，而稱之為絕對的依賴感呢？

施萊爾馬赫認為，在任何屬於時間性的存在中，決不可能有絕對的自由之感。因為「自由感表達的是一種出自我們的自動性，那麼這種自動性必定有一個對象無論在什麼情況下都能給予我們。但是，這個對象若不作用於我們的感受性，也就不可能存在。因此，在每一個這樣的情況之下，就無不牽涉著一個隨自由感而來的依賴感。所以，自由感也就受到了依賴感的限制。倘若對象一般地總是通過我們的活動形成的，那麼這就只能出現對立，只能不斷地出現相對的情況，而決不能是絕對的。」❸ 在我們生存的這個世界中，自由感如果確實只能表達一種內在的自發運動的話，那麼，不僅每一個別的自由感都同引起我們感受性的每一狀況相關，而且，我們所有內在的自由運動作為統一的整體來看，也不能由一絕對的自由感來表現。因為我們的整個此在 (Dasein) 都不是作為出自我們的自動性而意識到的。假如真的可能有一絕對自由感的話，那麼一個這樣的主體也無法同其他類似的主體發生任何關係，而所有與之接觸的一切，都變成了他所支配的材料。出於這種理由，在人類中不會有絕對的自由感。

既然如此，從另一方面來看，出於上述同樣的理由，絕對的依賴感也不能起於任何一個外在於我們的對象給予我們的影響力。因為對於這個外在對象，我們總會產生一種反作用 (Gegenwirkung)，任意地對抗外物對我們的影響，這樣就總包涵了某種自由感了。所以，嚴格地說，在感性的自我意識中，既不存在絕對的自由感，也不存在絕對的依賴感。

在此，我們不得不問，作為宗教虔敬感情之本質的絕對依賴感起於何處呢？這就要通過最高級的靈性自我意識來解釋了。施萊爾

❸　《論基督教信仰》，《施萊爾馬赫選集》卷三，頁646。

馬赫說:

> 不過,在我們的命題中,絕對的依賴感等同於與上帝的關係,
> 這只能這樣來理解:在自我意識裡一同確立了我們感受性此
> 在和自動性此在的「來源」(woher),而這個「來源」必定要
> 用上帝這個詞來表達,對於我們而言,這才是上帝這個詞的
> 真正本原的意義。㉜

在這裡要注意的是,這個「來源」不是在時間性存在的整體性
之意義上的世界,更不是世界的任何個別部分。因為在這樣的世界
中,我們只有相對的依賴感和自由感。只有在同上帝的關係中,才
有絕對的依賴感。在此意義上可以說,上帝是絕對依賴感的來源。
不過,在這裡,施萊爾馬赫反對這種依賴感本身是以早先有關於上
帝的知識或概念為條件的見解。因為按照這種見解,許多人自認為
有了一個固有的上帝概念和有關上帝的知識,而完全不靠任何直觀
而生的真純的情感,就可產生絕對的依賴感,從而遠離了虔敬的基
本型態。這表明,在施萊爾馬赫的思想中,作為絕對依賴感之本原
的「上帝」,既不是在世界之前或之外的存在,也不是作為我們先
驗擁有的抽象知識和乾枯的概念。我們只有憑藉直觀和情感,才有
上帝的意識和知識。只有對上帝的意識才是最虔敬的情感。由於我
們自身的有限性,以及上帝的無限性,這種虔敬的情感才成為絕對
的依賴感。施萊爾馬赫說:

> 不過,如果詞語本來總是表象同一的話,那麼上帝這個詞也

㉜ 《論基督教信仰》,《施萊爾馬赫選集》卷三,頁647。

是以一種表象為前提的。我們必定只能這樣說，這個表象無非只是表達了絕對的依賴感，最直接地反映了這個絕對依賴感，是最原始的表象。而我們在這裡所關切的整個原始表象，完全不依賴於那個本來就有的真正知識，而只取決於我們的絕對依賴感，以至於上帝對於我們而言，首先只是意味著在這種情感中一同規定的東西……這表明，對上帝的意識同時也就是這樣包涵在自我意識中的，如同上述討論的那樣，兩者完全是不能分離的。絕對依賴感只有成為一個明朗的自我意識，才能同時成為上帝之表象。在此意義上，當然也可以說，上帝是以一種原始的方式在情感中給予我們的。❸

這就清楚地告訴了我們，絕對依賴感的直接內心表現，即是對於上帝的意識，伴隨著這樣一個內心表象，虔敬的情感也明朗化了，並且這種情感也越來越與靈性的自我意識相關聯。這就清楚地解釋了宗教情感和上帝意識產生的心理根源，同時也可從感性自我意識的不純來說明了多神論和神人同形同性論產生的根源。

綜上所述，雖然施萊爾馬赫為了向人們描述（注意不是「定義」!）純真的宗教本質，先後用了三個不同的表達方式。這三個表達式之間不是相互衝突和替換的關係，而是內在一致的，儘管三者各有自身強調的不同重點。通過這三個表達式的正面論述，他明確地指出了宗教是獨立的、原始的、非派生的、直接的精神現象。其獨特性表現為心靈的神聖體驗。這種體驗是個體的靈魂受到無限的觸摸時所迸出的情感的火花。當這種火花燃燒成虔敬的感情時，它也並非推動個體去思考和行動，而是沉浸於這種情感中深切的直觀

❸　《論基督教信仰》，《施萊爾馬赫選集》卷三，頁648。

和感受，像孩童一樣天真無邪地被無限性所充滿和感動。從歷史的角度看，這意味著：

⑴宗教不再像在中世紀，甚至宗教改革中那樣，是一種離世的嚮導，一種向世界之外的、超自然的東西的過渡。因為個體所直觀和體驗到的「無限」不是一個超自然的永恆實體，而是世界萬物本身所啟示出的無限性。甚至連「上帝」也不是隱藏在世界之外或背後的神秘之物，而是在我們虔敬的自我意識中與世界一同被給予我們的情感的東西。

⑵宗教也不再像在自然神論和啟蒙運動中那樣遁入到世界背後，成為一種形上學的東西，無論是實體的形上學還是道德的形上學，它都不是，因為施萊爾馬赫拒絕使上帝成為任何形式的超驗的形上學本體。

⑶不只是在教會團體中或在靈修的祈禱時才有宗教，毋寧說，宗教是我們精神超越的一種基本形式。在審美時，在道德生活中，甚至在科學裡，都有同宗教相通的契機。只要我們去親近、去感受、去愛，在世界的萬事萬物中，我們都能發現無限的蹤跡，都擁有著我們的靈魂被無限、被神直接感動時的震顫！這樣理解下的宗教和上帝，正是一切存在、知識和意志的內在的、超越的基礎。正是在上述意義上，施萊爾馬赫的宗教哲學開創了現代意義上的宗教觀和上帝觀。在這樣的宗教觀中，實證的宗教在現代生活中還能具有什麼意義，現代的神學和現代人的信仰又應當具有什麼樣的特徵呢？這就是他隨後要解決的重要難題。

三、基督教信仰論

經過啟蒙運動的洗禮，特別是經過立足於機械唯物主義哲學的法國啟蒙思想家對宗教的批判，基督教在西方社會的確已是「聲名掃地」了。代之而起的是一個充滿理性計算的時代。在這個時代，物質主義、享受主義都借助於科學的外衣而取得了自己的合法地位。人們的生活也越來越為表面的奢華和膚淺的趣味所籠罩，失去了其內在的價值和純潔的詩意。因此，睿智的哲人和充滿靈性的詩人，早在啟蒙理性還在高奏凱歌之時，就向人們發出了刺耳的忠告。在盧梭回歸人類自然情感的呼喚中、在荷爾德林渴望神性的精神還鄉之途中、在施萊格爾和謝林崇拜審美與詩意的藝術宗教中、在康德為信仰留地盤的形上學重建中，我們都領略到了一種「後現代」精神的最初騷動和新的生命價值的創生足跡。在這種精神氛圍中，尤其是在濃厚的虔敬派的宗教氛圍中成長起來的施萊爾馬赫，十分清楚地看到，即使在這個日益功利化和注重實際的社會裡，不管人們的物質生活獲得了多大的改善，如果沒有一種有效的精神信仰來撫慰人的靈魂，如果只是飄蕩在生活表層的福樂中而不注視自己心靈的真正內在需要，那麼，這樣的生活仍然是充滿畏懼的。只有內在的精神信仰才能撫慰我們在激烈的生存競爭中所產生的心靈的顫抖和痛苦，才成為解救我們生存的「絕對依靠」。

當然，在施萊爾馬赫眼中，這種內在的精神信仰只能在宗教中確立，但既不是在作為國家政治力量的教會基督教中，也不是在啟蒙哲學家的理性宗教中，而只能在自我對無限的感受、直觀和體驗中而直接融入自己內在情感的宗教中確立起來。只有「心靈的宗教」

才是唯一真實而可能的宗教，只有這種宗教才能使我們的生存具有可親可近的實在的「絕對依賴感」。但是，問題在於，施萊爾馬赫自己也承認，「這樣的宗教從未純粹出現過。」❸這就意味著，歷史上的所有宗教，包括他們信仰的基督教從純粹的意義上都未能成為真正的宗教，而人們的信仰又只能從現存的宗教中獲得（直接表現「無限者」的宗教是不可能的），那麼，實有的宗教對於現代人確立自己的精神信仰到底具有何種意義，就成為我們現在首要關心的課題。

1.「實證宗教」的意義

對於熟悉現代西方哲學的人而言，「實證的」這個詞是不陌生的，我們常常能見到所謂的「實證科學」、「實證哲學」、「實證主義」等詞彙。人們一般認為，法國哲學家和社會學家孔德 (Auguste Comte, 1798–1857)是「實證主義」思潮的代表人物，因為他不僅著有《實證哲學教程》、《實證政治體系》和《實證宗教教義問答》等書，而且還在1848年組織成立了「實證哲學研究會」。不過，從時間上推算，「實證哲學」這個詞不是由孔德，而是德國哲學家謝林於1821年在愛爾朗根大學講授《近代哲學史》時首次使用的。他把黑格爾的邏輯思辨的哲學稱之為「否定的哲學」(die negative Philosophie)，加以嚴厲批判，而把他自己的新的哲學稱之為「肯定的哲學」(die positive Philosophie)，也即「實證哲學」。❸不過，謝林的「實證哲學」一詞也只是來源於施萊爾馬赫的「實證宗教」(die

---

❸　《論宗教》，《施萊爾馬赫選集》卷四，頁239。

❸　可參閱拙著《謝林》第二章和第五章的相關內容，臺北，東大圖書公司，1995年版。

positive Religion)，因為他於 1799 年出版的《論宗教》中就使用了這一概念。

　　哲學上的實證主義，從一般意義上說，是指要依據「確實的事實」，反對抽象思辨的一種方法論。「實證」就是指「確實」和「精確」；「確實的」事實，指的就是來源於直接觀察或實驗的「經驗事實」。施萊爾馬赫所說的「實證宗教」也有與此類似的意思，就是說，宗教不是抽象的與自己的經驗無關的天國的東西，而是自己在對無限的感受和體驗中所經歷的一種直接的情感。儘管這一「確實的事實」不是科學的事實，但它作為情感的事實，比科學的事實更為直接和內在，因為它不僅由我們的直觀而來，而且由我們的心靈直接而生。這可以說是一種最內在的「實證宗教」；還有一種外在的「實證宗教」，即人人都能耳聞目睹的「現存的、特定的宗教表現」。**❸❻**也可以就是現存的宗教型態。在我們的這一標題下，所要論述的，正是後一意義上的實證宗教的意義。

　　施萊爾馬赫承認實證宗教之有意義的前提在於，他認為教會不應該是多樣的而應是統一的，但宗教卻必須是多樣的，只要它是立足於宗教的本質即可。「誰都容易看出，沒有人能完整地擁有宗教，因為人是有限的，而宗教則是無限的。」**❸❼**

　　人有限，不僅表現在人是有死的，是宇宙中的一個匆匆的過客，而且表現在人在其有限的生命中，他只能依據宇宙所能表現於他的那個方面去直觀宇宙，即人只能從有限去直觀和體驗宇宙的無限；宗教是無限的，不僅表現在人天生就擁有宗教的情懷，因而宗教能在人類世代延續的對無限的精神追求中永生，而且宗教所要表現的

---

❸❻　《論宗教》，《施萊爾馬赫選集》卷四，頁357。

❸❼　《論宗教》，《施萊爾馬赫選集》卷四，頁356。

「無限」從不會是在自身之中的、純粹抽象的「無限」，它總是只有在「有限」中才能被直觀和把握，它用無限量的形式虛盡自己、表現自身。甚至人們對「宇宙的直觀」，對「無限」的體驗總是個別的宇宙觀，無數的宇宙觀既沒有哪一個能夠包羅萬象，也沒有哪一個從原則上應被排除在外。所以，「宗教」作為對無限宇宙的直觀和體驗既是無限的，又是多樣的；既要從本質上作一般性的理解，又要從其表現型態上作多樣性的把握，這樣才能見到個別的、活生生的、具體的、實證的宗教，只有這樣才能全面而正確地理解宗教：

> 即使對於理智而言，宗教按其概念和本質也是一無限的和無法測度的東西；因而它必須擁有一個使自身個體化(sich individualisieren)的原則，否則它就既不能存在，也不能被人感知。❸

由此看來，真正有意義的實證宗教還不能完全等同於現存的各種宗教形式，按照施萊爾馬赫的上述觀念，宗教在有限的、特定的形式（基督教、佛教、伊斯蘭教等）中啟示自身，所包含的原則，一是柏拉圖理念與實存之間的分有原則，即實際存在的東西只有分有了理念才真正存在，也就是說，實證宗教只有體現了宗教的本質才有意義；二是浪漫主義的個性原則，每個實證宗教都是分有了宗教的本質而來，但實證宗教不是沒有自己個性的，相反，只有體現出自己獨特的個性，只有表現出自身對無限的獨特直觀，並以這種直觀喚醒沉睡在人們心中的獨特感悟和虔敬情感，才是真正意義上的實證宗教，才是有意義的實證宗教。

❸　《論宗教》，《施萊爾馬赫選集》卷四，頁357。

按照這個標準，施萊爾馬赫批評和否認了「自然宗教」(die naturliche Religion)，因為「所謂的自然宗教，通常地都是如此圓滑（abgeschliffen，意為「磨損」、「被磨平棱角」的意義，也可轉意為「變得文雅」──引者注）並且總是那樣具有哲學的和道德的矯飾，以至於失去了宗教的特性。它十分懂得規規矩矩地生活，制約和安排自己，因而使自己左右逢源。相反，每一實證宗教無不具有剛烈的特徵和一極顯著的相貌，以使它的每一動作，即使對不經意地向它投去一瞥目光的人，也能明顯地知道，它真的是什麼。」 **❸⑨** 這就更清楚地說明了，每一真正的實證宗教，都必須是源出宗教本質的一個真正的個體化，即一方面有其獨特的對宇宙的自由任意的直觀，另一方面這種直觀又與整個宗教的中心直接相關。

在排除了自然宗教作為實證宗教的個體之後，施萊爾馬赫又認為泛神論(Pantheismus)和自然神論(Deismus)也不是宗教的個別型態。因為泛神論把神等同於自然，認為所有的自然物都有神性，是借助神的名義來表達唯物主義自然觀的一種哲學學說。它可以是宗教哲學的一種類型，但不是一種特定的宗教個體形式。自然神論也是如此，它雖然承認有位創造世界的位格神，但否認此神進一步照顧、保護及引導他所造化的一切。它實質上是一種理性的宗教哲學，而不是一個個別的宗教形式。

那麼，在施萊爾馬赫的眼中，具體的實證宗教到底有哪些形式呢？對這個問題，我們只能得到原則性的指導，而見不到實際的說明。除了基督教之外，施萊爾馬赫只對（作為基督之前身的）猶太教以及伊斯蘭教作過簡短的陳說。他認為，實證宗教經歷了拜物教(Fetischimus)、多神教(die Vielgötterei)到一神教(Monotheismus)的

---

❸⑨　《論宗教》，《施萊爾馬赫選集》卷四，頁358。

發展歷程，一神教無疑是虔敬信仰的高級階段。但「在這個最高級
階段的一神教裡，只有猶太教、基督教和伊斯蘭教三大集團。第一
種幾乎在消逝中，其他兩種仍在競相控制人類。猶太教因其把耶和
華的愛限制於亞伯拉罕的族裔，弄得幾乎接近於拜物教……另一方
面，伊斯蘭教雖有嚴格的一神主義，卻由於它熱烈的性格和強烈感
性的思想內容，仍顯出強大的感情勢力印刻在宗教情緒上，而這種
狀況若在別處則足以把人確定在多神教的層面上。」[40] 而基督教卻從
未有這兩方面的缺點，是歷史上出現的最純粹的一神教型態，因而
高於其他兩教的地位。基督教不因自己是最高級的宗教而排斥其他
宗教，但它不怕同其他宗教作比較，只有通過比較才能讓人信服地
承認它是最高階段的諸宗教中的最完善者。

　　但是，施萊爾馬赫卻並未對其他宗教作過什麼論述和比較，這
對我們讀者而言，不能不說是一大遺憾，這種遺憾甚至也存在於當
代德國著名神學家漢斯·昆(Hans Küng, 1928–)的論述中：

　　　　我們感到遺憾的是，施萊爾馬赫對於非基督教宗教（除了希
　　　　臘宗教）沒有更為精確的知識。雖然他對宗教體驗的強調使
　　　　他能指出「宗教」的一個重要方面，但他後來從沒像例如他
　　　　的柏林同事和競爭者黑格爾那樣對宗教擁有廣博的知識。黑
　　　　格爾在宗教哲學講座中以非常具體的方式對待人類的宗教：
　　　　作為絕對精神在人類精神中展現自己的偉大歷史形式——開
　　　　始於非洲、中國、印度、波斯和埃及的自然宗教（神祇作為
　　　　自然力和實質），通過猶太教、希臘羅馬宗教等精神個體性的
　　　　宗教，達到基督教——它作為宗教的最高形式在自身中包容

[40] 《論基督教信仰》，《施萊爾馬赫選集》卷三，頁675–676。

了前面發展的所有形式。❹

　　儘管如此，施萊爾馬赫強調實證宗教應是多種多樣的，應該具有自己的獨特個性，而且也是歷史發展的，這些正是黑格爾宗教哲學歷史觀的思想源泉。他雖然按照宗教發展的觀念，認為在所有的實證宗教中，宗教本質只有在基督教中個體化得最為充分，從而認為基督教是人類歷史上最好的宗教，但可貴的是，他並沒有因此而排斥其他的實證宗教，而是按照宗教個體化的多樣性原則，要求確立宗教寬容之思想，使人們向宗教中所有的實證要素開放，徹底消除人們的所有宗教偏見。

　　只要「宇宙在一切方式中被直觀和崇拜，宗教的無數型態就都是可能的。」❷

　　這種極大的宗教自由不僅使施萊爾馬赫的思想廣泛贏得了人心，而且他對推動各種實證宗教的發展作出了不可磨滅的貢獻。正如漢斯・昆高度評價的那樣：

　　　　不可否認的是，沒有哪位神學家能像施萊爾馬赫那樣地推動
　　　　未來的宗教歷史學、現象學和心理學；沒有哪位神學家能像
　　　　他那樣理性地發展宗教。如果說現在宗教研究和神學中談論
　　　　體驗已蔚然成風，那麼其根本原因還是在施萊爾馬赫。如果
　　　　說現在宗教不再僅僅被理解為私人宗教而是社會性事業，那
　　　　麼這也主要歸功於施萊爾馬赫。如果說基督教可以被理解為
　　　　宗教個別化中最好和最高的形式，從而可以加入宗教比較，

❹　漢斯・昆：《基督教大思想家》，香港中譯本，頁180。
❷　《論宗教》，《施萊爾馬赫選集》卷四，頁398。

那麼至少在原則上又是施萊爾馬赫對此作出了理性論述。❸

在闡述實證宗教之意義的過程中，施萊爾馬赫著重向人們論述了作為各種實證宗教之個體化最好形式的基督教之本質特徵。

2.基督教的個性與本質

一般認為，基督教源自猶太教(Judaismus)，施萊爾馬赫反對這種看法。他認為基督教中有限與無限的關係跟猶太教的不一樣。猶太教的精神是普遍而直接的報應觀(Vergeltung)，無限者對出自有限者的每一隨意的行為都有反應，而這反應本是由另一有限者有意地作出的。就是說，只是在人的心靈中自由而任意地表現出的情緒：生成與毀滅、幸運與災殃，在猶太教中都把它看作是神性的直接影響。但在基督教中卻不是這樣，有限與無限、人與上帝的關係不是因果報應的關係，而是敗壞與救贖、敵對與和解的關係。儘管基督教在歷史上有種種的扭曲和變形，有詞句的論戰甚至種種流血聖戰這種腐化敗壞的事實，這是施萊爾馬赫不能也不願加以粉飾的，但基督教在承認這種普遍腐敗並反對教內外的一切非宗教現象的意義上，始終能夠很好地堅持真正的宗教性 (Religiosität)，即宗教真正的基本直觀，對無限的直觀與感受。基督教的目的在於向越益增多的神聖性、純潔性和與上帝的和解關係推進：一切有限者都必須在任何時間與地點與無限者聯繫起來：

> 基督教的原始直觀是與更為榮耀、崇高和覺醒的人類相稱的，它更深入地融貫到系統宗教的精神中，而又更普遍地播撒於

---

❸ 漢斯・昆：《基督教大思想家》，香港中譯本，頁180。

整個宇宙。這種原始直觀不是別的，正是看到一切有限之物
與整體統一性的普遍抗衡，並且「啟示要」像上帝所採取的
方法那樣對付這種抗衡，即和解反抗自己的敵對情況，並通
過把有限同時即是無限、人性同時就是神性的諸點散布到全
面，來限制這種愈演愈烈的疏異化。腐敗與拯救、敵對與和
解，就是這種直觀的兩個不可分割而又相互聯繫的方面。基
督教的整個形式與其所含的一切宗教素材，都是由這兩個方
面所規定的。❹

　　作為有限的個人，在如此腐敗和充滿敵意的世界中生存，要能
獲得拯救，在施萊爾馬赫看來，也唯有在基督信仰中獲得最有效的
啟示。一方面，有限的個人純粹依靠自己，難以獲得真正的拯救，
而基督教提供了一個既是神又是人的耶穌基督作為所有需要獲得拯
救者的中介，作為有限者絕對依賴的對象；另一方面，人之獲得拯
救的過程又不是真正被動地在絕對依賴中等候天國的來臨，而是要
在自己的情感中永遠保持對宇宙的直觀和敬意，在耶穌基督的啟示
和帶領下，喚醒自己身心中的神性，消除自身的有限性和對他人的
敵意，使自己的靈性得以飛升到一個新的高度，以便同神性、同宇
宙的靈魂相溝通，這樣才能使自己從普遍的腐敗和墮落中拯救出來。
在此意義上，人之獲得拯救又是自己自由的表現，依賴感並不與自
由相分離，唯有這種自由的人才有自我拯救的可能和希望。基督教
之所以是個體化之最好的實證宗教，原因就在於只有它最完善地表
現了人自己在獲得拯救中的作用：

---

❹　《論宗教》，《施萊爾馬赫選集》卷四，頁386-387。

> 若是「人的」內心有一瞬刻不具有對宇宙的直觀和感情，它
> 就立刻感到敵視和對它的疏遠。因而基督教首要的和本質性
> 的要求不外乎永遠在人心中保持宗教的性情(Religosität)，並
> 且，只要這種性情只從屬於和支配著生活的某一部分，即使
> 它有最強烈的表現，基督教也羞於對此感到滿意。❹

人要獲得拯救，就一刻也不能停止宗教的虔敬之情，而要時時保持與無限的溝通，從有限中見到無限，把宗教的情感同心靈的一切感受聯繫起來，不管這些感受是由什麼引起的；同時把宗教的情感同一切行為聯繫起來，不管這些行為同哪些對象有關。讓宗教的性情滲透於心靈和行為的一切方面，引導有限的人心達到神性的光輝，實現內在與外在的全面完善和和解，消除一切敵對和墮落，這便是基督教極富男子漢氣概(Virtuosität)的真正最高的目標。

正是從對宗教的本質出發來闡明基督教的特徵，施萊爾馬赫對於建設性地回答啟蒙運動提出的基督教的本質問題，作出了卓越的貢獻。他始終從對宇宙的直觀和虔敬的意識兩個基本方面來闡述基督教的本質，這就既超越了虔敬派，也超越了理性派對基督教的理解。他從有限與無限、腐敗與救贖的關係來闡明基督教的本性，既增強了人對自己心靈的審視能力，也強化了宗教對社會的理性批判功能。這就說明，他所理解的基督教的個性融入了啟蒙理性的最為積極的成果，但又通過對宗教情感的極力強調，避免了啟蒙運動對人類心靈活動也要通過科學理智作機械化的明晰把握的致命缺陷。所以，施萊爾馬赫的基督教本質觀，是自馬丁・路德後所取得的一個里程碑式的積極成果。他的神學被公認為「現代性發軔之際的神

---

❹ 《論宗教》，《施萊爾馬赫選集》卷四，頁391。

學」。這種「現代性」也體現在他對「基督」的合理理解之中。

3.基督教信仰的核心：基督

在基督教中，基督的形象總是最富啟發性和激勵性的，對於這一點，簡直是不言而喻的。因為基督教無論是在教義原理還是在崇拜活動和倫理原則上，都是以耶穌基督的位格為中心標誌的。使基督教與其他宗教區別開來的，正是對於耶穌基督的信仰。在上文我們已經說明，在施萊爾馬赫神學中，使基督教與其他實證宗教相區別的個性特徵，並不在於它的自然理性特點，而在於它的救贖活動。這種救贖活動無論是在思想意識裡，還是在宗教行為中，都與作為神聖「中介」的耶穌相關聯。因此，基督中心論在施萊爾馬赫神學思想中具有至關重要的意義。

把耶穌看作是救贖活動的「中介」，很容易回到古典的基督論公式中：耶穌基督是一位具有兩重本性的人，即是人性和神性的結合，既是神子，也是人子。這一觀念在啟蒙運動中受到了歷史考證學派的尖銳批判。他們從所謂的《聖經》是記載的「歷史事實」出發，認為耶穌只不過是一個普通的人，一個多少有些革命性的猶太教義和律法的改革家；或者說，他只是一位教師和道德完善的榜樣。施萊爾馬赫當然不會同意這種觀點，認為這是十分貧乏的、經驗的觀點，是把救贖者的存在還原到普通人水平的拿撒勒主義或伊比奧尼特主義(Ebionitismus)。當然，他也不同意把基督的人性僅僅說成是幻影的基督人身幻影說(Doketismus)。❹因為如果像前者那樣把基督看成一個普通的人，其本質失去了其獨特的卓越性，那麼本身

---

❹　參閱《論基督教信仰》，§22。同時參閱臺譯本《宗教與敬虔》，基督教文藝出版社，1991年版，頁393。

也成了一個需要救贖的人，無論這種需要是多麼地微小，一個本身有救贖需求的人，又如何能夠拯救別人，成為世人絕對依靠的對象呢？如果像後者那樣，否認基督身位之真實性，那麼這也同樣地否定了其位格中的人性的真實性，因為身體和靈魂決不可能分離地出現的。若既否認了其人性的真實性，而只承認其超自然的神性的話，那麼基督與具有救贖需求的人之間的差別，就大到了兩者之間根本不可能有類似的地步，於是他只能從外部參與人性，從而救贖也不可能完成。

經過這種分析，施萊爾馬赫實際上指出了理性主義和超自然主義兩者在基督論上的錯誤，從而在新的基礎上重構了傳統的基督二性論。一方面，施萊爾馬赫像傳統神學一樣，認為在耶穌基督的位格中，神性和人性合而為一。救主由於同為人性之故，而和所有世人相像，但區別在於，他的上帝意識異常的充沛，因而上帝在他裡面有了確實的存在，因而他有了世人一般尚未達到的神性，絕對完全，沒有原罪。**❹** 另一方面，施萊爾馬赫又不是簡單地重覆傳統的（無論是正統羅馬天主教的，還是正統路德派的）基督二性論，而是從其「意識論」的立場出發，從基督作為救贖的「中介」這一角度出發去闡述基督的二性。從「意識論」出發，把基督看作是宗教虔敬自我意識的對象，即內在理想自我的投射（而並不是「對象意識」）並通過這種意識，使上帝的神性出現在人的情感及其在世界之中，因此而成為人們依賴的對象，這使得他所理解的基督及其神性與羅馬天主教正統派的完全不同；就其仍然從基督的二性出發，把基督看作救贖活動必不可少的「中介」而言，又區別於路德派。

---

❹ 參閱《論基督教信仰》，§93-§99。同時參閱臺譯本《宗教與敬虔》，。基督教文藝出版社，1991年版，頁444之後。

如果認為施萊爾馬赫僅僅把基督看作是虔敬的自我意識的虛設，並沒有真實的存在，那是錯誤的。因為在他看來，基督教的中心並不是一個一般概念或道德學說，而是一個歷史人物對人類和後來歷史的救贖性影響。基督教意識如果沒有拿撒勒的耶穌這個歷史人物作為其歷史的源頭，是無法想像的。他的這些思想在他的《耶穌生平》和《論基督教信仰》等書中都作過較清楚的闡明。在前者中，他追隨〈約翰福音〉中的描述和「高貴的單純與靜穆的偉大」式的希臘美的理想，把耶穌描寫成具有不可動搖的上帝意識，並對人類的苦難十分關切的人，這樣的人十分迥異於施萊爾馬赫時代市民社會的理想。在後部著作裡，他按照宗教標準（而非純粹理想！）採納了啟蒙運動對基督教的批判，對《聖經》進行了一場大規模的解神話活動。不僅對《舊約》關於人類始祖在天堂裡的最初生存、最初墮落和原罪、天使與魔鬼、奇蹟與預言等的描述，而且針對《新約》中關於耶穌受孕於童貞女、自然奇蹟、復活、升天以及他再來生預言等等的描述，施萊爾馬赫均不同意把它們僅僅理解為「神話」。所以，他一方面堅持耶穌為「真實的人」(vere homo)，這位老亨胡特派的傳人熱誠地尋求耶穌基督到底是誰這一問題的答案。在《論基督教信仰》中他說：基督與所有的人都一樣！但如此一來，他不又成了拿撒勒主義者了嗎？不，他同時認為，這個真實的人與所有的人又不一樣，因為這一歷史的人格，是上帝意識的首要形象，在自身中有著最首要的完善，所以他又是真實的上帝。說是真實的人，是「由於與人性的等同」；而說是真實的神，是「由於有充滿的上帝意識，因而使上帝在祂之中有了確實的存在」[48]。

在這裡，我們不能不問，人們為什麼信仰基督呢？是因為他有

---

[48]　參閱《論基督教信仰》，§94。

充滿的上帝意識而成為具有神性的人嗎？對此問題，施萊爾馬赫在
《論宗教》中有一段相當精彩的回答：

> 當我在其總是被描寫得不能令人滿意的（verstummelten，原
> 義為「歪曲」、「斷章取義」——引者注）生平中，看到那在
> 宗教中迄今未曾有過的最高貴的崇高創造者的神聖形象時，
> 我所敬佩的並不是他的道德教訓的純潔性，因為這只是表達
> 了所有意識到了他們的精神性的人與他共有的東西，因而他
> 的宣言，甚至最早的宣言都不能給予它以較大價值；我也不
> 敬佩他那性格的獨特性，即高尚的力量與感人的溫柔之親密
> 結合，因為這一高貴而單純的心靈在一特殊情景中必定會展
> 示出偉大性格的某些跡象。這一切都只是人性的東西。然而，
> 真正神性的東西，是那個他之被譴而來所表現的偉大理念，
> 在他的靈魂裡達到了光輝的明朗。這個理念即是，一切有限
> 之物，為了與神性相結合，必需高級的中介。❹

　　這說明，基督之被人信仰的神性，還是他那被上帝意識充滿的
無限光輝和作為中介者的救贖行為。信仰者並不先驗地設定上帝的
存在，而是與那個同基督一道活生生的影響歷史的神聖者合為一體。
一般的人僅僅具有不完善的和模糊不清的上帝意識，但是耶穌基督
卻有著強烈而清明的上帝意識，通體被上帝意識所充滿，因而上帝
的存在完整無損地處於基督之中。在基督中，上帝意識是塑造整個
人格的原則。這便是其神聖尊嚴的基礎，藉著這種神聖尊嚴，救贖
才是可能的。在基督教中，基督的上帝意識必須被理解為純粹而真

---

　❹　《論宗教》，《施萊爾馬赫選集》卷四，頁392–393。

正的啟示，是基督的神性存在在有限者中真實的、真正的呈現。這並不是超自然的奇蹟，但它在一個由罪惡統治的世界中確實是某種獨特的、神奇的東西。對宇宙的直觀，對無限的感受，就正表現為與基督的新的生命溝通。新的生命之開始，以及永遠必須的人格昇華都發生在虔敬的宗教意識的啟示之中，發生於救贖與恩典之中，這是作為神學家和牧師的施萊爾馬赫在論述基督信仰時自始至終特別關切的。通過獨特的充滿個性的基督意識論，施萊爾馬赫成功地回答了──拿撒勒的耶穌與上帝的關係以及救贖如何能被有意義地解釋為是通過基督完成的？──這個對於整個基督教信仰成立與否的關鍵問題。

4.教會存在的意義

教會由於在特定的社會歷史條件下，總是和國家專制政權緊密聯繫在一起，由此而形成的一整套教堂制度、靈修規則和對教徒的管理辦法等等，從實質上說，都對下層百姓起著剝削的作用和精神上的統治作用。對於這樣的教會，無論是在教會神職人員內部，還是在教會之外的激進知識分子當中，都曾進行過激烈的批判。迄今為止，在教會神職人員內部，對教會所進行的最為激烈的批判，是由德國宗教改革家馬丁・路德所作出的。儘管路德宗教改革關切的起點，並非教會的胡作非為，而是人的靈魂得救問題，即人如何或何時能被上帝稱為義人等人與上帝之間關係的問題，但是，他的成義學說本身，卻遠遠超出了個人靈魂隱秘的內修範圍，構成了公開要求教會按福音精神進行改革的歷史性爆炸效果的基礎。正如漢斯・昆評價的那樣：

這個改革與其說是要重新構造一個教義，不如說要在一切領域中更新教會生活。因為教會正是用自己的宗教實踐強使自己占據了上帝與人之間的位置；正是教皇事實上用自己的權威把自己放在基督的位置上。❺⓿

路德宗教改革，在理論上為新教奠定了基礎，從實際上造成了東西方教會的分裂，造成了基督教新教和羅馬天主教的分野，但教會體制和制度本身不可能經過這一次改革就得到根本性的改造，以至於後來在西歐諸國轟轟烈烈開展的啟蒙運動，又把批判的矛頭指向了宗教和教會。這是由教會之外的具有科學主義傾向的知識分子發動的，就其對宗教神學的批判而言，實質上更多地也是針對著教會的神學和教會的專制腐敗以及對民眾的剝削壓迫本身。眾所周知，啟蒙運動，尤其是法國啟蒙學者，由於站在了無神論的立場上，他們對宗教的批判是相當激進和深刻的，這種批判也是他們進行政治大革命的理論前提，因此從學理上而言，從歷史的眼光來看，激進本身免不了帶有偏差。相反，德國的啟蒙學者是保守的，但在保守中對宗教卻帶有一種平靜而更客觀的理性態度。

施萊爾馬赫討論教會的前提，就是力圖糾正啟蒙學者對教會的偏頗的理解，即他們認為，宗教感只是心靈的一種疾病，疾病若只侵襲個別人的心，則還容易把它治療好，而讓這麼眾多的具有這種病態的人組成團體（教會即是這個有病的團體！），那麼這種病就成為一種惡性傳染病，給社會和個人都將造成不可避免的禍患。在這些人眼中，教會作為傳染和急劇助長這種宗教傳染病的團體和陣地，是毀滅整個時代與各民族健全精神生活及成就的罪魁禍首。因此，

❺⓿　漢斯・昆：《基督教大思想家》，香港中文譯本，頁147。

他們對教會的批判遠比對宗教本身的批判更為激烈。稍微溫和一點的人，雖不把宗教和教會看成絕對的災禍，但也把宗教情感和行為說成是無意義的無聊，認為教會活動是將獨特而自由的一切付與奴性的犧牲，是讓人喪失精神的徒勞的儀式活動。由此可見，啟蒙學者，無論是激進的還是溫和的，他們都對宗教和教會不抱好感，甚至完全可以說，他們不僅不抱好感，而且簡直是從內心裡仇視！

對於這些，施萊爾馬赫能說些什麼呢？他能像對待啟蒙學者對宗教的態度那樣，說：「不，你們誤解了宗教，宗教不是你們想像的那樣」嗎？顯然，他不能這樣說。他所能說的只是：讓我們對教會的整個觀念進行新的考慮，從中心點來改造它，而不管它目前的事實和我們對於它的經驗如何。

可見，施萊爾馬赫像他對待「宗教」本身一樣，先要從「應該」如何的理想立場出發，給予「教會」一個正確的觀念，以此確立改造實存教會的標準並改變人們通常對於教會的態度。

教會到底應該是個什麼樣的團體呢？施萊爾馬赫明確地說，虔敬構成了一切教會團體的基礎：

> 教會不是別的，無非是一個聯繫著虔敬的團體，對於我們新
> 教的基督徒而言，這當然是不容置疑的。因為我們認為，如
> 果教會羈身於別的事項，不論是學問研究還是外在組織，這
> 就等於教會的變質(Ausartung)；出於同樣的理由，我們也一
> 直反對有人以國家領導人或科學家的身份來干涉宗教事務的
> 企圖。❺

---

❺　《論基督教信仰》，《施萊爾馬赫選集》卷三，頁633。

這裡施萊爾馬赫的態度是非常明確的，教會只是有虔敬的宗教情感的人組成的團體，它只處理與虔敬有關的事情，而堅決反對國家或科學領袖以任何形式來干涉宗教活動。這意味著教會應該是脫離國家政治機構的一個純民間組織。當然作為民間組織，不會拒絕政府當局按照集會結社的原則，規定宗教團體的對外關係，但他堅決反對的是，把教會這樣的宗教團體，這樣的只關心人們內心虔敬之情的團體，變成政府的產品，或政府機構的一部分。因為這是教會的變質，或者說這就是導致教會腐化墮落的根源。由此可見，施萊爾馬赫的教會觀念吸收了自路德改革以來，包括啟蒙運動對宗教及教會進行批判的積極成果，這種思想即使在當今也是令政府或正統頭疼的激進言論，但從學理上說，是非常具有進步意義的。

這裡的問題在於，教會只是事關虔敬的組織，而虔敬之情又無非只是信徒們內心對於上帝的意識，對於上帝的絕對依賴感，那麼，這種虔敬的事務每個信徒都可直接在自己的內心完成，都可以只能在內心直接同上帝溝通，那為什麼非要一個教會不可呢？

這涉及到施萊爾馬赫對宗教本質和人的心理本性的又一種深刻領悟。他認為，宗教不僅是心靈的宗教，而且也是社會的宗教，兩者皆與宗教的本質相關。前面我們已經說過，所謂「心靈的宗教」，是說宗教即是人心（自我意識）對於無限的直觀和感受，是由這種直觀和感受所引起的對上帝的絕對依賴的感情，是直接的自我意識範圍內的事。但是，心靈的這種意識、這種情感、這種直觀決不只是純個人的內在之物，這還需要交流、需要溝通，需要在語言中領悟變成肉身的上帝之言（道）的啟示。這便使得宗教同樣是社會性的了：

> 只要是宗教，那麼它一定必然地也是社會的(gesellig)；它不
> 僅存在於人的本性中，甚至尤其還完全存在於宗教的本性中。
> 人們必定承認，當個人在他自己內心造就和陶冶出某種東西，
> 而又想把它保留在自身之內，這是完全違反本性的。㉒

之所以違反本性，就人而言，他不僅在行為上，而且在精神上
與同類有著彼此相依的關係和不可否認的團契，使得他不能不把自
己內在的一切都表達出來，與他人交流，相互激勵和啟示；對於宗
教而言，上帝「言(道)成肉身」，「言與上帝同在」(〈約翰福音〉)，
所以上帝的啟示必在眾人反覆的宣講、交流和傳達中，領悟上帝成
人的內在生命之光。當人直觀到了無限，感受到了無限對他的作用，
因而有種虔敬感激動著他的心靈時，他無疑具有了傳達的衝動，把
他內心的激動和享受傳達給同類，引導他們也到達這一對象。這是
人人都有的一種自然的經驗。但是，再也沒有什麼能比宗教更讓人
生動地感到宇宙的無限與偉大，和個人的有限和無能 (Unfähigkeit)
了。他直觀到無限時，也總覺得自己只是把握到了它的一小部分，
而對於他自己不能達到的，逼得他非要聽取別人的感受不可。這樣，
講和聽，相互交流自己內心的直觀和感受，對於宗教而言，就成為
必不可少的。這就是產生教會的內在根源。

由於教會存在的這種必要性，使得它不是隨便的信口開河的閒
聊之處，也不可能以公共話語達到靈魂的溝通，而是以自己的直觀
感受和虔敬心理為基礎的親密交談與愛心對話。一個心中充滿宗教
感的人，除非在一個由充分準備了的講演能夠收到很好效果的會場
上，決不開其尊口，而在充滿激情與愛心和虔敬的對話中，眉目與

㉒ 《論宗教》，《施萊爾馬赫選集》卷四，頁317。

手勢的動作所表達的遠比言語本身更為清楚，莊嚴的沉默也能讓人彼此了然。所以，施萊爾馬赫稱讚教會應該是「天國的(himmlische)會盟，是人的社會性的最完善的結合」，❸是讓人的性靈相互撞擊產生天國火花的契機。

由此可見，施萊爾馬赫完全改寫了傳統教會的性質和職能，使得「教會」一詞不再必定意指一種作為國家政府機構之一部分的權威管理機構，從而使之具有普世性的教會型態。通過對「理想」的教會典範的這種建設性的闡述，對現實的教會體制進行了深刻的批判，從而使基督教及其教會的最內在的本質，在這種既是批判性的、又是建設性的方式中得到廣泛而深刻的理解。在此意義上的神學工作，無非就是立足於教會團體，使虔誠的內在的人類意識，真正成為集體的和社會的，從而普世性地增進人們對於教會信仰的理解。這應是施萊爾馬赫教會觀念留給後人的一筆最豐厚的遺產。

5.現世中的不死何以可能

在施萊爾馬赫的神學信仰中，不僅他的宗教觀和教會觀是獨具特色的，而且他的上帝觀也與通常的見解極不一致。一般人總以為上帝是住在世界之外，隱在世界背後的，但施萊爾馬赫認為這樣的一位上帝是不需要敬虔的自我意識，而從形上學的或知識論的需要推導出來的「觀念」，所以不是真宗教中的上帝。而真宗教中的上帝不是任何的「觀念」，只是對那在我們內在性靈裡和在世界之中隱藏著的神性的直覺和感受。由這樣的上帝觀導致的基督教信仰的救贖觀念也頗具風格：宗教生活的拯救目標，不是在時間之外、之後的不死，乃是在時間中的不死，是我們在現世生命中能夠把握的不死：

❸　《論宗教》，《施萊爾馬赫選集》卷四，頁322。

> 在有限性之中而與無限性合一，在每一瞬間中而成永恆，這就是宗教的萬能。(54)

但真正的問題在於，現世的不死是何以可能的呢？這種不死同救主耶穌基督的關係又如何呢？只有解決了這個問題，才能真正明瞭基督教信仰的精髓，因為：

> 基督教屬於一神論的信仰，是目的論取向的敬虔性，同其他宗教信仰形式的本質區別在於：基督教中的一切都關涉到通過拿撒勒的耶穌而完成的拯救。(55)

由此可見，信仰基督教同拯救現世生命的最密切的關係。但現世的生命為什麼需要拯救呢？因為人有限，有死，有罪。但在許多人眼中，包括許多有教養的知識分子，他們均認為，無限存在於有限之外，只有在塵世生活之彼岸的天國才有永恆，只有在肉體生命死後才能永生。施萊爾馬赫又再一次地告訴他們，你們錯了！完全在有限之外去尋求無限，是一種迷妄之舉！說明你們根本不懂宗教，根本不明白人為什麼陷入被拯救的根本原因。

施萊爾馬赫說，現世中的人都有進入無限、永恆和不朽的橋梁。因為人是上帝的肖像，在人的靈性的內在深處，無不隱藏著神性的種子，因而具有強烈的昇華的渴望和對無限的追求。只要這種渴望和追求不滅，達到不死的橋梁就不會倒塌。但是，有些人卻執著於現世生活的表層，追求外在的功利和浮華的幸福，因而無時不被物

(54) 《論宗教》，《施萊爾馬赫選集》卷四，頁290。

(55) 《論基督教信仰》，《施萊爾馬赫選集》卷四，頁696。

質所困、被功利所驅，一生勞碌奔波，而不知生活的幸福究竟何在。現世生活中那些注重實際的人，那些時刻保持清醒的頭腦從事算計的人，他們都摧毀了通往無限與不死的橋梁，遮蔽了自己最本真而內在的生命之光，扼殺了生命的內在靈性，因而也阻斷了自己同原始的生命本原的交流，粉碎了自己本性的最深幽之處對無限的直觀。如此一來，這樣的人，表面上看似乎春風得意、家財滿貫，但實際上他的生活完全被有限的事物所役，且只屬於有限的一個極小極小的部分，無限不可避免地同他無緣，也從他眼中消失了。

要獲得拯救，第一要務必須是最真誠地面對自我，返回於自己本性的最幽之處，瞭解什麼是人的內在所需，生命的本來樣子究竟如何。只有保持對自我的內在生命意識暢通無阻，保持同原始本原的直感交流不被中斷，通往無限的拯救之途就會開通：

　　　　請用堅定的注意力觀看你們自己吧！撤開一切不屬於自我的東西，以越來越敏銳的感官不斷深入到「自我的內部」。你們越是使自己消逝更多，大宇宙也就更清晰地呈現在你的眼前，而你們也就因你們內心對無限的感情而獲得了更美好的報償，即撲滅了對自我消逝(Selbstvernichtung)的恐怖。❺

　　注視自我內在的需要，反省自己的本性，這是陶冶自己、提升自己的一個基本條件，但還不是唯一的必要條件。因為有些人儘管也注視和反省自我，但他們仍然不會知道什麼是他內在的自我，進入不了內在自我的心靈深處。這樣，不僅不會有助於他的昇華，而且會使之成為一個自私自利的小人。所以，施萊爾馬赫一直強調在

---

❺　《論宗教》，《施萊爾馬赫選集》卷四，頁310。

宗教的經驗裡，內在的自我意識始終是同對宇宙、對無限的直觀和感受，也即同其上帝意識緊密聯繫的。

　　第二條通往無限的道路，即是在向內注視自我的同時，向外注視廣袤的世界之任一部分和任一要求，並在其整體的本質中去把握它，但也探尋它在各種不同的關係中是什麼。就是說，不僅探尋它在自身之內是什麼，而且也要探尋它在我們之外，在這個或那個以及任一東西之中，它是什麼。這樣，我們的道路就會經常地從周邊到中心來回重覆，越來越寬廣而遼遠，我們也將隨即失去有限性而惟見大宇宙巍然獨存。

　　通往無限的第三條道路是從藝術的感覺引出的。藝術的直接對象雖然不是整個宇宙本身，而是一個令人驚奇和讚嘆的個別的東西。然而，我們通過對這個東西的欣賞，能令我們突然把眼光從日常功利和實際的態度中收回，超然物外，而沉醉於內心被喚起的強烈的情緒之中，感受那沉入我們心靈的無限和超越。所以施萊爾馬赫說：

> 倘若世人真的有浪子回頭(Bekehrung)的可能，無非是因世人專想提升自己於有限之上，在某一瞬間因一內在而直接的光照引發了對大宇宙的感受，大宇宙的壯麗輝煌突然沉入他的心靈，令他驚嘆所致。而我則相信，偉大崇高的藝術品之灼見，要比任何其他的東西更能造成這種奇蹟。❺❼

　　在施萊爾馬赫看來，每人都可在上述三條道路上通往無限，通往宗教，但是，如果不同時把上述通往無限的路同救主基督聯繫起來，現世中的救贖仍然難以實現。原因何在呢？施萊爾馬赫分析了

---

❺❼　《論宗教》，《施萊爾馬赫選集》卷四，頁311。

上述三條道路在歷史上的宗教表現型態。第一條憑藉抽象的自我靜觀的道路，其對應的宗教型態是遠古的東方神秘主義。像印度教那樣，把無限大和無限小聯合起來，發現萬物同空無(Nichts)緊密相連，因而導致的救贖觀念是禁慾主義的，是取消自我和世界的虛無主義，這無疑無助於現代人的拯救。第二條憑藉對世界萬物之個體進行靜觀的道路，是埃及多神教最完備的思想發祥地，它雖然有一種對根本真源的最純直覺，但它以溫和的寬容和最黑暗的迷信與最無聊的神話同行。如果上述兩種宗教，沒有藝術的優美和聖潔作掩護的話，不可避免地會顯示其固有的偏狹。在現代，這兩種宗教不僅失去了藝術之助，而且從前那澎湃而出的認識無限的源流——直觀和感情——也在實證科學的傷害下，失去了其純樸性和直接性。在此三條道路中，藝術本來是通往無限和宗教的最佳途徑，憑藉著對大自然之神奇的欣賞和對自我的內在靜觀，將人性詩意般地升至神性的高峰。然而，在現今，藝術絲毫不為宗教效力，它以輕鬆的娛樂讓心靈停留在單個的感官享受上，而不引尋心靈達到大宇宙讓人感懷驚異的創造性源泉之處，領略它與宗教共同的根源。因此，倘若沒有對救主基督的信仰，上述三條可能的拯救之路都不能真正讓人通往無限和不死。

　　使上述三者合流，統一於基督教中，這既是改善基督教，使之達至完善的唯一方法，也是現世中的人尋求不死的良方。因為世人既可通過返回到自我，發現自我內在的生命之光，而同時又通過發現世界，而與大宇宙緊密相連，這樣既可防止東方的虛無主義和禁慾主義，又不至於使自身受外界有限之物的奴役，享受內在生命的自由和無限。通過同基督意識的結合，又不僅使人時時意識到自身的有限和軟弱，從而時時保持一份謙和的美德和真誠的愛心，而且

無不被基督的神性所啟示和牽引，自覺地在現世中陶冶自己和提升
自己，使自我之內的神性生根、開花，如同一盞明燈，照亮生命不
斷昇華的征程。在施萊爾馬赫看來，只要把上述通往無限的三條道
路統一於基督教中，宗教將以一種光榮的新姿態，很快迎接改善的
新時代。道德將在其培植的天上之美中，遠離嫉妒與驕橫的黑夜，
讓神性的音樂伴隨著無數嚴肅而心平氣和的人，一同達到精神的無
限高空。自然科學也不再讓人苦於徒勞無功的分散而瑣碎的研究，
讓人大膽地站在宇宙的中心，追逐自然之力的活動而至自然的最內
在秘密，從而發現人與自然不再是對抗和分裂，而具有內在的合一
性。哲學也不例外，更是發現了各種科學、知識和精神的內在統一：

> 那種把人提升到自覺了他與世界交互影響的哲學，那種教人
> 知道自己不只是造化 (Geschöpf)，而同時是創造者的哲學，
> 將不再容忍看到那沉著注視其內在精神以探求大宇宙的人，
> 為貧窮和缺乏所苦惱。可怕的分離之牆將被拆除，外在的一
> 切只是另一個內在世界，萬物只是其精神的反映 (Wider-
> schein)，正如他的精神只是萬物的印跡(Abdruck)。他在這個
> 反映物中尋求自我，而不失去自我或跑出自我之外，他決不
> 能在對自我的直觀中耗盡自我，因為萬物皆在他自身之
> 內。❺⑧

　　在這裡，我們看到的，不只是傳統基督教的救贖觀念，而是一
個徹底現代人的救贖觀念。是那種成功地把浪漫派的藝術宗教和詩
意激情同立足於思辨哲學的冷靜的自我意識以及科學文化結合起來

❺⑧　《論宗教》，《施萊爾馬赫選集》卷四，頁313–314。

了的新型基督神學的救贖觀念；是立足於了現世而非來世追求無限和不朽的救贖觀念；施萊爾馬赫敏銳地抓住了現代人心靈和信仰的真正核心，深刻回答了經過啟蒙主義的反宗教運動後，現代人還能相信什麼，這一康德曾經提出的重要問題。他所有活動的靈性基礎是一個新的、擴展的人性理想，這個人性理想在基督的身上得到了豐富的展現。他曾這樣表述他的「信仰」：

(1)我相信無限的人性，它在披上男性與女性之前就已存在。

(2)我相信活著不是為了服從或浪費自己，而是為了去存在和去有所成就；我相信意志與教育的力量能接近無限，能把我從錯誤教育的枷鎖中解救出來，並使我不至於受性別的限制。

(3)我相信激情與品德，相信藝術的價值與科學的吸引力，相信友誼與對祖國的愛，相信昔日的偉大與未來的崇高。

藉著對基督神性的敬仰，對無限人性的確信，藉著對意志和教育力量，激情與品德，友誼與愛等等內在的和外在的人性的信仰，施萊爾馬赫以無與倫比的方式，證明了現代人心靈拯救的可能性及其現實途徑。可以說，他的這一理論比康德的「先驗人類學」更為有效地推動了現代人格的養成，為新型文化和教養奠定了更為現實而全面的基礎。

第三章　施萊爾馬赫的倫理學

作為開創神學現代性的偉大思想家，施萊爾馬赫同時也是無與倫比的倫理學家。他對以康德為代表的理性主義倫理學表示了強烈的不滿，但又不像一般的浪漫主義者那樣僅沉浸於不滿的激情之中，而疏於對新倫理學的積極建構。施氏的貢獻令人崇敬，但未被眾人知曉。他以強烈的新教精神，以浪漫主義對個體生命的讚美，不僅發起了對傳統倫理學的反叛，而且不遺餘力地建構新時代的倫理學思想體系。這種努力在其一生的學術追求中呈現出一個動態的過程。

一、施萊爾馬赫倫理學思想發展概觀

1.第一階段：形成時期

如前所說，施萊爾馬赫在青年時代，即在亨胡特兄弟會學校時，就對倫理學產生了強烈的興趣，這種興趣本身是由其本人的內在宗教情緒所喚醒的。在西方，宗教和道德聯姻是必然的，很難讓人相信，一個沒有宗教信仰的人是有道德的人。宗教總是道德原則的最深的根基和前提，道德若失去了宗教的基礎，整個大廈就要崩潰。當然，對施氏而言，興趣只是個嚮導和動力，還不是思想本身。據

狄爾泰的考證，施萊爾馬赫對倫理學問題的研究，始於他在哈勒大學求學時期，即1787-1789年。這時正是康德的《實踐理性批判》剛剛出版並對學界產生影響的時期。在康德的這部「第二批判」一出版時，他就認真地進行了學習。但康德的倫理學指向的「道德神學」非但沒有引起他的共鳴，反而進一步引起了他的不滿。因此，他以令人驚異的尖銳語氣寫出了一篇〈論至善〉(Über das höchste Gut)的論文，同康德進行論戰。從1789年五月至1790年秋，施萊爾馬赫在德羅森準備第一次神學考試期間，閱讀了大量的文獻，深化了自己的思想，開始思考寫作一個更大的題目《論自由》(Über die Freiheit)，這一工作，直到他在多納伯爵家擔任家庭教師期還在繼續。後來，他還研究過諸如「論生活中的幸福」、「論生命的價值」等問題。從這些早期的思考和寫作來看，施萊爾馬赫對倫理學的興趣，是從「大倫理學」的角度出發，他更多地是關注生命本身的意義和價值，而不是狹義的道德問題。這可以說是施萊爾馬赫同浪漫派的心靈相通的地方。

沒有這種心靈上的相通，施萊爾馬赫就不會於1797年浪漫派一成立時就成為其中的重要成員。他加入浪漫派後，經過互相影響，不僅對後來的美學，而且對後來的倫理學和宗教都產生了決定性的推動。❶這也說明了，為了反對啟蒙運動平庸的 (platten) 道德主義 (Moralismus)，他不得不同施萊格爾及其同仁們聯合起來。利用他們共同主編的《雅典娜神殿》，施萊爾馬赫常常給浪漫派成員講述所謂的「所有道德的道德性」(Die Moralität aller Moral)問題，實際上是激起人們對於道德本身的批判意識。同浪漫主義一樣，他反對

---

❶　參閱 Herman Nohl:"Die romantische Bewegung in Schellings und Schleiermachers Jugendphilosophie", *Religion und Geisteskultur V*, 4.

的是外在限制性的、違反個體生命價值實現的道德，倡導的則是一種通過自我直觀、自我反省而達成的內在自我約束性的道德。通過同浪漫派的交往，施萊爾馬赫形成了其倫理學的根本原則：促進個體生命價值的全面實現。因此，他不再一般地堅持啟蒙運動所倡導的「主體性」(Subjektivität)原則，而只是進一步把「主體性」內化為「個性」或「個體性」(Individualität)。只有具有「個體性」的人，才有「人格」(Personalität)，只有具有「人格」的人，才真正具有「主體性」。所以，可以說，施萊爾馬赫以其浪漫主義的「個體性」原則，為啟蒙主義的「主體性」原則確立了更為內在的基礎。

　　個體性原則之所以能夠成為倫理學的基本原則，是因為在施氏看來，不僅個人應該具有個體性，而且家庭、民族和國家也都應該具有個體性。在所有這一切之中，個體性能統一於其中，使之具有靈魂，成為統一的整體。只有在這個有靈魂的整體中，才能見到上帝完滿的啟示。施萊格爾曾在小說《盧琴德》(*Lucinde*)中用一種以美學觀點來看也不成功的形式，向公眾披露了他個人的命運和對於道德批評的某些不成熟的看法。而他的反對者們因這部小說歌頌了愛情和情慾，對其做出了某些偽君子式的攻擊。與此相反，作為宗教學家和道德學家的施萊爾馬赫在其中卻看出了一種「特有的」、確實是「偉大的精神」。他於1800年5月由漢堡的博恩匿名出版了《談施萊格爾〈盧琴德〉的密信》，進一步闡發了他的個體性思想和性愛對於個人、社區(die Gemeinschaften)和集體的意義。他認為，完滿的人必須充滿愛，這樣他就不會溢於言表和流於粗野了。施萊爾馬赫的這一觀點同歌德《優美心靈的自白》中的這段話很接近：

　　　　一個從精神上致力於道德修養的人，有一切理由同時培養他

的更為純真的情慾。

儘管如此，在堅持個體性的絕對價值方面，施萊爾馬赫同歌德以及浪漫派是不一樣的。他在歌德的《威廉·邁斯特》中看到了這一觀點的表露，但他的評價是這樣的：

> 在主人公身上，主觀意識中的消極的東西太多，太明顯。整部小說是為某一階層的人所寫的，雖然這種描寫來自對詩人本人生活有重大影響的事件，但並不是為時代所寫的……

這便是施萊爾馬赫同歌德的關係一直不密切的原因。在施萊爾馬赫的思想中，個體性並不是與集體無關的、甚至對立的東西，相反，個體性只是要成為集體的基礎，從而與集體更好的統一起來。關於個體性、自由決定等倫理學的新的原則，在施萊爾馬赫於1800年匿名出版的著作《獨白》中得到了系統的表述。在這部獨特的著作中，施萊爾馬赫從費希特的哲學中汲取了不少有價值的思想，使他擺脫了斯賓諾莎的決定論。因為費希特認為在自由地進行自我觀察和自我行動著的有道德的人身上，認識和慾望、外在的行為和內在的意志統一成一個過程。施萊爾馬赫進一步從這些觀點中提煉出自己的個體性原則，因為自由行動藉以確定方向的標準就是個體性概念。如果有道德的人只是由外在關係所決定的，那末，真正的人在考察神秘事件時就會回歸自身，並意識到他對更高生活的職責。施萊爾馬赫既是提倡個體性的哲學家，又是注重整體性的哲學家。正如他的《論宗教》預言性地蘊含著其後來信仰學說的基本思想一樣，這部《獨白》構成了其後來倫理學的基本原則。這便是其倫理學思想

第一階段的基本情況。

2.第二階段：批判時期

　　由於施萊爾馬赫強調個體性原則對於人類生活不同的個體和群體都有意義，並把它視為倫理學的普遍性原則，這樣他便改寫了倫理學的觀念。只要倫理學確實應表現各個不同層面的生活的話，那它就不能只限於人類行為的道德領域，而要擴展為包羅萬象的文化哲學，這一新的思想現在已經形成了。❷這種思想當然也是在F・施萊格爾的影響下形成的。因為施萊格爾從青年時代起就把目光投向了整個精神文化的世界之中，想探究整個文化的哲學以及創造性的天才對於普遍和整體所能具有的意義。與此相應，施萊爾馬赫的倫理學從一開始就是作為「至善」(das höchsten Gut)的學說，要表達諸善的總體性，這必然要走向文化哲學(Kulturphilosophie)。

　　為了使自己的這種新穎的、十分寬泛的倫理學理念確立起來，必須對整個倫理學史進行全面的清理和審視。施萊爾馬赫於1800年5月因同柏林的那位具有浪漫情懷的貴族太太的曖昧關係，而被流放到斯托爾普的偏僻教區工作。生活雖然單調而清苦，卻為他探究新舊倫理學體系提供了寶貴的時間。在這段時間裡，除了翻譯柏拉圖的著作外，施萊爾馬赫幾乎把所有的時間都用在了對倫理學史的研究上，終於在1803年寫成了一部重要的倫理學專著：《對迄今為止的道德學說進行批判的基本思路》。這是他生前所發表的最為系統的一部哲學著作，確立了他的批判時期的基本倫理學思想。

　　寫作這部著作難度之大，是可想而知的。因為它不僅要求作者對倫理學思想的歷史和資料相當地熟，而且要求作者本人要有博大

---

❷　參閱Otto Braun為《施萊爾馬赫選集》第二卷所寫的〈導論〉，頁X。

精深的思想，這樣才能用「大手筆」對各家各派的倫理學進行評頭
品足。尤其是批評當時最大的倫理學權威康德，使施萊爾馬赫傷透
了腦筋。寫作的艱難幾乎到了使他半途而廢的地步。儘管他在主觀
上盡力對康德和費希特表現得寬厚一些，但信念上的巨大差異，使
他無法做到這一點。在整部著作中，康德和費希特一直受到了尖銳
的批評，而柏拉圖和斯賓諾莎則得到了最多的肯定。

儘管這部著作的出版，奠定了施萊爾馬赫在倫理學上的地位，
也為他在朋友中贏得了廣泛的聲譽。但在朋友圈子之外，這部作者
本人最為滿意的著作，得到的是一片沉默。這是最讓作者感到壓抑
與難受的。說來有趣，當時連施拜爾廷的一句抱怨之辭：「我完全
沒有弄懂這部著作的內在聯繫」，也讓作者感受到一種老朋友的情
誼，由此可見施萊爾馬赫當時的心情了。

外界的沉默並沒有摧毀他內心的自信，1804年1月28日，施萊
爾馬赫給他神學界的好友、年輕的神學家埃倫弗里德・馮・維里希
寫信這樣說道：

> 我自己的體系形成了，儘管還不能很快地讓它在科學的盛裝
> 下出現。**❸**

應該說，施萊爾馬赫的這種自我感覺是符合其思想實際的。在這部
宏篇巨著裡，我們的確看到了一個嚴肅的學者對西方倫理學的精細
而系統的分析批判。他從各家各派確立其倫理學思想的最高原理的
批判入手，經過對倫理學之概念（義務、德性、善惡等）的批判，
最後過渡到對各倫理學體系的批判。可以說，在整個西方倫理學史

---

❸ 參見Otto Braun為《施萊爾馬赫選集》第二卷所寫的〈導論〉，頁XIII。

上，如此周密而深刻的批判性著作還是第一次出現。儘管它出自一個年僅三十六歲的青年神學家之手，但仍然值得我們認真地研究和對待。

3.第三階段：完善和宣講時期

　　因施萊爾馬赫於1804年10月接受了哈勒大學的聘請，擔任該校神學副教授和大學牧師，他從這時起，便開始了在大學講臺上宣講自己的倫理學思想。在1804–1805年的第一個冬季學期，他講授的是「德性論」，試圖在以前「批判」的基礎上，重構新的倫理學體系。在這次講演中，他著重論述了德性的一般結構及其多樣性表現，同至善的關係等問題。通過這個學期的講演，他對自己的倫理學體系有了更明確的總體框架，尤其是對處理「哲學道德論」同「基督教道德論」之間的關係問題，即如何使之成為一個統一的整體的問題，有了清晰的思路。年底他在給維里希的信中這樣說：

> 我的哲學道德論表述成為一個好的整體了，不過，它將在此道上經過不斷的修正比通常的更好、更令人崇敬。❹

　　施萊爾馬赫的倫理學體系，儘管他自己一再地宣稱它要有「科學的形式」或「科學的盛裝」，實際上，這種「科學」不是在「物理學」及自然科學意義上使用的，他只不過是表達一種要接近自然科學之客觀性及其嚴格的方法的意向。作為一個骨子裡具有神學虔敬意向的學者而言，其倫理學的基礎，實質上不是「科學的」，而是「神學的」，這才是其根本的特徵。正如Otto Braun指出的那樣：

❹　參見Otto Braun 為《施萊爾馬赫選集》第二卷所寫的〈導論〉，頁XIII。

> 他的哲學思想的基礎和核心，是生動的上帝概念，無論其辯
> 證法，還是倫理學均建立在此基礎之上。❺

在1805–1806年的冬季學期，施萊爾馬赫又開始第二次講授其倫理學。這次講授的內容不是德性論，而是「善論」(Güterlehre)。在這裡，他著重於從「批判」轉向對善的「現實的描述」，轉向從「辯證法」中對倫理學的「演繹」。他不僅抽象地討論至善，而且從「個人」、「家庭」、「民族」、「教會」及其「自由的社團」(die freie Gemeinschaft)諸方面探討至善的實現以及「完善的倫理學形式」。在另一共講了九十四課時的被稱作Brouillon倫理學的講稿中，我們完全可以發現一個完善的倫理學體系。

除了這些講課之外，這時外在的世界歷史事件使施萊爾馬赫的倫理學具有了一個不同尋常的特色：把愛國主義融進了倫理學。

1806年，哈勒布滿了軍隊，敏感的施萊爾馬赫知道普法開戰已迫在眉睫了。在這樣的歷史關頭，知識分子有著不同的自主選擇：歌德選擇的是靜觀，並反對兒子去當兵打仗；浪漫派選擇的是做「世界公民」；叔本華選擇的是逃避，而施萊爾馬赫和費希特都選擇了「愛國主義」。當拿破崙的大軍占領哈勒時，施萊爾馬赫一直留在作為抵抗中心的哈勒大學作軍隊牧師，拋開了一切個人的安危與打算，同士兵們同甘共苦，頑強抵抗。在他1807年的新年講道〈我們應該畏懼什麼和不應該畏懼什麼〉中，以飽滿的熱情鼓勵每一個有能力促進國家長久幸福的人為理想的國家而英勇作戰。他將個體性、集體和責任聯繫起來，懇切地要求聽眾們時刻想起他的祖國。他認為普魯士不應滿足於丟臉的和平，為了思想的自由，必須反對拿破崙。

❺ 《施萊爾馬赫選集》卷一，〈導論〉，頁XCIV。

德國不應畏懼崩潰和肉體上的死亡，基督徒只應畏懼主。德國只有崩潰，等政治狀況有了改變之後，才能出現新的氣象。他的一系列愛國主義演講，深深地打動了聽眾，極大地鼓舞了士兵們的鬥志。他的愛國主義倫理，在他對於國家的考察中得到了鮮明地體現，同盲目的德意志狂保持著明顯的距離。

隨著普魯士的失敗，哈勒於1807年7月7日被併入了拿破侖建立的威斯特伐利亞王國，施萊爾馬赫再也不願繼續留在這座城中，於是在年底搬到了柏林，受洪堡之邀，參加柏林大學的創建工作。

直到1812-1813年冬季學期，施萊爾馬赫才又開始了倫理學的講座。與他的愛國主義強調個人對國家的責任相聯繫，他這次講座的重點是「義務論」（也即「責任論」）。他把義務分成「法律義務」、「職業義務」、「良知義務」和「愛的義務」。由此可見，施萊爾馬赫的倫理學決不僅僅強調抽象的形上學原理的構建，而且注重對現實的道德義務的原則性構造。

隨後在1816、1824、1827、1832等年份，施萊爾馬赫又多次講授過倫理學，並寫作了許多重要的倫理學論著，如「論對德性概念的科學探討」、「試論科學地對待義務概念」、「論自然規律和道德規律之間的區別」、「論許諾概念」等等。當然，最引人注目和富有特色的著作，還是《論基督教道德》。像他的《論基督教信仰》一樣，施萊爾馬赫為這本道德論的著作也加了一個同樣的副標題，稱為「根據新教教會的基本原理系統地描述」(nach den Grundsätzen der evangelischen Kirche im Zusammenhang dargestellt)。在這部書裡，著重論述了基督教道德論和哲學道德論的關係，駁斥了有人認為的兩者必有一個是多餘的錯誤看法，從新教教會的基本原則論述了基督教倫理學的基本理念和內容。

另外，代表其後期基督教倫理學思想的還有一部重要著作：《基督教家庭講道集》(*Die Predigten über den christlichen Hausstand*)。這是施萊爾馬赫於 1818 年夏天在柏林三一教堂針對基督教家庭倫理所作的系列講道，於1820年彙集出版。它雖然涉及到了許多兒童教育和家庭雇工等問題，但其內容完全是倫理學的，並且獲得了學界的高度評價。依默爾(Immer)說：「在闡釋的精細和基督教的深度方面，沒有哪部著作能超出這部基督教生活之上。」這部著作的新版出版者約翰內斯・鮑伊爾(Johnnes Bauer)認為它在「闡釋基督教生活的本質和使命方面」，「從特殊的道德學的細小領域出發，總的來說是唯一的一部。」因而高度肯定了該書對於倫理學的價值。❻

綜上所述，可以看到，施萊爾馬赫的倫理學是個內容十分豐富的思想寶庫，尤其是他從基督教的意識出發，對於道德領域各個層面的富有成效的建構，對於向現代文明邁進的中國的道德建設來說，具有極大的啟發和借鑑意義。不認真學習和研究他的思想，實在是文化資源的一大浪費。

二、施萊爾馬赫對傳統倫理學的批判

自從人類開始進入現代社會以來，人們對於經濟、科技和社會財富抱有不斷增長和進步的確信，然而對自身的精神生活，宗教信仰，道德倫理非但不能產生共同的確信，而且簡直就是歧見叢生。伴隨著傳統倫理價值的土崩瓦解，「現代性的倫理轉型」成為人文學者的主要關切。儘管在倫理觀念上人們很難達成共識，然而隨著意大利文藝復興開始的「世俗化運動」，強調現世享樂、自由平等、

❻　參閱《施萊爾馬赫選集》卷三，《基督教家庭講道集》〈導論〉，頁187–190。

發財致富的「世俗倫理」，以其對感性生命的積極肯定而不可阻擋地取代了中世紀宗教神學的「禁慾倫理」，這可以說是西方現代化進程中的一條主線。無論是英國的功利主義倫理，還是法國的自由主義倫理，甚至以康德和費希特為代表的理性主義倫理，可以說都是世俗生存智慧的結晶。雖然康德的理論哲學和實踐（道德）哲學都指向了神學的超驗世界，其審美主義肇啟了浪漫主義反世俗的精神品格，但其理性主義的倫理學本身，從一開始就有著不可克服的理論困境，進一步顯示出理性主義的內在局限。

作為對神學有著極高造詣的施萊爾馬赫，他不僅一眼就看出了康德倫理學的缺陷，而且對整個現代性的倫理轉型持一種批判態度。因此，他自己把他的《對迄今為止的道德學說進行批判的基本思路》一書，比作東印度的仙人掌，要用它的刺，一針見血地對傳統倫理學進行徹底的批判和清理。

1.「批判」的含義和方法

隨著康德「批判哲學」體系的確立，「批判」一詞有了哲學上的獨特含義。它像一個通用的「範式」，規定了後人的語境。施萊爾馬赫對前人的批判，基本上也是在康德確立的「範式」之內的，也就是說，它不是對前人學說的簡單摧毀，而是以一種理性分析的態度，指出各種倫理學基本原理、基本前提的可能性及其限度。正如他自己所說，「批判」不是否定倫理學本身的可能性，而是找到一個更為堅實的立足點，由此出發，使每一倫理學得到改善。可見，他的「批判」在「解構」的前提下，又具有了「建構性」的努力。尤其可貴的是，施萊爾馬赫一再強調，「批判」不能僅僅依據自己主觀的信念，而要以「科學的形式」追求數學分析的嚴格性和簡單

性。❼

用「科學的形式」作為批判的方法，這種說法本身是很動聽的，但是，對於像倫理學這種非自然科學的人文學科，如何能採用「科學的形式」進行分析批判而不流於一種僅僅「信念」上的空洞說法呢？關鍵在於，這裡的「科學的形式」指的是什麼。

從施萊爾馬赫的分析來看，他所說的「科學的形式」，指的是幾何學的知識體系，它從最初的幾條「自明的」公理出發，演繹出整個幾何學的科學體系。這種科學體系既有邏輯上的嚴格性，又有表達上的清晰性，自從笛卡爾以來，就成為理性主義哲學家追求的「科學的形式」。依施氏之見，倫理學雖然不是「物理學」、「幾何學」，但它要研究人的行為的「規律」，也必須具有如同「幾何學」那樣的「科學的形式」。就是說，倫理學的體系，都依賴於一個「最高的原理」，作為最終的價值本體，由此出發，建立起人類行為的可能的規律系統。因此，分析批判倫理學，首要的工作，就是要找到其作為最終價值本體的「最高的原理」。施萊爾馬赫運用這種方法，把他對傳統倫理學的批判，分為如下三個方面：道德學最高原理的批判；倫理學概念的批判和倫理學體系的批判。可見，這種批判方法既是深刻的（因為它抓住了對象最深的根基），又是全面的（因為它包括了從原理到概念體系的所有內容）；既是摧毀性的，又是建構性的，是一行之有效的方法。

---

❼　參見《施萊爾馬赫選集》卷一，頁5-8。

2.對傳統倫理學最高原理的批判

　　每門倫理學都像科學一樣，有其自身的最高原理。就科學而言，它的「最高原理」在自身之中是「自明的」，或者說在自身之內是得不到說明的，要依賴於一門更高的理論才能闡明它。因此，每門科學都指向了一門「最高的科學」，　作為其得以可能的基礎。這便是作為「物理學之後」的「形上學」(Metaphysik)，即哲學產生的知識論根源。「形上學」之作為「最高的科學」，不僅為「物理學」(自然科學)提供基礎和證明，而且也同時為倫理學（文化科學）提供價值目標和信念。所有的倫理學表面上看都是或遠或近地探索人的行為的道德現象，但由於人的千差萬別，道德現象也是千奇百態。每個人的行為、選擇和意志都同其個人的脾氣、品性、興趣、利益、慾望及教養相關，如果倫理學不能從這些雜多的現象中洞悉出人的行為「背後」的隱性信念，就不可能有真正的「道德哲學」。　正因為如此，每門倫理學本身，在其顯性的理論背後也都有其隱性的信念預設。沒有它，倫理學就會失去基礎和目標。

　　然而，每門倫理學隱性的形上學原理，作為「最高的科學」，又只是一種「信念預設」，　表面上看似乎是矛盾而不可理喻的，但事實上卻正是如此。施萊爾馬赫說：

> 作為一切科學之基礎和綜合的最高科學，不再像每門具體科學那樣建立在一個最高原理之上，而只能設想它作為一個整體立足於自身。在其中，每一「原理」都會有其源頭，一切具體的東西都相互規定。❽

---

❽　《施萊爾馬赫選集》卷一，頁20。

可見，每門「科學的」倫理學體系其「最高原理」是未經證明、也不可能被證明的，只能是個「信念預設」。因此，在變化了的不同歷史文化背景下，這些作為「信念預設」的倫理學「最高原理」必然是成問題的，會被扭曲變形。倫理學批判就是要探究和指出「最高原理」的扭曲方式(Entstehungsarten)，的確是抓住了要害。在這種思想支配下，施萊爾馬赫對古代倫理學提出了他的原則批評：

> 古人是在一緊密的聯繫中闡釋其所謂的哲學，他們慣於把哲學區分為邏輯的、物理的和倫理的，而沒有揭示出這三門核心部分由以產生的共同的萌芽，也未提出一些較高的原理。❾

這是施萊爾馬赫對古代倫理學提出的主要批評。僅從字面上看，這段話明白易懂，並不存在含糊之處，即認為古代哲學包含邏輯學、物理學和倫理學三個核心部分，但古人並沒有真正建立起它們共同的基礎和較高的原理。如果這只是說古代哲學沒有將哲學體系，沒有統帥整個部門哲學的一以貫之的「知識論」(Wissenschaft)，這在某種程度上說出了一個真理，可以看作是對古代倫理學原理之不足的一個有力批評。因為我們看到，從蘇格拉底經過柏拉圖到亞里士多德的哲學（倫理學）發展進程，儘管是一步步地將「善」理念化、實體化，使之成為整個宇宙目的論的最高本原和理念，但缺乏一個嚴密有效的「知識論」以支持這一推論。

但是，就倫理學本身而言，我們卻不能說古人沒有提出過「較高的原理」。蘇格拉底作為哲學家對於物理世界是不感興趣的，他

---

❾ 《施萊爾馬赫選集》卷一，頁21。

尤為關注的是，要把他所創立的獲得真理性知識的「方法」運用到一切屬人的問題上，特別是道德領域。他力圖給人的行為找出合理的基礎。激進的思想家把他那時代的倫理觀念和實踐僅僅看作是協議，歸根到底，強權就是真理。蘇格拉底反對這種看法，他力求發現衡量是非的唯理的原則和標準。這個標準不是對於就事論事的個別行動的善惡評價，而是善本身。有了這種善，其餘的一切都因之而善。這說明，從蘇格拉底開始，就有意地在為倫理學創立最高的原則。

當然，蘇格拉底並沒有成功。他給出的答案是：知識即至善。除非一個人知道什麼是德性，他不可能有德性。但是，倫理道德問題，不僅屬於理智（知識）問題，而屬於信念和意志問題，光有知識是不夠的。

要證明知識的確實性，有必要求助於形上學。柏拉圖提出的理念論，不僅是其世界觀的原理，而且也是倫理學的基本原理。各類事物都有其永恆的「理念」，人類的行為也應有其不變的原型，因為存在著真、善、美的理念。體現柏拉圖倫理學最高原則的，就是他把善的理念看作是一切理念的源泉，並把真正的實在同真正的善相同一，從而使善的理念實體化，成為至高無上的本體、宇宙的邏各斯(Logos)和目的。正如美國哲學史家梯利(Frank Thilly, 1865–1934)所說，柏拉圖的「倫理學同他的知識論一樣，是建立在他的形上學之上的。」❿

亞里士多德的倫理學也是以他的形上學和心理學為基礎，所要回答的問題則是蘇格拉底的至善問題。他認為，至善不是一般的善，而是其他各種善所要追求的最高目標或目的，因而是終極的原則。

---

❿　[美]梯利：《西方哲學史》上冊，商務印書館，1975年，中文版，頁83。

亞里士多德對至善問題的回答，不同於蘇格拉底，把至善等同於知識，不同於柏拉圖，把至善等同於抽象的理念，而是把它看作是每種事物特有性質的實現。這樣，至善對於人而言，就成為一個自我實現的概念。

在古希臘這三位大哲中，施萊爾馬赫最欣賞是柏拉圖。因為在蘇格拉底那裡，至善尚未同形上學結合起來，成為最高的原則；而在亞里士多德那裡，至善作為事物特質的實現，仍是個別的、特殊的東西，未能體現出事物背後的神性基礎。只有在柏拉圖那裡，才首次提出了「物作為神性的思想」(die Dinge als Gedanken der Gottheit)，並因此而命令人要肖似於神，從而為至善找到了最終的依據，為人的行為找到了最終的信念基礎。只有神性才是人的行為由之出發的東西，是作為唯一必然對象的無限之物。❶

由此可見，施萊爾馬赫對古代倫理學最高原理的批判，乃是從其本身的神學立場出發，對倫理學的神學基礎作地盤上的清理。也正是出於這一立場，他對近代以康德為代表的理性主義倫理學的最高原理也進行了尖銳的批判。

施萊爾馬赫一開場就批評康德有太多的理性，太少的激情。儘管在他的理論中提出過「理性的建築術」，但他並沒有使人類知識建立起系統的聯繫。他對人類知識系統滿足於現存的分類，但未指明其共同的基礎。如果他要使倫理學（自由的體系）成為普遍的基本的學科的話，那麼這是一個錯誤。因為從他的倫理學出發，不能奠立起他學科的地位。在理論的和實踐的體系間，通過自由、不朽和上帝之理念來搭起過渡的橋梁，也只是幻想。更為致命的是，最高本質的理念，在理論的哲學中是缺乏的，而在實踐的哲學中又是

---

❶ 參閱《施萊爾馬赫選集》卷一，頁37。

多餘的！❷ 這說明，康德的倫理學並未建立起真正的最高倫理原則。

人們不禁要問，康德在其一系列倫理學名著中，如《實踐理性批判》、《道德形上學》或《道德形上學原理》等，都志在反對把個人幸福作為最高的倫理原則，試圖把純粹理性的自律作為一切道德行為的最高原理，怎麼能說康德並未建立起最高的倫理原則呢？

這當然涉及到施萊爾馬赫同康德之間信念的不同，他們心中承諾的最高價值本體不一樣。對康氏而言，倫理價值問題只是人自身內部的理性能否自律的能力問題，而對施氏而言，一切屬人的倫理價值問題都要以最具活力、最具善心的神性為基礎。康氏的重點是要把一切神學問題還原為人學問題，而施氏的重點，則是要把神性確立為人性的一個更高的生命潛能，從而把屬人的倫理價值問題歸結為神學問題（就最高的價值本體而言）。一個要人學化，一個要神學化；一個說，儘管在人的心中，要不時地仰望頭上的星空，但就道德的主宰而言，是理性的自律能力問題；一個則說，儘管道德問題是人的行為方式問題，但光有人的理性，不一定就能導向道德。理性既有助於道德，也能有助於罪惡。對於這兩種基本信念之間的分歧，我們不可能、也不必要做出一個誰是誰非的判決來，關鍵在於，我們能否真正理解這兩種根本對立的理念之間的衝突，能否加入它們的對話之中，使兩者得到和解？這是當代倫理學必須面臨的一大難題。我們就此打住，轉向下一個問題。

3.對倫理學基本概念的批判

對倫理學基本概念的批判，涉及到了倫理學的基本內容。因為在倫理學中，最高原理可以是「隱蔽的」，但倫理學的基本內容卻

❷ 參閱《施萊爾馬赫選集》卷一，頁24。

要通過基本概念來顯明。施萊爾馬赫把倫理學的基本概念分為形式和實在的兩方面。前者包括義務、德性和善惡，後者包括財富、友誼、市民權利等。

首先，從概念的來源上，施萊爾馬赫明確地指出，有人主張倫理學的理念只是從經驗的抽象中得來的，這是錯誤的。因為我們在有最高的理念之前，如果我們的道德判斷實際上就是倫理的，那麼這些判斷正是包含了這些不變的理念，並且只是通過這種包含才是道德的。人的行動的劃分，如果同理念之源相一致，才是倫理的，僅僅是經驗的劃分，沒有價值。

其次，從概念的分類上，施萊爾馬赫認為，形式的倫理學概念，應區分為義務、德性和善，與之相對的則是違規 (Übertretung)、惡習 (Laster) 和禍害 (Übel)。在斯多葛學派和許多近代倫理學家那裡，沒有明確地區分這三者，在康德那裡同樣是混亂的。這些概念的每一個都必須以其同原理相聯繫的方式包含整個道德領域。義務所標識的德，是同作為規律的原理相聯繫的；德性是被倫理學的理念所規定的品質；善是在道德理念的意義上所能產生的東西。

就義務而言，施萊爾馬赫認為，它同規律相連，而規律又同行動相連，因此，每一義務問題，就是在每一行動中的道德問題。僅同規律相連的義務，是法律義務❸，這種規律有能夠同時成為倫理的原則，與這種規律相聯繫的行為，才有道德義務。在一個法治國家中，法律義務可以說是完善的，但只是非道德的東西 (Unsittliches)。康德僅把義務看作是由於尊重規律而產生的行為必要性（即自我強制性或自我約束性），無疑混淆了法律義務和道德義務的區別。他想在倫理學領域中建立一種准許的規律(Erlaubnisgesetz)，實際上使倫

---

❸　在德語中，規律和法律是同一個詞：Gesetz。

理學屈從於法律，這是錯誤的。因為這將使一切真正屬於道德的東西失去規定。**⓮**

康德把義務分為對自己的義務、對他人的義務和對上帝的義務，施萊爾馬赫認為，一切根據同對象的關係所作的區分，都是無意義的。顯然，在義務概念中，沒有任何本質性的東西立足於對自己的義務等等區分中。如果對上帝的義務就是說是通過上帝的意志而被賦予義務，把上帝看作是義務的給予者，那麼只存在這樣一種對上帝的義務。從根本上說，對他人的義務是同對自己的義務是同一的。

在費希特那裡，還有所謂的普遍的義務和特殊的義務、有條件的義務和無條件的義務之分，施氏也認為不妥。他說，唯一令人信服的 (stichhaltige) 的區分，是對肉體的義務、對精神的義務和對整體(Gesamtheit)的義務。這是費希特、斯多葛主義者，還有康德以及幾乎所有人都曾經暗示過，但未明確表示出來的區分。**⓯**

就德性而論，施萊爾馬赫說，它總是同倫理觀念相關，是通過倫理觀念所規定的品質。但是，若把品質和行動分離開來，就錯了。品質雖然有獨立於後果的價值，但它總是同行動連在一起的。如果一種活動，它什麼也不幹，就等於不存在。伊壁鳩魯(Epikurs)的倫理，就有這種局限，品質是不能自動的(selbsttätig)。斯多葛派在大多數情況下是在辯證的意義上對待德性概念，對他而言，德性就是與正確認識連在一起的渴求 (Begehren)。柏拉圖則相反，道德品質只能由一理念所充滿。亞里士多德的德性論，也是立足於外在的現象，品質的實現，必須同某種傾向的度相一致，這個度就是中庸。

⓮ 參見《施萊爾馬赫選集》卷一，頁137，141。

⓯ 參見《施萊爾馬赫選集》卷一，頁147–150。

只有阿里斯底坡(Aristippos)、柏拉圖和斯賓諾莎的德性概念是可用的，因為在他們那裡，倫理是某種獨立的東西。

　　就德性的分類而言，施萊爾馬赫既批評了斯賓諾莎和亞里士多德，他們按照德性所針對的傾向(Neigung)分類；也批評了康德、加爾文(Garve)，他們或者按照目的和對象來分類，把德性分成理智的德性和意志的德性，或者追溯到希臘時期的四種主要德性，這都是不對的。德性的分類，只能同自己相關，就是說，它一方面涉及品質、品行，另一方面涉及經過養成而獲得的能力，因為德(Tugend)來自於taugen，即適合於幹什麼的能力。否則，按照目的或對象，德對於每一目的或對象，都只能是一特殊的東西。從德性本身自為地分類，仍是柏拉圖和斯賓諾莎作得最好。

　　在對善的分析中，施萊爾馬赫認為，幸福主義(Eudamonismus)倫理學表現了一個正確的善的概念，因為在這裡，追求快樂本身就已經是快樂了，不只是達到目的的手段。但在行為倫理學中，有個最大的錯誤即沒有為一切善的類型找到一個統一的立足點。善的概念，只有在柏拉圖那裡，才有最好的表達，即在內在和外在表達神的本質。

　　所以，施萊爾馬赫除了從神性、從道德理念這些「內在」方面闡明善的概念外，還著重討論了外在的善，即實在的倫理學概念。在亞里士多德的逍遙學派(Peripatetiker)那裡，外在的善有財富和市民權利。但這種善缺乏普遍性的特徵，所以不是倫理的。施萊爾馬赫特別重視友誼，認為它幾乎對於所有人都是正確意義上的一種善。對於行為倫理學而言，國家是一種善，而對於幸福主義，國家的位置要同婚姻對換。另外，施萊爾馬赫還探討了一系列與倫理學有密切關係的概念，諸如：貞操(Keuschheit)、羞恥感、膳食和性衝動的

節制、節儉(Sparsamkeit)、真誠、讚揚、譴責、自我評價等等，通過對這些所謂的「外在的善」的概念的精細分析，施萊爾馬赫也對傳統倫理學的相關問題進行了相應的批評。其分析批判的精細性，的確是無與倫比的。

4.對傳統倫理學體系的批判

　　所有現象的整體只能在相互聯繫中才能得到理解，而整體是由力量或者普遍的東西所產生的。例如，行星系統、世界整體、有機物體等等。描述在現實中已經存在的這些系統，也只能是系統的，否則就不可理解。所以，倫理學所關聯的現實，必須以系統的方式聯繫起來。例如義務，每種義務都是由所有其他的義務所規定的，而不是從一個較高的義務推導而來。生活中一切善的要求，也不是一個接一個地提出的，而是彼此形成的。因此，倫理學必須是個體系。這就是說，所有個別的部分，在此體系中都有其必然的位置。

　　按照這種觀念，施萊爾馬赫首先從體系內容的完整性上，指出了傳統倫理學的兩大缺陷。其一，它沒有包含人的行為的完整圖像；其二，許多在倫理學中必須予以規定的東西，都被遺落了。如愛和友誼，對於每個倫理學都是重要的，但在傳統倫理學中沒有它的明確地位。又如，風趣(Scherz)和幽默(Witz)，大家都能認同它們是一種優秀的品質，但在倫理學中也是幾乎未被考慮。還有，科學、藝術、宗教、個體、婚姻、集體、國家等等，它們的倫理意義也沒有得到系統而明確的表述。按照施萊爾馬赫的思想，真正的倫理學體系，除了在內容上要完整、各個部分要以相互聯繫的方式有其必然的位置外，在表達上，不能受制於某一完整的規定和某一特定的時代，必須把它表述為完全普遍的。這就是倫理學體系型態 (Gestalt)

上的完善性。這種思想，不僅是他對傳統倫理學體系進行批判的武器，而且更重要的是他建構了自己倫理學體系的根本原則。

三、施萊爾馬赫的倫理學體系

通過對傳統倫理學的詳盡批判，施萊爾馬赫既發現了傳統倫理學的主要缺陷，又促使自己熟悉了倫理學史，從而使自己的倫理學體系成熟起來了。按照他的設想，一個完善的倫理學體系，必須在一個內在的相互聯繫中，包含至善論、義務論和德性論。我們將根據這種劃分來闡述他的倫理體系。應該首先說明的是，施萊爾馬赫的倫理體系，一直都在追求哲學倫理和宗教倫理的內在同一，但在表述上是有不同的，側重點也不一樣。因此，我們仍把他的基督教倫理學放到他的體系中來，但並不表明他的基督教倫理學是他的哲學倫理學的一個部分。

1.倫理學的基本理念

施萊爾馬赫對他那個時代的倫理學很不滿意，力圖在西方文化的活水源頭——古希臘文化的經典中發掘出對於自己的時代具有建構意義的倫理學理念來。在古希臘，倫理學是「科學」的一部分，這種「科學」其實就是「哲學」。 當時的「科學」被劃分為邏輯學（在古代語言中也被稱為「辯證法」）、物理學（相當於近代意義上的自然科學）和倫理學。很明顯，在這種區分中，倫理學是和物理學相對的具體科學，即人文科學（儘管這個概念在近代才出現），而邏輯學是作為兩者同一的基礎科學。施萊爾馬赫正是從這種區分中確定其倫理學理念的。如同物理學要研究自然規律一樣，倫理學必

須探討道德規律。但這兩種規律是不一樣的。他說：

> 道德規律不應與自然規律相同，以便使後者在自然領域的有
> 效性，同樣適用於前者在實踐領域、理性領域內的有效性。而
> 且，自然規律理應包含對某種在自然之中並通過自然而實現
> 的東西的普遍描述，但道德規律不是這樣，只是對某種在理
> 性領域內並通過理性而實現的東西的描述。**⑯**

　　照這種區分，物理學的自然規律是對「存在」的描述，而不依
賴於真正意義上的「應該」。相反，倫理學的道德規律是對「應該」
的描述，但「存在」也不會立刻符合於它。把「存在」和「應該」
對立起來，似乎在走康德之路，但「應該」預設了一個「命令者」
(der Gebietende)和一個「服從者」(der Gehörchende)，誰是「命令
者」？誰是「服從者」？什麼樣的命令才能被合理地成為道德上的「應
該」呢？正是對這些問題的不同回答，施萊爾馬赫同康德之間產生
了根本的分歧。在康德那裡，倫理學的「應該」以「絕對命令」的
形式出現，純粹的實踐理性是「命令者」，內在的意志和感性是此
命令的「服從者」；只有出自純之又純的實踐理性的命令才真正稱
得上倫理的「應該」。而在施氏這裡，道德規律所描述的「應該」，
並不具有「命令」的規定性和強制性，而是對人類生活的內在規律
的理解和描述。這個內在規律的「話語」，不是純粹理性的概念，
而是感覺的話語，是在直接的現時中或在敬畏和希望中表達出來的。
這是他們在道德規律的理解上的最大不同。
　　在施氏看來，道德規律形式上類似於語法規則。因為在常人看

---

⑯　《施萊爾馬赫選集》卷一，頁399。

來，語法規則是在規定我們應該如何說話的方式，但語法學家卻不把語法規則看作是規定我們如何說話的方式，而是對我們實際的說話方式的描述。有了這種理解，施萊爾馬赫就不像康德那樣把「存在」、「應該」絕對對立起來，而是認為倫理生活的「應該」，就是展示文化歷史中實際存在的某類生活樣式的理念，或者說，是展示存在的內在目的。所以，把道德看作是規定應該做什麼的理論是不正確的，那樣的話，倫理學就成了一門非現實的形式科學。正像自然規律是對真實存在的事物的運動的描述一樣，道德規律也必須描述一種實際存在的事件，那就是理性對自然（本性）的影響和行動。

由於對道德規律做出了這種解釋，施萊爾馬赫與其說創造了一個新的，不如說是恢復了一個舊的倫理學理念：探究人類風俗和行為類型的價值，展示人生的樣態，以實現生活的目的。如此一來，倫理學在他這裡實際上變成了一門歷史的或廣義的文化的科學，因為歷史或文化，就其實際的意義而言，即人類生活樣態（風俗及行為類型）的形成、變遷和發展。變遷或發展的根據在於文明（按施萊爾馬赫的說法即「理性」）程度的提高。因此，倫理學既同自然（本性、意志）相關，又同理性（歷史）相連，它不僅要表達「應該」，而且要描述「存在」：

> 對在自然的冪次（Potenz）中的有限存在作思辨的描述，就是物理學或自然科學，而對之作經驗的描述，則是自然知識（Naturkund）；同樣，對在理性的冪次中的有限存在作思辨的描述，就是倫理學或歷史科學（Geschichtswissenschaft），而對之作經驗的描述，則是歷史知識（Geschichtskund）。 ❼

❼ 《施萊爾馬赫選集》卷一，頁496–497。

　　這說明，一方面倫理學作為思辨的表述與物理學等同和並列，另一方面作為對理性冪次中的有限存在的描述，它又與歷史學等同和並列。與物理學的等同和並列，意味著倫理學探索人的行為的類型，同樣要正視人的行為的自然律，探究那些出於人的本性的自然衝動或感性衝動，這是有規律可循的。就此而言，施氏完全超出了康德把倫理學限定在實踐理性中的做法。道德律不僅不怕沾染了感性的、本能的東西，反而正是要在理性對感性的、本能的東西的行動和影響中，方可顯現出自身的道德特質。與歷史學的等同和並列，雖然使倫理學成了研究與自然相對的人的活動的文化哲學，顯得過於寬泛，但也使倫理學得以擺脫純粹思辨的禁錮，能在各民族豐富多彩的民俗風情、法律、制度和各類文化生活（包括宗教）的煙雲中，展示合理的生活價值及理想。這樣的倫理學雖然很難表達，但實際上可能比規範的、命令式的倫理學更有用。因為在人們的實際生活中，應該做什麼，往往是用不著道德學家指點的，道德學家指手劃腳的命令，常常是適得其反。「應該」很難有普遍性。不僅中國人和西方人有著不同的「應該」，就是中國大陸也和港臺地區的「應該」是不一樣的。在這裡被看作是「應該」的，在那裡恰恰被認為是最不應該的，這是常有的事。不同文化中的生活倫理，實質上是人們對於某種生活樣態選擇的結果。每一種生活的樣態，都蘊含著某種類型的價值觀念以及這種價值觀念實現的途徑和方法。

　　當然，如果僅是這樣寬泛地對待倫理學，那麼倫理學可做的事情的確太少，甚至可用文化哲學來代替它。可貴的是，施萊爾馬赫在給出了上述的倫理學理念後，並未忘記倫理學的雙重職能：一是決定人生的目的或至善；一是通過什麼樣的內在品質和行為類型可以達到或實現至善或完善的生活。前一職能的問題由善論來解決，

後一職能的問題由德行論和義務論來解決。此「三論」基本上就是施萊爾馬赫倫理學的核心內容。

2.善論(Güterlehre)

倫理學是門實踐的科學，要指導人生的實踐。因此，無論什麼性質的倫理學都包涵著對人的行為進行善惡評價的討論。只有確立這種善惡的價值，才能幫助人們合理地理解生活的目標和確定行動的原理；也只有確立這種善惡的價值，才得以形成社會輿論，維護社會倫理道德價值的實現。由此可見，善論是倫理學中的基礎。

當然，倫理學作為道德哲學，它不必具體地指明在每一特殊情況下的行為是善是惡，而是要在根基上指明，從道德上區別善惡的根本原則是什麼，什麼才真正是意志行為的根本目的。這兩個問題是所有善論的基本問題。

就第一個問題而言，在倫理學史上基本上引出了目的論與形式論兩種答案。目的論也即效果論，根據行為類型和意志行為對行為者和周圍的人的生活產生的效果為原則來說明善與惡的區別。具體地說，它是把傾向於保存和推進人的幸福的行為稱作善的，把傾向於擾亂和毀滅人的幸福的行為稱作惡的。形式論則是動機論，堅持善惡的概念標誌著一種意志的絕對性質而無需涉及行動和行為類型的效果，正如康德的「善良意志」一樣。

就第二個問題而言，引出了快樂主義的和自我實現論的兩種答案，前者斷言意志普遍不變地指向快樂和避免痛苦，因此快樂是最高的或絕對的善。而後者不認為意志是指向快樂，而是指向確定的具體行動，指向一種客觀的生活內容，因此把傾向於實現意志的最高目標（如幸福）的行為類型看作是善的，實現存在的完善和生命

的完美，被普遍看作是意志最高目標的一般表現。

施萊爾馬赫的善論，就總體而論，基本上可以被看作是目的論的和自我實現論的。但是由於其處處強調「辯證法」，他又不想在堅持目的論時完全拒絕形式論，在堅持自我實現論時完全排除快樂論，因而力圖實現一種綜合論的特點，但立足點和著重點仍是目的論和自我實現論。

在這種立場上，他到底是如何看待善惡的呢？他說：

> 當善是一自為的世界，是存在的完全的摹本，它也是每個特
> 定的存在，因而它也處於一切對立的生發狀態(Aufsehen)中
> ——但是，善是通過理性的行動而確立的，自然（本性）本
> 身既不會是惡，因為它是在善之中一同確立的，也不會有一
> 種反理性(Gegenvernuft)。反理性同本性（自然）的合一才會
> 是惡，因為否則就沒有預設的理性和自然的統一了。善只有
> 在同惡的對立中才有道德的意義，因而通常我們總是普遍地
> 把好與壞對立起來。道德的領域是一特定的、有限的和可自
> 為地沉澱道德的存在。⓲

在這裡，施萊爾馬赫不像別的神學家那樣，把「本性」（自然）當作惡，而是認為「本性」若拒斥理性的指導，並且同反理性結合起來才成為「惡」。而「善」是與「惡」相對而言的，它是「本性」和「理性」的結合，實際上強調的是理性對本性的作用、影響和指導。由此可見，他的善惡觀基本上仍是理性主義的，但他又與康德等強調「純粹理性」，只注重「形式」而不管「內容」的理性主義

⓲　《施萊爾馬赫選集》卷二，頁544。

者不一樣，把人內在「自然性」的方面從「惡」中拯救出來了。

這是一個影響深遠的轉向。自從十八世紀下半葉開始，在德國文化中就有了對自然性的追求。這種追求所要背棄的是：非自然、對自然的全面忽視或破壞，對人的自然本性的不尊重和壓抑，對自然的曲解使之變成與其本質背道而馳的東西，亦即變成不自然。從浪漫主義開始，對自然的崇拜和尊重上升到了文化理念的高度。但在倫理學中，在如何對待人的內在的自然本性上，理性主義道德學說仍然未能找到合理對待自然本性的方式。施萊爾馬赫在浪漫主義的影響下，同時認真領會了謝林在其《關於人的自由之本質的哲學研究》中所闡述的自然與惡的光輝思想，在割斷了自然與惡的本質關聯的同時，讓人們充分尊重並合理對待人的自然本性，這可以說把對自然的尊重推到了一個嶄新的階段。

當然，「自然」（本性）既不必然等同於惡，也不必然等同於善，就其本身而言，並無道德意義。自然的道德意義在於它的文化價值，即在於它能同理性一起淨化人性，造就富有個性和無壓抑的全面的人格理想。但問題的關鍵在於如何能夠保持自然（本性）與理性的和諧，這是理解至善的關鍵。

施萊爾馬赫比達爾文更早地以「進化論」[19]的思維方式看待自然和理性之同一性向至善目的的發展。他認為，至善作為自然和理性的同一，並不是一個抽象設定的外在目的，而是內在於人和宇宙的。在宇宙、自然物和人的有機組織中，有著這種同一的微弱的種子，正像自然會從無機物進化到有機物一樣，人也會從由本性主宰的兒童期發展到由理性主宰的成熟階段。在此整個進化的歷史中，善即表現為在每一個階段上自然和理性都能相互內在和滲透，或者

----

[19] 這種思想顯然是受到謝林思辨的自然「進化論」思想的影響。

說表現為理性對自然（本性）的作用（行動）上：「最高存在的最高形象（從而也即一切特定存在之總體的最完善的表象），就是本性和理性的最充分的滲透和統一。」❷

> 我們對於至善（它作為自然中的理性和存在的統一）沒有特別的知識，我們所知的，無非是所有個別的善的相互內在和滲透。❹

　　在這裡，施萊爾馬赫提出的理性對自然的行動（作用）的兩種方式及其內在發展的思想是很獨到的。他認為，理性對自然的行動不僅表現在人身上，即符號化的活動；也表現在自然那裡，即有機組織活動。理性通過對事物的行動而使它們成為產生新效果的工具，但是就它通過每一效果而給予一個事物以形式而言，理性使事物成為它的符號，它在這一符號中表現自身和通過它被認識。這裡有一個對立：理性既作為同一的又作為特殊的、與每個個體不同的東西在個人中存在和活動。但這些對立面並不相互排斥，一切道德現象都可以從它們任何一個面的任一觀察點觀察到。因此，就同一的組織產生而言，那些每一個都能以同一方式用作理性活動工具的善產生了：它們構成了交往的領域，這是由法律和國家支配的領域。就構造形式的活動是個人的或特殊的而言，它產生了所有權。這不是那種允許物品交換的所有權，而是真正的所有權，這種所有權若不喪失它的價值是不可能同產生它的個人分離的。在這個意義上，最狹義的所有權就是一個人自己的身體，其次是他的家庭。這家庭包

❷　《施萊爾馬赫選集》卷二，頁532。
❹　《施萊爾馬赫選集》卷二，頁569。

括屬於這個人的客觀環境，它越是帶有個性和不可分性就越具有價值。就家庭對他人的加入是開放的而言，殷勤好客的禮儀就產生了。它符合同一組織範圍內的交往。

與此相應的符號活動，就其以同一的特點出現而言，是在語言中表現自身的知識。產生知識的社會形式是學會，交流的地方是學校。符號活動就其以差異或個體的特徵出現而言，它是感情。它首先在手勢和語調中表現自己，在藝術品中則以一種一般的方式表現自身。藝術與宗教的聯繫，跟語言與知識的聯繫是同樣的；宗教作為感情的普遍表現，其交往的社會形式是教會。正如「只有在國家中才完成了有機組織的活動」❷一樣，最高的符號化活動是在宗教（基督教）意識和儀式（藝術）中完成的，因為它把普遍的理性的完善化追求同特殊的個人的內在自然情感結合起來了，消除了個體之間外在的絕對分離性，而又使得集體立足於個體的特性之上。

綜上所述，施萊爾馬赫把善看作是理性和本性（自然）的同一或和諧，並從自然的和歷史的發展考察其進化歷程，在十分廣泛的意義上，把倫理的善的進程看作是文化的進程。換句話說，就像自然的有機化進程以人類理性的產生為目的一樣，人類文化活動的進程，又是以達到至善（消除理性和本性的對立，達到絕對和諧）為目的。這種思想充分地考慮到了整個文化活動與倫理觀念的發展的同一關係，有著十分深刻的意義。但就狹義的倫理問題而言，許多倫理學家對他這樣「不著邊際」地談論善的問題是極為不滿的。不僅施萊爾馬赫的同時代人抱怨根本無法弄清他的思想的內在關係，在其身後的大倫理學家鮑爾生 (Friedrich Paulsen, 1846–1908) 也對他抽象地運用其編造的概念寬泛地討論倫理問題深為不滿：

❷ 《施萊爾馬赫選集》卷二，頁652。

施萊爾馬赫以其奇妙的才能，就像一個深謀遠慮的象棋大師一樣，四處走動他的概念，直到全部現實被包圍甚至要被將死為止。當一個人以信心和耐心的注意追隨他的走動時會感到其中有一樣迷人的東西……但當這個人背向這個遊戲再重新看看真實的世界，他就會很快地感到從剛才的勞作得不到任何持久的結果，這整個事情只是一個不真實的遊戲。㉓

對於我們而言，這個評語只有部分的正確性，整個地接受它還為時過早。我們先轉入他的德性論和義務論，看看他在這兩部分，對倫理關鍵問題有無實際的解答。

3.德性論 (Tugendlehre)

德性一般可定義為旨在提高個人和集體幸福的意志習慣和行為方式，或者說它描繪的是為了實現至善這一目的，個人所必具備的內在品質和能力。因此，德性論是直接同至善論聯繫在一起的。施萊爾馬赫也是在此範圍內來確定德性論的對象的。至善作為理性和本性的最高統一和最充分的滲透融合，在自然和歷史中呈現出一個進化的動態過程，當然主要地要在個人身上體現出來。人既是一個有理性的生靈，又是有自然情感衝動的，因而，如何體現出理性和本性的統一，既是至善現實化的關鍵，又是自身德性的最充分表現。所以，他說：

因此，德性的完善性以至善的現實化生存 (Wirklichgewor-

㉓　Friedrich Paulsen: *A system of Ethics.* Translated by Frank Thilly, Charles Scribner's Sons, New York, 1899, p.208.

densein)為前提。㉔

德性論和至善論的這種內在同一性，也正說明了德性論的根本問題仍然是理性和自然本性的關係問題，這是任何倫理學都迴避不了的。因為自然衝動（本性）構成德性的自然基礎。衝動本身雖不是德性，但無衝動的純粹理性也難以界說德性。眾所周知，康德的那種僅僅具有純之又純的善良意志，而沒有自然衝動傾向的人是不存在的，叔本華的那種憑禁慾來否定自然意志的做法也是令人討厭！連他自己本人也是無法踐履的，因此，如何從理性和本性的關係上，來闡明德性仍是問題的關鍵所在。正是在此意義上，施萊爾馬赫這樣來界定德性論的對象：

> 德性論的對象並非直接地就是與自然的總體性相對的理性的總體，而是在單個的人中的理性。㉕

那麼，具體說來，德性到底是什麼呢？施萊爾馬赫從總體上給出了兩個答案：

A. 德性作為品質(Gesinnung)

B. 德性作為能力(Fertigkeit)

Gesinnung 在德語中是個多義詞，它既指品質、品性，也指內在的信念、思想和觀念。所以它決不是直接表現出來的道德，而是內在的東西，是和內心的堅定信念緊密相連的品質。Fertigkeit本義是指經過長期訓練後達到的熟練技巧，其含義源自"fertig"，既有「完

㉔ 《施萊爾馬赫選集》卷二，頁35。

㉕ 《施萊爾馬赫選集》卷二，頁375。

成了的」、「結束了的」、「做好了的」意思，也有「有經驗的」、「成
熟的」、「完善的」意思。因此，Fertigkeit與Gesinnung相對，不是
內在的東西，而是外在的東西；不是思想、信念，而是行為、能力；
不是一種萌芽、開始的狀態，而是完成了的、經歷過的、成熟的狀
態。因此，施萊爾馬赫又對它們作出了如下的規定：

> 德性作為行為的純粹理想內容是品質。德性作為在時間形式
> 之中所確立的理性是能力。❷

　　他同時認為，這兩者在個人身上決不能夠完全分離，無能力的
品質只在一種假設的(Hypothetische)時刻才可思議，否則它就不是
無力量，而只是寧靜的理性及其表現(Vorstellung)。無品質的能力
或者只能是感性的(Sinnlich)，或者其德性只能存在於那個已經擁有
了品質的東西中。在生命的原始形式中，兩者均有不同的參與基礎，
一個是要把外在的東西吸納入自身之內(Insichaufnehmen)，一個是
把內在的東西放到自身之外去。因而從本質上講，品質是認知的
(erkennende)，而能力則是表現的(darstellende)。兩者統一在一起，
才能真正構成個人的德性。

　　當然，它們既然是不可分離的，是統一的，那麼，品質也不能
僅僅是認知的，內在的，寧靜的，它也同時要有表現的、外在的、
行為的能力。而能力也不能僅僅是感性的、表現的、外化的力量，
它也要有向內吸取的、思想的品性。因此，兩者的對立應該自行消
除。「認知的品質是智慧(Weisheit)、表現的品質是愛(Liebe)。在時
間形式中確立的認知是深思熟慮(Besonnenheit)，在時間形式中確立

---

❷　《施萊爾馬赫選集》卷二，頁378。

的表現則是堅持不懈(Beharrlichkeit)」。**㉗**

　　這樣，施萊爾馬赫又把人的品質分成內在和外在的兩種，前者表現為智慧和愛，後者表現為深思熟慮的審慎性和堅持不懈的堅毅性。從另一方面也可以說，智慧與愛就是品質(Gesinnung)，而深思熟慮的審慎性和堅持不懈的堅毅性即是能力 (Fertigkeit)。品質和能力之區別的相對性正在於，「能力只是品質按其本性（素質）的完成 (Vollendung)，這種完成決不能經驗地被給予，而只能是增長著的(Wachsendes)」**㉘**，意思是說，德性是一種實踐著的能力，它不能僅僅從認知、學習中被人告之，也不能僅僅從自己的人生經驗被獲取，而要在不斷的道德踐履中不斷培養和鍛煉自己的各種品質，使自己內在的良好品質表現出來，並使之得到完善。

　　就內在的品質而言，智慧和愛均是人的德性不可或缺的。智慧不僅僅表現在人的科學認知能力上，而且表現為對人的行為的合理性的領悟、判斷和抉擇的能力上。在倫理學中，更主要地是指後一意義上的「實踐智慧」，目的是指導人的行為。所以，施萊爾馬赫說：「智慧是選擇的品質，通過它人的行為得到一種理想的內容。」**㉙**智慧的高低直接決定著人的處事能力、抉斷能力，是人的德性的自然基礎。一個不智慧的人，肯定很難是個有德性的人。當然一個有智慧的人，也不一定就必定是個有德的人，因為智慧既可以幫助人為善，也可幫助人為惡。因此，在這裡，我們應該合理地理解施萊爾馬赫把德性區分為品質和能力兩方面的思想義蘊。他的更為深層的意思在於說明，品質還不就是德性(Tugend)本身，品質只是一種素

㉗　《施萊爾馬赫選集》卷二，頁379。

㉘　《施萊爾馬赫選集》卷二，頁395。

㉙　《施萊爾馬赫選集》卷二，頁380。

質，一種內在的自然性的東西，這種素質、自然只有經過訓練、培養，並同理性結合在一起，達到完善，才是德性。前者是基礎，後者是結果；前者是潛能，後者是現實。

　　把愛作為德性的一種品質之一，是施萊爾馬赫在浪漫主義影響下對倫理學的一大貢獻。施萊格爾兄弟的浪漫主義曾希望以愛情為基礎改寫人生的倫理觀念。他們認為，失去愛情的人生是缺乏詩意的，是枯燥的散文，他們從而發展出對愛情的極度崇拜。但他們由於對現存倫理的不滿，而未能將他們的「愛情」與男女之間的情慾區分開來，將「愛」作為生命倫理的原則提出來。而現在，施萊爾馬赫則明確提出了這一點。愛是一個有德性的人的基本心性，因為正如後來的叔本華提出的那樣，愛意味著「同情」，意味著在平等的地位上去關心、憐憫和無私地幫助他人，意味著「奉獻」和「給予」。心中無「愛」的人，絕對是個自私而偏狹之徒，是與德無緣的。如果說「智慧」是內在的話，那麼愛則不僅僅是內心的，而且總是要在外在的行為中表現出來。施萊爾馬赫提出把愛作為德性的內在品質的意義，就其自身的理論構造來說，是注意到了始終按照「自然」和「理性」相統一的原則來貫徹其「善」的理念，不把「德」看作是「純粹理性」的事，從而違反了現實的「自然原則」，因為「愛」不可能是深思熟慮的，也不會是「持久不變的」，唯其如此的愛才是「自然的」。「德」要以「自然」為基礎，以「理性」對「自然」的影響和作用來表現，抽掉了「愛」，就完全成為空洞不實的東西。實現「自然」同「理性」的統一，在德性的內在品質上，也即實現「智慧」和「愛」的統一。這可從施萊爾馬赫對「智慧」和「愛」的區別中可以看出來。他說：

智慧是本性中的理性的活動，更多地是從自然的尚未被統一
的存在 (das noch-nicht-geeinigt-Sein der Natur) 中抽象出來
的，愛更多地是自然的活動，更多地是從已經被統一的存在
中抽象出來的。**❸**

人若只有「理性」的「智慧」，而缺乏人性的愛，則這個人是
單面的人，是不完整的；同樣在這裡，若德性的品質只有「智慧」
而無「愛」，施萊爾馬赫關於「理性和本性統一」的至善原則就無
法體現，是極不完整的。

從歷史上看，施萊爾馬赫提出把「愛」作為德性的內在品質之
一，糾正了理性主義倫理學之偏，實現了理性主義倫理同浪漫主義
倫理的有機結合。以康德為代表的理性主義倫理學，為了反對經驗
主義的和幸福論的倫理原則，追求倫理原則的普遍有效性，認為只
有純粹的、不沾染絲毫感性雜質的理性，才能為倫理學奠定普遍的
原則，從而把情感的、自然的因素完全排除在倫理原則之外。而浪
漫主義為了追求自由自在的生活，追求詩意的生活，又把情感的價
值、自然的價值看作是至上的原則，以抗拒冷冰冰的理性主義。從
總體上看，他們均是片面的。可以說，施萊爾馬赫是第一個洞見出
這種偏頗並以系統的理論化的形式提出使兩者統一起來的哲學家，
其理論意義是巨大的。

就能力系統而言，它是品質發展的結果，而這種結果又是最具
風格的品質。施萊爾馬赫雖然從總體上已經把它劃分為思想信念上
的深思熟慮性能力和實踐行為上的持久性能力。但這還只是大致的
區分，按照施萊爾馬赫的精細的語義分析，它們還可進一步區分。

---

❸ 《施萊爾馬赫選集》卷二，頁386，註釋**❷**。

他說：

> 每種道德的能力，作為道德的有機方面，是由兩種因素構成
> 的：一是綜合的(combinatorischen)，即要輕鬆而正確地使從
> 理性出發的有機活動相互聯合起來；一是分析的 (disjunk-
> tiven)和批判的，即要區別和壓制從本性出發的活動。**㉛**

「綜合的」能力是要把從理性出發的活動聯合成一個有機的整
體，「分析的」能力是要區別、篩選並壓制從本性出發的活動。這
是從「活動」本身而言的。從「能力」的「主體」而言，又可區分
為「集體」(universelle) 和「個體」(individuelle) 兩個方面。因此，
「能力」系統就有了「綜合的深思熟慮的集體方面」和「綜合的深
思熟慮的個體方面」；　以及「分析的深思熟慮的集體方面」和「分
析的深思熟慮的個體方面」之四個維度。從這裡，我們完全感受到
了包爾生批評他到處羅列煩瑣概念之網的合理性。讀者只有耐著性
子才能跟著他的思路繼續下去。

　　施萊爾馬赫說，綜合的深思熟慮的集體方面，就是人們在實踐
意義上稱之為理智 (Verstand) 的東西，其本質是要把握整個生活的
目的和秩序。而綜合的深思熟慮的個體方面，則是我們稱之為精神
(Geist)的東西，它是要把整個生活的特有型態以特有的方式綜合在
個別型態中。在由概念主宰的地方，它是創造性 (Erfindsamkeit)，
在由形象主宰的地方，它是幻想(Fantasie)。簡單地說：

> 個體的深思熟慮是富於精神，集體的深思熟慮是富於理智；

㉛　《施萊爾馬赫選集》卷二，頁396。

綜合的「深思熟慮」是同化的「能力」，而分析的「深思熟慮」則是分離的「能力」；綜合的集體的＝聰明，綜合的個體的＝創造性；分析的集體的＝預見(Vorsicht)；分析的個體的＝正當性(Richtigkeit)。❸

就持久性能力而言，施萊爾馬赫認為，持久性作為整個道德衝動在時間上的生成(Werden)和凝滯(Bleiben)，必須以道德生活的整體性為條件。就是說，就個體而言，必須以其道德信念、道德品質、愛的意志和認知智慧，以及個體所處的整個生活的人文環境緊密相關。整個個體的德性品質是否外化成道德習慣行為，整個社會生活及文化是否形成有利於道德生成的環境，這些都直接影響著個人道德衝動的持久性。

我們已經沒有必要再嚴格地按照施萊爾馬赫區分的「綜合的」、「分析的」、「集體的」和「個體的」四個方面來分門別類地討論「持久性」能力在不同層面的表現方式。那種討論，的確像包爾生所批評的那樣（參見本章之前的引文），太過煩瑣了，把活生生的現實轉化成一張概念之網，每個概念就像四個不同的「棋子」四平八穩地向前漫進。在失去了對思辨之迷戀的時代，人們是難以忍受這種精細的概念分析的。

然而，我們又不能贊同包爾生那樣簡單地把施氏的德性論一筆勾銷的做法。筆者以為，正是在這種煩瑣的議論之中，折射出德性問題的複雜性。因為就德性而言，的確有內外之分，若光有內在的道德信念、品質，而無道德實踐的能力，其德性是成問題的。同樣，在道德能力中，綜合的與分析的，集體的與個體的都是必須考慮的，

---

❸ 《施萊爾馬赫選集》卷二，頁398，注釋❶。

光有把握集體的理性的目標與規則的能力，而沒有同個體特殊的生活、個體相協調的能力，是完全行不通的。絕對地以集體的理智壓制個體的情感與意志，會導致整個社會的專制和獨裁，不會真的造成一個德性的社會；相反，絕對地放任個體的自然情感、意志，而不顧及集體的理智、秩序與整個社會生活的道德理想，只能導致自由放任主義。在這兩種情況下，至善的道德理想均不能實現。施萊爾馬赫倫理學的煩瑣性，在某種程度上，正表明了他要真正把從純粹理性出發的理性主義道德論和純粹以個人的情感、意志出發的浪漫主義道德論有機統一起來，把道德論上的集體主義和個體主義結合起來，把理性和本性結合起來。這種分析的思路無疑是正確的。絕對化的強調一方（理性和自然、集體和個體、理智和意志），在某種程度上，很有思想的尖銳性和適合某些人胃口的快適性，但就問題的解決而言，往往是大有缺憾的，正如康德和叔本華的關係一樣。當然，強調兩個對立方面的綜合，這從思維的理路上看，總是合理的。但問題在於，兩種對立的方面何以能夠統一起來？統一的社會、心理及文化的條件如何？這又往往不是一個學者在其概念及理論分析中所能真正解決的，這就是尋求「綜合」型的理論家往往是平淡、乏味的學者，而沒有獨創的思想衝擊力之原因。當然，偉大的思想家既可以是原創性的，如蘇格拉底和笛卡爾，也可以是綜合性的，如亞里士多德和康德、黑格爾。關鍵的因素就在於，原創性與綜合性往往是密不可分的，在原創性中有綜合、在綜合中也有原創性，兩者缺一不可。可以肯定地說，施萊爾馬赫之所以被認可為偉大的倫理學家，就在於他在倫理學史上，首先試圖綜合理性主義和浪漫主義，克服其各自的偏頗；但他之所以在倫理學史上未能獲得如同亞里士多德和康德那樣高的地位，除了社會文化的興趣不

利於以宗教為根基的德性論之普及這一重要的原因之外，就是他的德性論的原創性還不夠，沒有提出一個足以讓後世心動的德性「範式」，這不能不說是一個根本的原因。

4.義務論(Pflichtenlehre)

在任何倫理學理論中，義務論都處於核心地位，因為這具體涉及到了行為主體對行為的目的、使命和責任的意識，是對內心懷有敬意的「善」的踐履，同時也是評價行為是否真的具有道德價值的標準。康德就曾立足於其動機論認為只有出於義務(aus Pflicht)、而不是合乎義務(Pflichtmäßig)的行為才具有道德的價值。義務總是和責任感緊密相連的，在倫理學上，兩者沒有本質上的不同，都是一個人必須去做的事。德文的Pflichtenlehre (義務論)，往往也被譯成責任論，就是這個意思。但什麼是一個人必須去做的事情呢？這雖然只是一個具體的經驗的問題，而不可能在理論上作出一個完全合理的歸納，因為你必須做的事不等於我必須做的事，我今天必須做的事不同於我明天必須做的事，似乎是無法言說的。但是，倫理學之作為對人的行為的規律性的探究，必須能夠提出一個普遍的規則來。這個問題也就是義務感的根源問題。

從理論上說，義務感的根源問題屬於價值本體論問題，它要追溯到一個最為根本的價值，以之作為一切具體價值（包括行為的道德價值的根本）。但哲學家對本體價值的認同是完全不一樣的，因而對義務感的根源的回答也不相同。希臘哲學家曾比照於自然本體論，認為出於本性(Natur)的行為是善的，那麼人的行為之義務即在於去做出於本性或符合本性的事情，然而，這並未真正解決問題，因為究竟什麼是人的真正「本性」呢？這並不是一個清楚明白的問

題。有人認為「本性」就是追求快樂、避免痛苦，因而發展出快樂主義的義務論。有人認為「本性」即在於人具有的「理性」，因而就發展出了理性主義的義務論。正如康德所說的那樣，義務就是要去做出於純粹理性之要求的事情，而對於一些宗教人士而言，只有上帝才具有最高價值，那麼他的義務就是傾聽上帝的聲音，按上帝的意願行事。

因此，對於施萊爾馬赫而言，要弄清他的義務論，就要首先弄清他是如何確定其價值本體論的。從原則上說，他作為神學家和虔誠的基督教神職人員，把上帝看作是最高的價值本體，從而把按上帝的意願行事看作是一種崇高的義務，這是順理成章的事。但是，真正的神學家同時也是追求真理的人，決不可能把一切原因、根源都推到上帝身上了事。因為這樣做，雖然具有信仰上的理由，但是，作為一種科學的解釋，卻毫無價值。正如在確立自然規律時不能到上帝那裡去尋找原因一樣，在倫理學中若是這樣做，就等於放棄了解決這一問題的努力。施萊爾馬赫是深諳此理的人。他沒有直接從上帝那裡去尋求幫助。他採取的是他在善論和德性論中同樣的做法，抓住的不是上帝，而是人的「本性」問題。

在他看來，人的「本性」問題既不能片面地歸結為人的意志、情感和愛好等「自然衝動」，也不能片面地歸結為完全擺脫了或控制了這些「自然衝動」的純粹理性，而是尋求自然和理性的有機的歷史的統一。對於施萊爾馬赫而言，「善」在抽象的意義上可以說是在於生命的完善發展和訓練，在具體意義上即是人的內在自然和理性的和諧統一性的完善發展和訓練。「德」也是在此意義上而得到限定的。無論是作為心性品質的德性，還是作為能力的德性，都是人的自然和理性在具體情境之中的和諧的發展、訓練與完善。因

此，在義務論上，他仍然是在此意義上來論說的。

當然，在義務問題上，人的「自然」（盲目的意志、任意的愛好、隨機的經驗等）同「理性」（從道德規律而產生的責任）並不是統一而和諧的，正是它們的不統一、不和諧乃至衝突，才構成了義務論要解決的核心問題。康德就曾把責任和愛好的衝突稱之為「自然的辯證法」(Naturliche Dialektik)，而在施萊爾馬赫這裡，「理性」和「自然」的衝突和統一，則可以合理地稱之為「義務的辯證法」。正是在此意義上，他說：

> 合乎義務行為的完善性，存在於內在的激動同外在的要求之協調中。❸

「內在的激動」是「自然的」，「外在的要求」則是「理性的」。表面看來，構成義務之本質屬性的，不可能是個人內在的自然衝動，而是外在的社會「理性」之要求。但是，義務之為義務，是對一個較高的限制自然衝動的理性負有責任的感情。它不可能由一個外在的權威施以強迫而確立，而只能由個人意志內在地、自覺地接受。真正的義務感只是出於對那表面上看來是外在的理性之尊重而甘願遵循並不論何種情況下都願為之負有責任的意識。因此，「外在的」理性要求也只有同內在的自然意志相符合、至少不至於太違背，它們才有可能協調起來，否則，「自然的意志」也是具有強大威力的。一般說來，個體的「自然的意志衝動」是通過集體的有意識活動（如教育）和無意識活動（如風俗）而被理性化了的。風俗一方面類似於本能，人們在按風俗行事時只是在遵從習慣，而未意識到它的目

❸ 《施萊爾馬赫選集》卷二，頁464。

的；風俗在另一方面也不同於本能，是被集體認可並襲傳的強制性
力量，具有集體理性的威力，從而作用於個體的自然本能衝動，使
之自覺不自覺地得到馴服。雖然施萊爾馬赫並沒有討論到風俗習慣
在義務感形成過程中的根源性作用，但從他所要求的理性對本性的
作用中，我們不得不重視風俗習慣與義務感的這種本原聯繫。

在討論了義務感的特質和形成根源後，施萊爾馬赫區分了四種
不同的義務類型：法律義務、職業義務、良知義務和愛的義務。

⑴法律義務

法律義務(Rechtspflicht)，在施萊爾馬赫這裡並不是討論現成的
法律文本中規定的人們必須遵守的法律義務問題，而只是討論一般
的社會正義形成的可能性條件。其第一條原理就是：

> 進入平等的共同體，就是說，在共同體內每一同樣的行為自
> 然地是合法的（如同在你自己內心一樣）。這是一個確定的道
> 德意願。❸

可見，這一原理就是以共同體與個人之間的相互認同和同化為
基礎的，只要你在一共同體之中，那麼你因此也就同時同化在其中
了。就像一個民族，只有相互同化了，才出現在一共同體之中一樣。
因此，法律義務就在於形成並維護這樣的一個共同體，並且這也是
一種道德的意願，施萊爾馬赫是這樣認為的。

但問題在於，個人也好、民族也好，他們均是有其個性的和特
色的，從相互同化為基礎的共同體，如何對待各成員的個性以及共
同體本身的共性呢？沒有共性，顯然同化是不可能的，反之，若失

❸　《施萊爾馬赫選集》卷二，頁465。

去了各自的個性、共性也是無生命力的僵死之物，本身就成為不合法的了。對於這個問題，施萊爾馬赫的看法是，在他們這個原理中所表達的意願，也就是要以相互對立的個體性為前提，在普通的共同體中，要保留你的完整的個性，這才真正是組成共同體的法律義務：

> 只有不需要犧牲「個體」獨特性(Eigenthumlichkeit)的普遍的
> 共同體才是合法的。這是國家作為個人自由的真正道德的概
> 念相關的。㉟

因此，你所進入的每一共同體，只有當它不排斥個體性，不犧牲個體性，保留每位個體的獨特性而又能使大家相互同化，這才是公正的、合法的共同體。倘若一個國家要阻止個人的個性訓練和對事物的個體占有（在德語中，占有也即同化），那就是專制主義的(despotisch)，如同斯巴達 (Sparta)，它若是完全是共和的，才會是合法的。在語言的共同體中也一樣，倘若不允許對語言的個體化處理，也是不完善的。所以，普遍的共同體的規定就應該是從最小限度的張力關係過渡到既在聯盟與占有之間，也在集體與個體之間形成行為的準則(Maximum)。這種準則也即在國家裡，一切方面都處在特定的法治狀態(Rechtszustand)中。你進入在這樣的共同體中，你就會發現你自己。這樣的共同體不是外在於你的，而是內在於你的，你也就會以你整個的力量，並以國家真實理念的意識而去行動。所以，你的內在激動與外在要求之間，即自然和理性之間就能和諧一致了。所有共同體的集體行為，是經過認真算計 (calculiert)，深

㉟ 《施萊爾馬赫選集》卷二，頁468。

思熟慮的，但它同時又表現為是由自由的衝動而產生的。反之亦然，由自由衝動(aus freien Triebe)產生的一切，必須融化在集體的籌劃之中。對於所有的個體性行為而言，唯有這樣的共同體，才是合法的形式。確立、維護並進入這樣的共同體，便成為每個有道德追求的人的法律義務，這便是容易理解的了。

(2)職業義務

在德語中，職業 (Beruf) 一詞其本義就是賦有某種使命的意思，因此，它除了有「行業」、「職業」、「業務」、「專業」等一般化意思外，還有「天職」、「使命」等崇高性的語義。施萊爾馬赫對「職業」的解釋沒有把它放在頗具宗教語義的「天職」、「使命」之義上，而是頗具市民化的：

> 普遍占有過程的總體即是職業。**❸**

在這裡，占有 Aneignung 即我們在上文說的「同化」一詞，它是由其動詞aneignen演變而來，原意為把……汲取進來占為己有，變成自己的一部分，因而也有「同化」、「內化」的意思。「職業」之作為「化為己有」的過程總體，是把外在於人的對象變成符合人類生活需要的資料，供人使用和消費，從而把它從「自在之物」變成「為我之物」的過程。馬克思曾在《1844年經濟學——哲學手稿》中把生產勞動看作是人的本質對象化即外化的過程。其實，這種「外化」過程，是以施萊爾馬赫所說的這種「同化」或「內化」（化為己有）的過程為基礎的。沒有這種「內化」、「同化」、「占有」為前提，就不可能有人的本質力量的「對象化」或「外化」。人類的職

---

❸ 《施萊爾馬赫選集》卷二，頁473，注釋**❶**。

業（如生產勞動）正是在「內化」、「占有」、「同化」的過程中，逐步使自身的本質力量「對象化」和「外化」的。所以，施萊爾馬赫以「占有過程之總體」來定義職業，是有其合理性的，雖然這種界定本身太過於抽象了，而且對於職業義務的闡釋也蘊含著極大的危險。因為既然職業就是一種「占為己有」即「私有」的過程，那麼職業的義務何以成為一種道德性的義務呢？這對於我們長期接受公有制形式下的共產主義道德理論的人是不可理解的。但是，我們應該看到，施萊爾馬赫的倫理學是在德國向資本主義市場經濟過渡過程中產生的，把它作為馬克斯・韋伯所說的推動資本主義得以產生的「新教倫理」的一部分，也許我們就比較容易接近他的這種觀點了，雖然不一定要贊同它。

當然，從倫理本身的層面來說，施萊爾馬赫自己也意識到了從「化為己有」的角度來論說「職業義務」的巨大困難性，他一開始便說：

「『化為己有』這個普遍原理，作為義務的公式，其前提條件在於：這個活動的那些最原始的 (Primitivsten) 表現就已經是道德的。」❸ 這個前提條件從這句話來看，是完全無效的，因為「這個活動的那些最原始的表現」是些什麼？它又如何說是道德的？這些都不清楚，本身是需要說明的問題。按照施萊爾馬赫的本意，他這句話指的是，「化為己有」這個活動的最原始的舉動可以追溯到動物自保的衝動 (Selbsterhaltungstrieb)，自我保護、自我保存是維持自身生命的一種基本本能，是生存的最基本需要。在施氏看來，對人而言，這種出於自保的本能和需要的行為之所以是道德的，是因為它已被理解為出於人性的活動；這種人性不只是單純的本性，而且

---

❸　《施萊爾馬赫選集》卷二，頁473。

也可看作是一種理性的活動。出於單純的自然本性的行為不一定是道德的，因為它可能完全是自私自利、損人利己，甚至不惜侵占、掠奪別人的財富，以野蠻的手段將其化為己有。然而，理性的活動就不能僅僅只設想自己，還要考慮到他人或集體，考慮到行為的社會責任。所以，上述原理的道德性不僅應當從個體本能的自保的生存權獲得證明，而且還要考慮到占有行為與社會共同體之間的關係，即它的社會效果。倘若占有之舉不願考慮到集體，那麼其主體完全以自我為目的，絕對以自我的利益為中心，那麼他就不是集體的一部分。即使他在某種程度上也是有理性的，但他的理性只是從屬於自然的主體，因此，其占有活動就不會是道德的。「化為己有」之所以是道德的，就在於它既考慮到了個體為保存生命的占有，也考慮一般的集體，即共同體的利益。只有作此理解，「化為己有」的道德性才是可理解的。

光是個體的占有活動，尚不構成「職業」，按施萊爾馬赫的意思，「職業」是「普遍的」(universellen)或「集體性的」占有活動，這意思就是說，當個體的占有活動以一個與其他人相同的形式和方式進行時，那麼占有就變成集體的了，變成一種職業活動。因此，職業義務除了要處理好上述所說的理性（以集體的共存為目標）和本性（個體的自保本能）的協調關係外，還要處理好集體意志與個體意志、集體利益與個人利益之間的協調關係。這種協調關係的前提在於，集體的意志要出於個體的意志，個體的意志也要以集體的意志為出發點。具體說來就是，個體的占有活動要依照集體的準則行事，而所有的相同形式的占有（職業）也要保留個體的完全的特性。這樣，具有自然衝動的人，就不只是一個自然本性的主體，而且成了集體理性的一部分。因此，當你進入每一占有過程中時，你

就會在其中發現你自己。所以，在所有占有（職業）活動中，必須使內在的激動同外在要求協調起來，保持個性、精確的算計(Calculus)與豐富的想像(Fantasie)之間的和諧，在人與人之間、民族與民族之間保留著「客人的自由」(Gastfreiheit)。這便是職業義務之要點。

⑶良知義務(Gewissenspflicht)

按照施萊爾馬赫的規定，義務論是描述運動著的倫理過程，即至善在不同的時刻和不同行為中的實現。但至善只能通過個別的行動在某種程度上實現出來，在此行動中，要體現出德性的整個理念。因此，至善是由合乎義務的諸行為組成的，也可以說是一切合乎義務的行為的總體。

然而，人的行為如何合乎義務？施萊爾馬赫在此反對外在論的觀念，厭惡模仿論的解釋。所謂外在論，是把義務看成是在人之外存在的戒律，要人的行為機械地去符合它，依從它，而不管這個戒律是否內在於人的本性和需要。所謂模仿論也與外在論相聯繫，因為如果義務是外在於人的，而人的行為要符合它，就只有經過機械地模仿前人和他人的行為，這樣才學會符合它。施萊爾馬赫在此遵循的是內在的、創造論的觀點，認為所有的義務形式都是內在地包含在人之內的，意思是說，作為道德存在的符合義務的行為，是出於人的本性的，是人自由自覺的活動，只有這樣的行為才能表達出至善之理念，因此它決不可能外在於人。他說：

> 能夠被視為符合義務的行為，是從人本身之中展現出來的，儘管是出於他的道德衝動；否則它要麼是感性的，但不會是道德的。因此，每種合乎義務的行為都是自由的。㊳

所以，良知義務立足於個體內心對至善理念的認同，占有，從而淨化自己的心靈，形成「良心」或「良知」。 就「良知」是對至善理念的認同和占有而言，它是普遍的，就「良知」是特殊的個人在其對生活直觀中把其心靈融化為良知的一個部分而言，它是個體化的。每種義務都是對於道德生活中的基本對立（集體與個體、普遍與特殊、理性與本性）的消除從而達成某種統一和協調：法律義務的領域是形成普遍的共同體,這個共同體體現了人的全部個體性；職業義務的領域則是普遍的占有，技能的習得("aneignen"既有「占有」、「同化」，又有「學會」、「獲得」和「養成」之意)，而良知義務則是個體的同化和養成。就其是同化（同化於至善）和養成（即占有「至善」） 而言，它與職業義務同屬一類；就其是個體性的同化和養成而言，它又區別於職業義務。

⑷愛的義務

就施萊爾馬赫對四類義務類型的區分來說，愛的義務的領域屬於形成個體化的共同體。它與良知義務相同，都是個體化的，但良知義務是個體對至善的同化和養成，而愛的義務則是要服務於集體的構成。就構成集體而言，愛的義務與法律義務同屬一類，但法律義務是形成普遍的共同體，愛的義務則是形成個體性（特殊的）共同體。什麼是「個體性的共同體」呢? 最簡單，普遍的就是家庭(通過婚姻)。 以愛情為基礎的婚姻創造家庭的本質；以愛為基礎的教會創造宗教的本質，愛的義務就是在啟示能力 (Offenbarungsfahigkeit)的前提下，以愛為基礎，形成有個性的特殊共同體。

綜上所述，我們看到，施萊爾馬赫的義務論雖然仍然很抽象、很思辨，始終沒有著力討論具體的義務問題，但我們還是要合理地

---

❸ 《施萊爾馬赫選集》卷二，頁408。

評價他的歷史地位。倫理學作為道德哲學我們應該容忍它只在抽象的「原理」層面上討論問題，而不能要求倫理學家制定出具體的道德戒律和義務準則。也就是說，探討道德戒律或義務準則形成的可能性條件，基礎和價值取向等「原理」性問題，是倫理學的主要工作。施萊爾馬赫的義務論，就其原理而言，它要求每一行為都要出於至善（而不是出於理性或意志）。 而至善不是一個抽象的理念，它是源於生活直觀的具有普遍人性的一系列矛盾的協調和完善，如個體和集體的矛盾，理性和本性的矛盾等等。這就比單純的理性主義者和浪漫主義者或者集體主義和個人主義者都更為合理。它既充分考慮到了人的道德行為及義務的社會性，它總要在與他人的關係中表現出來，要落實到個人對他人及集體和社會的責任擔當上，從而不完全是個人的內在素質的完善和發展的問題。同時它又注意到個人所要結成的共同體，它不能壓抑、否定和排斥充滿生命創造活力的個體性、個性及人格。因而要求集體要以個體為基礎，個體要以集體為歸依，並在此基礎上來考察人的義務感及其應該承擔的社會責任，這種考察和分析的方向是完全正確的、合理的。

　　其次，他對義務的分類是很有特色的，法律義務、職業義務、良知義務和愛的義務分別體現出至善的一個方面，它們總起來就構成了一個完整的「道德存在」。 在他之前，康德也是把義務分成四類，不過他是具體按照義務的對象和它的束縛程度來劃分的，我們可以對比一下。康德的四類義務是：

　　A. 對自己的完全義務（每個人對自己的生命負完全的責任）

　　B. 對他人的完全義務（信守諾言）

　　C. 對自己的不完全義務（發展個人的才能）

　　D. 對他人的不完全義務（濟困扶危）

可見，康德的義務分類比較具體，具有可操作性，但是難以具有廣泛性，不能涵蓋社會生活的全面。而施萊爾馬赫的分類雖然較抽象，但他按照個人與集體、外在的理性要求和內在的自然衝動相協調的原則從普遍的法律義務和職業義務，以及個體性的良知義務和愛的義務四個方面還是概括了社會生活中義務所面臨的基本矛盾。因此，他的這種分類仍然是值得我們認真研究的。

施萊爾馬赫的倫理學在我國尚沒有產生影響，根本原因在於人們語言上和資料上的限制，人們根本不瞭解其倫理學的內容。其實在他的倫理學中，有許多對於我國的倫理建設很有借鑑作用的資源可供開發。尤其是其倫理學的宗教基礎，以及基督教道德學說，我們更不能帶著無神論的偏見，拒斥瞭解和研究。

5.基督教道德論

早期基督教道德是作為古希臘道德的反面而出現的。古希臘人在塵世生活中追尋健康、快樂而充滿自由、民主和正義的價值理想，而早期的基督教則要在天國中渴求純粹精神上的永恆生活；前者是自然主義的，後者是超自然主義的；前者肯定世俗生活，後者否定世俗生活；前者讚美人的自然德性，智慧、勇敢、正義和節制是他們崇尚的美德；而後者藐視自然德性，用以代替希臘人的自然德性的，只有一種新的德性：憐憫或仁慈。基督教道德當然也總是隨著社會文化的不斷發展而逐步改變自己的形式和內容的，最為明顯的改變，是文藝復興以後，宗教也慢慢開始了其世俗化的價值轉型。從我們前面所述的施萊爾馬赫的倫理學來看，他幾乎放棄了早期基督教的道德觀，完全立足於希臘人的道德理想，正是這種世俗精神影響的結果。

當然，施萊爾馬赫的上述倫理學，還只能算是哲學倫理學，不能算是基督教倫理學。其基督教倫理學，像其哲學倫理學一樣，內容極其豐富。限於篇幅，我們在此只能簡要地加以論述。

(1)基督教道德論的特點

施萊爾馬赫認為，基督教的道德論是對符合基督教教義的行為方式的描述，尤其要不斷追溯耶穌基督這位拯救者的行為。因為一方面，基督教的道德論，必須立足於基督教信仰，基督教的特色，決定著基督教道德的特色。而基督教的本質特點，按照施萊爾馬赫的解釋，就是：「與上帝的一切團契都被看作是通過基督的拯救行為而達到的。」❸基督的行為啟示著神的真理和至善。另一方面，基督的行為方式也構成了基督教信仰者模仿的榜樣，只有祂的行為方式，才體現了最原本的基督教道德。

基督教道德論的根本問題在於，如何把基督教的意識轉變成基督教道德的構成性原則。因為基督教道德是同基督教信仰具有同一性的，而基督教意識又是與最高本質的意識緊密聯繫在一起的，那麼，這種意識，如何變成行為的衝動(Impuls)或動機(Motiv)，解決這些問題，才體現出基督教道德的特殊性。

當然，要弄清基督教道德論的特色，還要從外延上搞清它同哲學道德論的關係。不過，施萊爾馬赫自己也承認，說清它們的關係，的確有不小的困難。在這裡，他著重批判了兩種錯誤的觀點。一種觀點僅從表面上區分哲學道德論和基督教道德論。認為前者純粹是從理性出發的，而後者純粹是從虔信出發的，把理性和信仰的對立，看作是區分哲學道德論和宗教道德論的標誌。施萊爾馬赫反問道，哲學的理性就沒有虔信嗎？宗教的虔信就與理性無涉嗎？事實上，

---

❸ 《施萊爾馬赫選集》卷三，頁128。

哲學也總是以信念為基礎的，且不說理性哲學把理性本身就當作
「神」來崇拜，一般的哲學也總是要追溯到「最高的本質」、「最先
的存在」這樣一些準神學的前提那裡去。同樣，真正宗教的虔信也
是要有理性的。因此，哲學道德論和宗教道德論不能以理性和信仰
的對立來區分。另一種觀點從德性不能是雙重對立的觀點出發，認
為哲學道德論和宗教道德論必有一方是多餘的，兩者不能共存。施
萊爾馬赫也不同意這種觀點，認為哲學道德論和宗教道德論的確有
許多不同，有的甚至還是對立的，但這並不影響它們可以相互共存。
事實上，無論是在哲學道德論內部，還是在宗教道德論的內部，都
有相互不同、甚至相互對立的觀點和流派，但它們也能相互共存。
所以，施萊爾馬赫主張，哲學道德論與基督教道德論不僅應該相互
共存、相互補充，而且應該把它們真正統一起來。

　　如何實現它們的內在統一呢?施萊爾馬赫做出了可貴的探索。
這就是，在他的哲學倫理學中，他借用了基督教神學的根本原則，
以充滿生命活力的上帝（神）作為一切倫理價值的基礎。而在他的
基督教道德論中，他則要求採用哲學道德論的三種形式來表述其內
容:

> 哲學道德論占優勢的，是在義務論的、德性論的形式之下處
> 理問題，當然在古代的一些學派裡，還有一種至善論的形
> 式。❹
> 因而，倘若基督教道德論也在我們找到的哲學道德論在其中得
> 以表述的同樣的三種形式之下來闡述，或許也是可能的。❹

---

❹　《施萊爾馬赫選集》卷三，頁174。
❹　《施萊爾馬赫選集》卷三，頁175。

下面我們將按照這三種形式來論述施萊爾馬赫的基督教道德論，只有在此之後，我們才能真正明瞭它的特色。

(2)基督教道德的善惡論

善惡論是倫理學的根本價值原則，基督教的善惡論是以其二元對立的神學世界觀為基礎的。這種世界觀把整個世界分為塵世的與天國的，肉體的與靈性的，有限的與永恆的。神及神所生活的天國是至善的，人及人所生活的塵世是有罪的。施萊爾馬赫作為一個虔敬的基督教神學家，其基本的價值趨向也是如此。但是他的理解和解釋與別的理論家，尤其是早期基督教理論家大相逕庭。他認為，那種把神的天國看作是存在於人之外，從而也是存在於地球之外或之上的某個「地方」的觀點，是極其膚淺和粗俗的。神的天國根本不是一個地理學的概念，而是一種生存狀態的描述。耶穌基督和人類始祖亞當正是這兩種生存狀態的典型代表。或者說，祂們代表了較高的和較低的兩種不同的生命潛能 (Lebenspotenz)。基督代表的是靈性的生命，精神駕馭著肉體，並總是保持與上帝的一致，所以是與無限、永恆、至善相融合的。亞當代表的是慾望的人生，肉體的本能主宰著精神，因而與上帝分離、隔絕了，是與有限、殘缺和罪惡相連的。因此，神的天國是一個絕對的價值世界，是至善的王國。當人通過基督而與「神」有了「團契」，就可以說進入了「天國」。所以「天國」決不是在人死後才能進入的，只要人不與上帝分離，讓肉體屈服於靈性，就可進入神的極樂境界(Seligkeit)。施萊爾馬赫說：

> 因而，在基督教中，宗教意識的富有特色的完整表象，本質上是以確立原罪——在基督的團契之外的、不可避免的、普遍的人心狀態——為條件的。但我們又把通過基督作媒介的、

與神的團契的狀態，設想為完善的，因而完全同那種與在基督身上體現的神的團契之外的狀態分離開來，這也就是極樂的狀態。❷

通過這兩種狀態的二元區分，施萊爾馬赫就以自己的解釋，確立了基督教的善惡觀念。他原則上接受了基督教神學一貫的說法：上帝就是至善，但同時又認為，上帝即至善這一表達式，作為道德論還不完全適當。因為在道德論中，一種善對於我們來說，是我們內在具有的東西。如果上帝是在我們之外或之上的某種東西，那麼，上帝這一至善理想，對於我們還不能真正成為一種內在的善。因此，對於人類的道德而論，只有在人的靈性中，讓神性之光照亮生命的深淵，通過基督的拯救，達到與神的團契，上帝這一至善，才是我們內在的善。所以，準確地說，在施萊爾馬赫的基督教道德論中，至善就是神性和與神的團契（通過基督）。

作這種形式上的改變，當然有其學理上的深刻的原因。因為「神」一般是個實體概念，而神性則可以寬泛地看作是個狀態概念。「神」作為實體，是外在於人的，而神性則是在人的本性中內在具有的。雖然人幾乎難以達到基督那樣的神性，但神性作為至善的道德理想，卻能導引人心不斷超越，向更高的境界攀升。人雖不能與神等同，但可以達成與神的團契，與神同在，讓神性顯現在自己的內在靈性之中。這就是基督既作為神子，又作為人子的啟示之功。

(3)基督教的德性論

早期基督教用以代替希臘人的自然德性的，只有一種新的德性：憐憫或仁愛，這一點在施萊爾馬赫這裡得到了完善。在上述(哲

---

❷　《施萊爾馬赫選集》卷三，頁132。

學）的德性論中，他把「德性」分為「品質」和「能力」兩個方面。
按照這種劃分，把「憐憫或仁愛」作為基督教所倡導的一種最基本
的心性品質，也是施萊爾馬赫德性論的基本內容，因為上帝通過其
獨子來拯救人類，基督的受難、流血乃至被釘在十字架上的死亡，
無不體現出上帝無比深厚的仁慈和博大無私的愛心。失去了憐憫心
和仁愛心的宗教，就絕不是基督教。但施萊爾馬赫沒有僅僅停留在
這一點上，他所理解的德性品質，不會是個別的品質，而是通過神
的靈性(der göttliche Geist)所帶出的道德面貌(Habitus)，因而是一個
相互聯繫的整體。個別的道德品質，無論它多麼重要，都只是這個
整體相互聯繫的一個環節。若要給這個德性的整體一個名稱，它就
叫做「神的王國」(das Reich Gottes)。因此也可以說，人的德性，
就是對神性的分有和浸潤。在此意義上，在基督教的德性論和基督
教的至善學說之間，是沒有區別的。施萊爾馬赫說：

> 對於我們的問題具有決定意義的是，在基督教的立場上對德
> 性的描述和對神的王國的描述完全是不可分離的。**❹**

這種德性論是對早期基督教德性論的極大擴展，雖然具有籠統性的
不足，但能化解因把德性看成幾個個別的品性所帶來的種種弊病。
　　另一方面，施萊爾馬赫還從「能力」的角度來闡述基督教的德
性：

> 無疑，德性無非就是作為靈性對肉體所施加的力，作為肉體
> 對靈性的屈從。**❹**

---

❹　《施萊爾馬赫選集》卷三，頁176。
❹　《施萊爾馬赫選集》卷三，頁174。

從「力」(Kraft)上來說明基督教的德性，是有非常重要的意義的。
早期的基督教由於過分地強調憐憫、忍受和對痛苦的承擔等等品質，
強調當有人打你的左臉時，你要把右臉也轉過去給他打，因此給人
們普遍地造成了一種印象，好像基督教就是宣揚那種軟弱無能的德
性。這樣也就導致了後來尼采激烈地批判基督教，他正是把基督教
看成是「奴隸道德」的代名詞。而他所要創立的，就是與基督教道
德完全相反的「主人道德」：有強力意志的道德。當然，尼采是認
為在基督教的德性裡根本不存在強有力的德性，所以要「反基督」，
完全要推翻基督教而另起爐灶。然而，早在尼采發現基督教道德的
這一致命的弱點之前，施萊爾馬赫就在著手構建力量型的德性理念。
儘管這種力量型的德性，只是靈性對肉體的影響、作用，使肉體屈
服於靈性的統治，這和尼采所宣揚的完全肯定生存意志力的衝動、
爆發這樣的強力不同，但可以肯定的是，施萊爾馬赫所強調的這種
力，也是一種強力(Gewalt)。它不是「強力意志」，但也不是完全否
定了本能的意志衝動的純粹精神力，而是理性、精神對肉體本能和
自然的意志衝動的管理、約束和作用，是理性、精神、靈性同肉體
本能、意志的一種和諧與團契。這樣的「力」就比尼采的單純的生
命意志力更具有德性的特徵。可以說，如何構建強有力的基督教的
德性，是現代生活對基督教提出的最有挑戰性的課題，施萊爾馬赫
敏銳地給這一課題提交了一份較好的答卷。

⑷基督教的義務論

　　基督教倫理學，究竟是品質倫理學(Gesinnungsethik)還是客觀
倫理學(Objektivsethik)，在當代西方思想界是個被激烈討論的問題。
所謂品質倫理學，就是討論哪些品質具有道德價值；所謂客觀倫理
學，就是討論具有客觀規範和準則的倫理。這種討論，在施萊爾馬

赫關於基督教的德性論和義務論的關係中，就成為一個重要的問題。
他認為，基督教道德論能夠而且必須在哲學道德論提供的三種形式
之下來探討，但是不能僅取其中的一種，而要把它們看作一個相互
聯繫的整體。因為很明顯，在合乎義務的行為之總體得以闡明之處，
按其本質，也是德性和至善得以被闡明之處。正如基督教的德性包
含品質和能力兩方面的規定一樣，基督教倫理學也不可能單獨地是
品質倫理學或者客觀倫理學。這個問題在施萊爾馬赫那裡，早就以
辯證的方式得到了解決。它不僅認為倫理學中德性論（品質倫理只
是其中的一部分）和義務論是不能分離的，而且認為德性論和義務
論都離不開至善論。至善論是它們共同的價值本體論基礎。三者之
間當然也有不同，但它們的不同，不是價值取向上的，而是表述方
式(Darstellungsweise)上的。

　施萊爾馬赫認為，在基督教道德中，至善論和德性論是描述的，
而義務論則是定言式的(die imperativische Form)。❹即採取「你必
須……」，「你要……」如何行動這樣的命令式。但命令所表達的以
及它所針對的，應該是個別的行為。問題在於，個別的行為總是沒
有特定的形式的，若承認行為的這種不定性，那麼義務的定言命令
如何形成？若堅持每個命令只針對一類行為或一種行為，那義務豈
不成了相互衝突的戰場？同樣，只意識到個別的行為被要求（命令），
而不同時回顧所有被要求的行為的聯繫，那麼，或者是這個義務否
定了另外的義務，或者是另外的義務犧牲了這個義務。所以施萊爾
馬赫得出了這樣一個結論：

　　基督教道德論單純地在義務論的形式之下表述，不僅是在同

---

❹　參見《施萊爾馬赫選集》卷三，頁175。

方法論興趣的聯繫中，還是在同實際的利益(Interesse)的聯繫中，都完全是不充分的。❹

在一般的倫理學中，義務論的確是討論客觀規範和準則（客觀倫理學），而且常常是以定言命令的形式出現。但施萊爾馬赫在得出了上述結論之後，便從「描述形式」的道德論——至善論和德性論尋找幫助。因為只有從「描述形式」的道德論出發，人們才能真正在自己的內在意識中形成道德義務感。有了道德義務感，人們才能使自己的行為去做合乎義務的事。所以在這裡要討論的問題，實際上就變成了如何形成義務意識，義務意識又是如何變成行為的動機的？

　　基督教的義務意識直接是同基督教信仰連在一起的，具體說來，是以對耶穌基督這位拯救者的救贖行為的敬畏和虔信為基礎的。基督的行為直接啟示人們，祂的行為的動機方式和目的都是值得效仿和尊崇的，因而在自己的內心產生了一種也要如此行動的強烈衝動，這就是基督教義務感形成的心理基礎。從理論上說，義務論直接來源於至善論和德性論。因為它們所描述的神性、神的王國中的至樂境界以及與神的團契等等，對人而言，都不是外在的，不是已在的，而是人性的一種不斷生成著的更高的生命潛能。這種高級生命潛能的實現，無疑是人心中的強烈渴望和德性理想。當人們意識到這種高級生命潛能，這種人生的最高理想，通過基督的拯救和引導，是完全應該並能夠實現的。這時，這種靜態的 (ruhendes) 自我意識，就變成了行為衝動，變成了對自己生命的一種義不容辭的責任。這便是產生基督教義務的理論基礎。施萊爾馬赫這樣說道：

---

❹　《施萊爾馬赫選集》卷三，頁178。

> 我們只問，基督教道德論（包括義務論——引者注）要如何
> 形成呢？它必定要取決於描述通過同基督這位拯救者的團契，
> 從而達到與上帝的團契。因為這種團契是基督徒所有行動的
> 動機。它除了描述那種由基督教所規定的宗教自我意識所主
> 宰的行為方式外，不能是任何別的東西。❹

對於這樣的義務，如果要表述成一條道德戒律的話，只能這樣說：
你必須這樣行動,讓你生命的每一時刻都被生命的高級階段所規定,
讓那屬於生命低級階段的一切，都成為它的工具。因為基督的一切
救贖行為，就是要把人類引向生命的高級階段，讓人的精神（靈性）
統治人的肉體，理性約束感性。跟隨基督，就是要在意識中確立這
樣的義務感、責任感。從某種意義上，也可以說，賦予人義務的，
是德性的內在品質。如果這種品質完全由基督性所引導，基督的精
神完全浸透在品質之中，那麼，對基督性所體現的那種德性懷有越
來越強烈的神聖感和敬畏心，其義務感或責任心也就越強烈。總之，
施萊爾馬赫既堅持義務論同至善論和德性論是個相互聯繫的整體，
而且從至善論和德性論來說明義務感的形成原因。

(5)基督教道德論的意義

雖然在西方人的意識中，宗教絕對是道德的基礎，沒有宗教，
道德就沒有根基，一個不信神的人，就會被懷疑為無道德的人。但
是，在西方社會一浪高過一浪的世俗化運動中，接受世界的世俗化，
成為現代基督神學的一大難題。❹ 於是，單純的神性道德受到了許

---

❹ 《施萊爾馬赫選集》卷三，頁129。

❹ 參見德國天主教神父梅茨 (Johannes B. Metz, 1928–) 的《世界神學》
  等著作，在他的著作中，充分表達了一種世俗化的神學思想。

多人的懷疑和拒絕，從神性來規範人性的基督教道德，必然也受到了前所未有的挑戰。在此背景下，施萊爾馬赫的基督教道德論是否具現實意義呢？

　　基督教道德論是否具有意義，是同這種理論如何談論上帝、神性及其同人的關係連在一起的。這就是說，在世俗化的時代，人們雖然在某種程度上懷疑、拒絕甚至否定上帝或神性，但是人們仍然不能同意像尼采那樣簡單地宣布「上帝已死」。上帝問題是否有意義，取決於我們如何言說祂，或者說，取決於我們所談論的上帝在何種意義上能夠有助於解決現代人的意義危機。施萊爾馬赫談論上帝，既不是從人對超驗世界的體驗出發，也不是從上帝的理性概念出發，而是在人對自己的體驗（自我意識）中被激發出來的。因此，上帝，神性對人而言，既不神秘，也不外在，而成為人的存在的深層向度中的問題。人對上帝的思考，成為人對自身生命價值的本體論追問。基督教道德，也正是在此向度上，追問人本來是什麼，人性的善惡向度以及人所能實現的生命理想何在，由此表明，人通過什麼樣的行為方式，才能實現高級的生命潛能。這些問題，正是現代文明急需解決的問題。可以說，施萊爾馬赫的基督教道德論，不僅它所提供的答案在現代仍然是真知灼見，而且他也啟發了一代又一代的理論家在他所談論的語境中，把基督教道德同世俗道德有機地結合起來，為新時代不斷提供價值本體論的有效承諾。這就是其基督教道德論最高的現實意義之所在。

第四章　施萊爾馬赫的釋義學 ❶

　　釋義學是一門既古老又年輕的學問。說它「古老」，是因為它的詞源一直可以追溯到古希臘神話中的赫爾墨斯(Hermes)神，祂既是將諸神的旨意傳達給人類的信使，又是帶領世間的亡靈到冥府的接引神。因而，在古希臘就形成了hermeneuein（動詞）或Hermeneia（名詞）的二種基本語義：(1)「通過說話來表達」（亞里士多德）或借助於語言表達內在的邏各斯（菲洛）；(2)用清晰的語言將用晦澀的用語表達的意義翻譯或轉譯出來（教父們）。由這種意義便形成了古代的釋義學傳統。說它「年輕」，是因為它直到十九世紀，通過施萊爾馬赫等人的努力，才第一次上升為哲學的意識，並且只有在1966–1976年這一時期之後，哲學釋義學作為哲學反思的基礎，

---

❶　拙著所用的「釋義學」即Hermeneutik，這個概念的譯名在中文中頗不一致。大陸譯作「解釋學」諸多，港臺及海外華人學者多譯作「詮釋學」或「闡釋學」。筆者對上述兩種譯法均有保留，而採用在大陸學者圈內認可的「釋義學」。原因在於「解釋學」或「詮釋學」比較適合於古代的Hermeneutik，那時關心的就是對原文語義的解釋和詮釋，而現代的Hermeneutik不僅僅是對原文（或本文）的解釋、闡釋或詮釋，而是一種關於「意義」的哲學學說。解釋和詮釋的工作是要「釋放」出原文中所蘊含的精神以使我們在與存在總體的聯繫中，重構我們生存的意義理論。

才第一次引起國際上持久的注意。然而，在此之後「語言的問題和原文解釋的問題已經變為當代思想的十字路口」(法國哲學家保羅・利科[Paul Ricoeur]語)。 現在，在哲學釋義學的推動之下，德國哲學和法國哲學界在人文學範圍內所展開的全面對話和爭論，已經推動人文哲學和科學哲學之間的對話和融合，並且已融合到聲勢浩大的所謂「後現代主義」的話語之中去了。因此，當代所有主流的哲學流派、文藝美學都或多或少地具有「釋義學的」性質，以至於當代「對『釋義學』的興趣遠非減少，而是快要達到爆炸的程度了。」❷正因為哲學釋義學在當今哲學和文化界處於這種主流的地位，而施萊爾馬赫又是公認的現代哲學釋義學的奠基者，他對當代哲學的重要性才日益受到學術界廣泛的關注和熱烈討論。所以，我們在研究他的哲學思想時，就不能不深入地探討其釋義學思想的真實特徵和對哲學發展的獨特貢獻。

一、施萊爾馬赫釋義學產生的思想資源

　　釋義學雖然是個含義極廣的概念,包含了人類對以任何形式、在任何時候和地點出現的有關原文解釋問題的全部反思。但在西方語義中，它卻永遠不是中國古代以考證為特徵的校勘學或訓詁學。因為在西方，釋義學無論把其對象限制在多麼狹窄的領域裡，它總是要思考解釋和理解原文的方法及規則這樣的一般性問題。在施萊爾馬赫之前，釋義學傳統雖然源遠流長，但因為總是按照局部的特殊對象去探討解釋和理解的方法問題，所以釋義學仍然只是局部的

---

❷　[美] R. E. 帕爾默(Palmer)：〈解釋學〉，參見《哲學譯叢》，1985年第三期，頁23。

(regional)，而非一般的方法論體系。但正是對眾多的局部釋義學方法的思考，引發出施萊爾馬赫試圖確立普遍的人文科學方法的構想。因此，局部的釋義學是其創立普遍釋義學的外在的思想資源，而施萊爾馬赫本人強烈的哲學方法論意識，翻譯柏拉圖著作的經驗和作為牧師及神學教授對《聖經》理解的經驗，則構成了其創立普遍釋義學的內在思想資源。

1.外在的思想資源

在施萊爾馬赫之前，釋義學均把原文注釋的規則和方法作為自己的中心議題，但這些注釋的規則和方法是從屬於原文的特殊對象的。譬如，對法律條文的闡釋方法同對《聖經》的闡釋方法就大為不同。法律釋義學專注於法律條文注釋方法及規則的制定，而《聖經》釋義學則專門探討如何闡釋《聖經》的方法。所以，從前的釋義學有兩大特點，一是局部性，它從屬於專門的學科，文學、夢、法律、《聖經》均是釋義學制定其方法的重要領地。正如當代德國釋義學大師伽達默爾(H. Gadamer, 1900–)所說：「凡是在沒有出現直接理解的地方，也就是說，必須考慮到有誤解可能性的地方，就會產生釋義學的要求。」　❸二是強調闡釋的技術性和方法論。可以說，凡是有釋義學要求的地方，也就有方法論要求的出現。因此，傳統的局部釋義學，尤其是《聖經》釋義學和法律釋義學的方法論規則為施萊爾馬赫提供了第一手的思想資源。作為一個偉大的哲學家和神學家，在對從前釋義學思想資源的利用過程中，他明確了自己的創新使命：消除傳統釋義學的局部性，使其特殊的方法論上升為普遍的關於理解原文的方法論。

---

❸　伽達默爾：《真理與方法》，上海譯文出版社，1922年版，頁232。

　　具體說來，在施萊爾馬赫創立普遍釋義學方法論的過程中，馬丁・路德的神學釋義學、文藝復興時代的語文學和赫爾德對民族文化個性差異的尊重，構成他的直接理論前提。

　　馬丁・路德既是一個注重實際的宗教改革家，同時也是一個注重純粹精神的神學詮釋家。他對德國思想文化的最偉大的貢獻，是賦予人們自由思想的權利，人們必須用《聖經》本身或用理性的論據來反駁教會解釋《聖經》的特權。整個德國哲學都是在這種精神自由的陽光雨露下誕生出來的思想果實，正如德國著名詩人和思想家海涅(Heinrich Heine)所說的那樣：「思想自由開出的一朵重要的具有世界意義的花朵便是德國哲學。」❹施萊爾馬赫不僅作為哲學家，而且作為著名的新教神學家，當然直接從馬丁・路德那裡吸取了神學釋義學的思想資源。這一思想資源即是路德派提出的《聖經》「自解原則」(das Schriftprinzip)。這一原則表明，人們既不需要傳統以獲得對《聖經》的正確理解，也不需要一種外在的解釋技術以求對文字多種含義的確定，《聖經》的原文本身就有一種明確的、可以從自身得知的意義，即字面意義。為了合理地獲得這種字面意義，路德和他的追隨者發展出一種對施萊爾馬赫頗有影響的原文解釋的方法論原則：即原文的總體意圖要從部分中概括出來，而一切個別細節都應當從上下文(contextus)的前後聯繫中去確定。這種整體和部分的釋義學循環，後來被施萊爾馬赫發展成相當完備的方法論。

　　然而，釋義學存在的必要性，以及它成為一種久遠的傳統之原因，就在於字面意義僅靠文本自身是難以確定的。尤其是《聖經》，它像一本現代的朦朧詩一樣，簡直就是隱秘意義的密碼語言，僅靠

---

❹　海涅：《論德國宗教和哲學的歷史》，北京，商務印書館，1974年版，頁42。

字面的解釋根本確定不了它的意義。路德派的原文自解原則又有意排除了傳統在理解中的作用，這就使釋義更加困難重重。為了獲得更為有效的釋義方法，施萊爾馬赫還需借助於其他的思想資源。

赫爾德 (J. G. von Herder, 1744–1803) 對各民族之間文化差異的尊重和強調傳統中的歷史因素，為施萊爾馬赫設想出完整的釋義學方法提供了啟示。既然每個時代，每種文明對統一的文本都有其自身的獨特理解，那麼就必須承認這種理解的合理性。浪漫主義時代的釋義學正是將赫爾德所提示的這種多種意義的相對性合法化了。整個中世紀、文藝復興時代，宗教改革和啟蒙運動時期，都有一種共同的信念，即古代的文本（特別是《聖經》）在統一的意指範圍內具有獨一無二的意義，詮釋的全部工作，就在於超越歲月的時間性磨損，找回在歷史中失去的意義。它們各自都自稱克服了教條主義的或是其他的歪曲而恢復了原文的本義。但赫爾德開始的浪漫主義釋義學通過對時間性的肯定，使恢復原義的詮釋意向發生了根本動搖。除去意義的多元性之外，浪漫主義也使釋義學的範圍擴大了。在對異教的著作和對《聖經》文本的歷史考察中，必須考慮產生這些作品的整個文化背景,是誰在什麼情況下撰寫了這些著作？恢復這些著作的原意，意味著將原文重新放回到它從中產生出來的那種文化環境中去,同時也必須同樣重視作者的個性和當時的心理。這些均是施萊爾馬赫汲取浪漫主義時代語義學資源的思想成果。

對施萊爾馬赫創立普遍的釋義學方法論給予直接推動的理論先驅，不得不提到語文學家沃爾夫(F. A. Wolf)和F・阿斯特。前者是施萊爾馬赫的老師和在柏林大學的同事，他也是叔本華的老師，對古典文化的研究，造詣頗高。在文藝復興運動中發展出來的語文學，本來就具有深刻的釋義學旨趣，這個運動作為對古希臘文化的

復興運動，復活了逐字逐句考證的興趣，關心的是如何擺脫隱喻的解釋和思辨解釋的累贅，重建真正的（希伯來文的和希臘文的）本文，以便重新恢復本文已經喪失了的真義。因而語文學的詮釋方法比起法律釋義學和《聖經》釋義學更有一般的文化學意義，而較少特殊性意義。因為它關心的是一般的公共性的書面語言的意義問題。F・阿斯特是謝林哲學的門徒，他在1808年出版的《語法、釋義學和批評的輪廓》一書中明確提出了「理解的循環」。 即「個別只有通過整體，反過來整體只有通過個別才能被理解」的方法論，直接被施萊爾馬赫所利用和改造。

當然，這些外在的思想資源只有經過其內在經驗的純化和內在方法論意識的陶冶，才能真正成為其思想的資源。

2.內在的思想資源

施萊爾馬赫的釋義學思想產生於其思想發展的中後期。這時，他對柏拉圖著作的翻譯已大功告成，他對宗教的解釋，尤其是他對基督教的講道，既生動又深刻，已深入人心。翻譯工作的經驗和基督教神學詮釋的經驗，都使得方法論意識本來就很強烈的施萊爾馬赫「牧師」有條件思考關於理解的一般方法論問題了。因為翻譯工作所面對的，一是公共性的語言，二是賦予這語言以個性風格的作者。對前者而言，翻譯工作所費心的，就是如何把自己陌生的一種語言（而對作者而言則是母語），轉換成一種自己熟悉的語言；對後者來說，則是要盡量準確地把握作者的思想意義和語言風格，不因兩種語言的轉換使其原意損失、語言風格改變。翻譯經驗本身對於一般文化和歷史之流傳物的理解就有著方法論的意義。施萊爾馬赫在著手創建普遍釋義學時，正是靠著翻譯經驗的支持，把語法的解

釋（針對的是語言）和心理的解釋（針對的是作者）看作是釋義學方法的兩大法寶。

　　解釋《聖經》的豐富的神學經驗起著同樣的、甚至可以說更為重要的作用。作為一位大學神學教授和牧師，施萊爾馬赫每天都要面臨著如何把《聖經》的密碼語言，轉變成生動、通俗而富有感召力的語言之問題，在這一點上，他取得了異常的成功。他的講道，既傳播了神的啟示與語音，從而服務於神道；同時他以自己鮮明的個性，生動的語言和富於感情的聲調，讓聽眾領悟了《聖經》的微言大義，獲得了靈魂上的啟迪和安慰，從而又服務於人道。正因為他對《聖經》詮釋的成功，在他周圍形成了一大批喜愛他的聽眾，許多人常常說，如果聽不到施萊爾馬赫的講道，他們就再也不想聽任何講道了。神學的釋義經驗，實際上是一種意義創造性轉化的經驗，是退回到兩個主體之間的心靈空間，淨心地聆聽和生動地表達之經驗。沒有這種經驗，就不會有施萊爾馬赫的釋義學。正如沒有藝術的經驗，就不會有伽達默爾的釋義學一樣。翻譯的經驗、解經學的經驗總是以原意為目標，方法服務於對原意的準確轉達；而伽達默爾的藝術經驗則以新意的創造性生成為目標，方法已不起作用，重要的在於天才式的領悟。由此可見，內在的經驗從根本上決定了施萊爾馬赫釋義學的基本取向。不理解這一點就不能合理地明白其釋義學的內容和使命。

二、施萊爾馬赫釋義學思想的創造性

　　施萊爾馬赫被公認為現代釋義學的奠基人，這是由於他對釋義學理論的一系列創見，使釋義學第一次上升為哲學的高度。在此之

前，釋義學局限於個別領域的原文詮釋，哲學方法論意識尚未覺醒；在此之後，哲學方法論的聲響已被破壞，釋義學已在方法論的根底實現了其存在論（本體論）的轉向。

因此，施萊爾馬赫的釋義學是一個里程碑，具有承前啟後的重要作用。對於前人，他的釋義學像是容納百川的大海，以其普遍而統一的理解藝術，消除了「百川」的特殊性和差異性，上升到哲學方法論的高峰。對於十九世紀甚至二十世紀的後來人，他的釋義學既以其一系列獨創性的理論啟發了釋義學的語言轉變，使客觀主義釋義理想長久地印在了兩個世紀後人的心中，同時也以其藝術性的暗示，有助於反客觀主義的釋義學實現其超越方法論的存在論轉變。

1.釋義學觀念的重新確定

施萊爾馬赫既是個神學家，同時也是個哲學家，這使得他與一般的神學解經學者和一般的語文學者在考慮釋義學問題時具有不同的思維定向。解經學者只關注於經文的特殊解釋方法，正像語文學者只考慮古典文獻的原義一樣，這都是從所要解釋的特殊對象的內容上尋求解釋的特殊方法。而對於施萊爾馬赫而言，他雖然認為解釋和理解是緊密相聯的，正如用話語確定下來的思想和內在於頭腦中的思想一樣。但釋義學涉及的解釋問題實際上都可歸結為理解的問題，它探討的應是理解的技巧(die subtilitas intelligendi)，而不是解釋的技巧 (die subtilitas explicandi)。因為理解是內在的領悟，而解釋只是外在的說明，所以理解更為根本。其二，他不再在理解的特殊內容上去尋求釋義的統一性，而是擺脫所有內容上的特殊性，返回到思想「內容」由以產生的根源之處，即語言這裡，尋求釋義的統一性。施萊爾馬赫所要求的乃是一種普遍釋義學的哲學方法論

上的要求。它不僅適用於特殊的理解對象，而且要適用於一切原文的理解問題。

這種要求之所以適當，乃是因為所有理解問題都是同語言打交道。無論是對《聖經》的理解，還是對法律文本和古典文獻的理解，儘管它的內容上是不同的，但它們都是以語言這一共同的媒介而存在的。只有弄清了語言同思想的原始關係，才找到了理解原文作者整個思想內容的一般途徑。這樣一來，對語言的理解藝術，就對一切原文理解具有著一般方法論的意義。

考察共同的語言，這一點雖然對整個二十世紀的西方文化（無論是哲學還是美學和文學）是一世紀性的根本轉變，但對釋義學而言，也許並不新鮮，因為它一直在同語言打交道。但施萊爾馬赫在此作出的非常關鍵的一個重大突破，在於區別了語言和話語（或言語）。在他看來，語言(Sprache)是無限的(ein Unendliches)，它既有其自然的方面，也有其總體性(Totalität)；但話語(Rede)是個體性的，是對公共語言的獨特運用，「詞語的表述只是同一個不同的現在相關，就此而言是偶然的。」❺所以，話語既凝聚著歷史，又是言語者個性和生命的窗口(Lebensmoment)。這樣，施萊爾馬赫比現代著名語言學家索緒爾 (Ferdinand de Saussure, 1857–1913) 早一個世紀的時間作出了對二十世紀文化產生最廣泛影響的語言和話語的區分。正是這種區分，施萊爾馬赫特別典型地使釋義學的觀念向「有意義的對話」(das bedeutsame Gespräch)擴展，「並且，釋義學也就不僅根植於倫理學（因為在他看來，倫理學是研究人類自由活動規律的科學），而且根植於物理學（因為語言有其自然的方面）。但倫理學和物理學又重新返回於辯證法（因為辯證法的古老語義就是有意義

---

❺ 《釋義學》§3，《施萊爾馬赫選集》卷四，頁138。

的對話），作為知識統一性的學科。」❻在這裡，他第一次使釋義學擺脫了作為輔助性的學科的思想，使之成為獨立的哲學，成為人文科學的普遍方法論。

不過，施萊爾馬赫正確地看到，語言既是思想的媒介，同時也是誤解的根源。這種誤解正是因為語言和話語之間的差異造成的。他認為，思想是一種內在的言說(Sprechen)，而話語是外在的思想。語言的含義是共同的，而話語的含義則是大有差別的。這樣，就使得理解困難重重。因為解釋者和他所要理解的對象——話語——並不處在同一個層次上；或者所要理解的是由我們完全陌生的外國語構成的思想作品，或者所要理解的是由我們同樣陌生的古代語言組成的作品，這裡時間上（古今）和空間上的（母語和外語）距離構成了正確理解的障礙。即使是同一個國家的同一時代的人，理解他人的作品，同樣也有一個理解上的困難，這就是每個人在不同心境上、不同言述方式上都對共同的語言作了個性化的使用，從而賦予了語言一種活生生的新的含義，這就使得理解者和作者的話語之間有了心理上的和個性上的差異。這也是誤解產生的重要根源。施萊爾馬赫敏銳地看到，理解之所以必要，不在於人們不理解 (Unver-standnis)，而在於人們的誤解(Miβverstand)。因此，凡是在不能直接產生理解的地方，凡是有誤解產生的地方，就有釋義學的要求。在此意義上,施萊爾馬赫對釋義學作出了這樣的一個否定性的定義：「釋義學是避免誤解的藝術」。❼

雖然釋義學的所有任務和唯一目標現在都包含在這個否定性

❻ 《釋義學》§5，《施萊爾馬赫選集》卷四，頁139。括號內的解釋為筆者所加。

❼ 《釋義學》§15，《施萊爾馬赫選集》卷四，頁145。

的表達中，但施萊爾馬赫同時要求「這種藝術只能從一肯定的形式中發展出它的規則來，這便是對所予的話語『之意義』作歷史的和直覺的(prophetische)，客觀的和主觀的重建，❸施萊爾馬赫把這四種形式的重建不是看作外在分裂的，而是內在包含的，即客觀─歷史的，客觀─直覺的；主觀─歷史的，主觀─直覺的；這裡的「客觀」指的是關注語言的公共含義，而「主觀」指的是把「話語」作為「心靈的事實」；「直覺的」是指理解者內心的揣摩、預感和頓悟，把話語看作是言說者的生命窗口，從這個窗口開啟一個完整的精神世界；「歷史的」是說每個話語只能通過話語所從屬的整個生命歷史的知識才能被理解。沒有這四個方面的理解的相互內在，就不可能避免誤解。而若有了這四個方面理解的協調統一，「還可以這樣來表述『釋義學的』任務；與原作者(Urheber)同樣好地或比他更好地理解他的話語。」❾

　　這裡我們看到施萊爾馬赫為釋義學連續作出了三個界定。這三個界定，外表上看似乎不同，但它們是完全一致的。可以說，它們構成了釋義學任務的三個不同的階段。「作為避免誤解的藝術」這一否定的定義，是對釋義學的最基本要求。每一個試圖理解或解釋原文的人，若不能以避免誤解為要求的話，誰能相信他的理解或解釋的含義呢？如果釋義學的理解要向真正的「有意義的對話」擴展的話，對話的雙方不以正確理解為前提，而是不斷誤解對方的話語，那麼這種對話不僅無法進行，而且即使進行下去也一定是毫無意義的爭吵。就此而言，把避免誤解作為釋義學任務的基本規定，是具有重大意義的。

---

❸　《釋義學》§18，《施萊爾馬赫選集》卷四，頁146。

❾　《釋義學》§158，《施萊爾馬赫選集》卷四，頁146。

對所予的話語進行系統的重建，這是從肯定方面對釋義學任務的進一步規定，是對前一否定定義的深化。沒有這種系統重建，就不可能完成避免誤解的任務。而重建原作者的話語意義世界，又是最能體現施萊爾馬赫釋義學特色的地方，筆者曾經把他的這種學說稱之為釋義學的「意義重建論」。❿ 這種重建論不僅反映出整個近代哲學認識論的特色，而且也是整個十九世紀人文社會科學對抗實證主義進攻的方法論堡壘，直接影響了狄爾泰的釋義學定向。在當代，它不僅間接地構成了伽達默爾釋義學批判反思的前提，而且也具有許多著名的追隨者，如義大利的貝蒂 (E. Betti)、美國的赫施 (E. D. Hirsch, 1928–)均把重建原文的客觀意義作為釋義學的根本任務。

第三個規定，既可以說是對釋義學任務的最高規定，也可以說是完成意義「重建」的雙重標準：達到與作者同等程度的理解，或者達到比作者更好的理解。但問題在於，這樣的理解如何可能呢？在施萊爾馬赫的個人經驗裡，無論是他對柏拉圖著作的出色翻譯，還是他作為牧師對《聖經》的充滿吸引力的講道與闡釋，都使得他對達到這種理解充滿了樂觀、自信。因此，他根據自己（翻譯、解經、藝術欣賞）的經驗，為完成釋義學的任務確立了兩種法寶：語法的解釋和心理的解釋。語法的解釋就是根據文化上共通的語言性質分析作者的話語特徵，從語法的一般規則去確定作者話語的正確含義；而心理解釋就是把話語當作透視作者生命的窗口和個性表現的工具以理解獨立的作者。總之，只要這兩種理解相互內在，貫通一致，在嚴謹的語義分析和成功的心理轉換的統一中，把原文固有的、在交流和欣賞中所失落的意義客觀地再現出來。

---

❿　參見拙文〈伽達默爾解釋學的意義生成論初探〉，載《德國哲學》第九輯，北京大學出版社，1991年版，頁98。

　　但問題在於，按照施萊爾馬赫指點的這兩種方法，真的就能完成重建原意、避免誤解的任務嗎？若不能完成，他的釋義學觀念是合理的嗎？下面我們分別對這兩種方法予以考察。

2.語法的解釋

　　語法的解釋是通過語法的一般規則去確定語言含義的一種解釋方法。從歷史上看，語法的解釋(das grammatische Auslegen) 並非施萊爾馬赫的獨創，在他之前的語文學、解經學以及法律釋義學中，一直都是釋義學的主要關心所在。之所以如此，是因為語言要表達內在的思想，要同他人進行外在的交流，就必須有公共的語言法則和運用形式，否則語言就會成為個人的夢囈，而剝奪了交流的可能性。表面上看，施萊爾馬赫提出的語法解釋的任務同前人也無多大的不同，它是從語言的公共性語境理解作者原意的方法和藝術。但實際上在他對語法解釋的規定中作出了一系列的創見，被伽達默爾讚譽為「很有卓識的論述」。❶

　　首先，施萊爾馬赫關注語法解釋的重要性，並非只是後來被伽達默爾大加發揮的理解的語言性，而是基於他對語言和話語的獨特區分，把理解的對象從書面語言擴展到一般的話語結構所實現的一種根本的轉變。在這裡，無論是寫下的文字（書面語言）還是話語（口語及詩歌、演說）都已經是對公共語言的一種獨特的運用，其含義發生了某種程度的改變。但是這種改變是基於公共語言之客觀意義的，也必須符合於一般的語法規則。一方面，正是由於這一點，使我們的理解成為可能；另一方面，任何原文（包括文字的和口語的）對語法規則的運用，又不可能是機械地運用，而是藝術地運用，

---

❶　伽達默爾：《真理與方法》，圖賓根，1975年德文第四版，頁174。

這就使得我們的理解不可能憑藉機械地考慮語法規則所能完成，而必須是一種藝術性的重建活動。

但問題在於，釋義學所要重建的語言的客觀含義是否存在呢？如果不存在，無論是機械地還是藝術地重建，都是無濟於事的。因為人們不可能去重建一個從未客觀存在過的東西；如果存在，人們為什麼對於一部作品的意義從來就難以取得共同的意見呢？

原則上，施萊爾馬赫是承認語言的客觀含義的。這裡的「客觀」指的即是語言的公共意義。如果沒有這種公共意義，語言就不可能成為人們交流的工具。正是這種客觀的、公共的意義才使理解成為可能，它構成了釋義學避免誤解、重建原義的前提和基礎。

在這裡要特別強調的是，儘管施萊爾馬赫原則上承認語言的客觀含義，但他的釋義學並不是讓人去重建一般語言系統的客觀含義，而是要理解話語的客觀意義。他認為，話語並不能完全看作是語言的記號，而只是對語言之無限含義的一種具體的確定和運用。「如果話語不能理解為語言的記號，那麼也不能理解為精神的事實，因為語言的先天性限制或改變(modifizieren)了這種精神。」 ❷語言系統的無限的未定性含義是不可重建的，但話語的具體含義卻可通過獲知它的語境關係而讓人們達成一致性的理解。那麼，話語的這種語境如何確定？施萊爾馬赫釋義學的藝術重建，事實上就正是要藝術地重建話語的這種原始語境。正如伽達默爾正確地指出的那樣：「語言就是一種表達場地，對於施萊爾馬赫來說，語言在釋義學領域的優先地位意味著：作為解釋者的人把本文看成獨立於它們真理要求的純粹表達現象。」 ❸這就是說，在施萊爾馬赫的釋義學中，它

---

❷　《釋義學》，《施萊爾馬赫選集》卷四，頁140。

❸　伽達默爾：《真理與方法》，版本同前，頁184。

關注的不是語言的真理（真實）要求，而是作為表達現象的話語的真理要求。話語是一種自由的創造活動（表達是創造活動），由話語構成的原文是這種創造的藝術品。因此，按照天才美學的原則，要理解天才的藝術品的「客觀」意義，就只有重構這一創造活動，即回返到這一創造活動所由開始的原初關係之中。重構一創造活動的原初關係，也即重構這一作品之話語的原始語境。在此意義上，施萊爾馬赫把釋義學看成是對修辭學和詩學的一種回返活動。語法解釋就正是在這種重構性的回返活動中去把握話語的公共意義，包括作者本人未能意識到的東西，即無意識地表現於作品中的意義。

　　語法的解釋經過這種限定，其任務就易於完成了。因為解釋者現在是要與作者達成共同的理解而不是與原初的讀者或其他的讀者達成一致。而解釋者要達到的與作者相同的，或比作者更好的那種理解，並不是指對原文所意指的對象的真理的理解，而是只指對原文的理解，即對作者的話語所意指的和所表現的東西的理解。把解釋的任務放在對原文話語意蘊(Sinngehalt)的理解上，實際上就剝奪了作者本人解釋的權威性。因為作者本人在反思其作品時，他就成為他自己的讀者，像其他的讀者（解釋者）一樣，他也是直接面對著原文話語的意蘊。因此他和其他解釋者是處在同一個層次的，應當被理解的東西不再是他自己的反思性的自我解釋，而是原作者無意識的意見。並且，誰從話語上理解了一個用陌生語言寫的原文，誰就明確認識到了這個原文的語法規則和撰寫形式。原作者雖然遵循這種規則和形式，但並未加以注意，正如詩人創作他的詩歌時，他根本不會刻意注意自己的語法規則一樣，因此，後人對詩人的理解必定比詩人對自己的理解更好。在此意義上，施萊爾馬赫作為釋義學任務所提出的「與作者同樣好地或比他更好地理解他的作品」

這句名言，「講的幾乎是不言而喻的東西。」（伽達默爾語）但卻完成了一項重要的理論成就，使解釋者和作者處於同一個層次上，共同面對作品話語的意蘊，這種意蘊構成了解釋的唯一標準。

實際上，施萊爾馬赫語法解釋的整個理論魅力和困境都表現在這裡。如果不重構話語的原初語境，解釋者和作者就不能處在同一層次上進入「思想對話」，理解就會成為一種被動接受的機械過程，而不會成為藝術創造的過程。在這裡，他發現了真正理解活動的一種理想的先決條件；如果不以原文話語的意蘊為解釋的唯一標準，強調「更好地理解」，就會為任意的解釋打開方便之門。因此，強調釋義學是創造性地重建原文話語的語境和強調以話語的意蘊作為客觀的標準，的確為一般釋義學奠定了方法論基礎。

當然，從深層次看，我們仍可懷疑，語法的解釋能夠完成把握原文話語之意蘊的任務，甚至也懷疑對藝術作品的理解能按照這種尺度而被充分地把握。因為對一創造活動的重建，或原初語境的重建，畢竟已經不是原來的創造活動和原來的語境了。正如施萊爾馬赫自己說的那樣，每一部藝術作品的可理解性，只有一部分是得自於其原來的規定。當藝術作品脫離這種原始關係而轉入到交流之中，它們就不再是自然的和原來的東西，失去了它的本來意義。它就像某種從火中救出來的東西一樣，已經是傷痕斑斑了。這種規定當然也是適用於文字性的藝術作品的理解的。正由於理解的語言性具有這種特點，當代西方釋義學泰斗伽達默爾放棄了重建原意的工作，反對在方法論上下功夫，由以作者的話語為中心轉向了以讀者為中心，徹底否定了作者賦予原文以客觀意義的權威性，完全承認讀者現時性理解的合法性和相對性，給予讀者前理解結構——偏見——的合理地位。這實際上既不可能避免陷入相對主義的泥潭，也從根

本上為任意性的解釋大開了方便之門。

　　在這裡，至為重要的問題在於，弄清楚到底話語在多大程度上、在何種情況下會發生誤解？無法達成理解的原因到底在語言上還是在社會的交往結構及其意識型態權威話語造成的壓抑上？誠然，我們承認：由於語言的多義性以及由公共性語言向個體性話語的轉換，構成了語言意義的深度空間，原文話語結構同讀者之間的間接對話關係，造成了語言意義的時間性流變過程，以及話語本身同原文整體之間非同一性，等等，都造成了誤解的可能性、確切理解的艱難性。正因為如此，施萊爾馬赫的語法解釋試圖重建作者原初話語的語境，使讀者從一開始就置身於如同和作者共處的直接對話關係之中，消除時間距離造成的誤解的可能性；同時又通過「釋義學循環」方法在單個的話語和整體性文本之間，在作者的個體性話語同語言的無限性之間，在本文的文字同它的意義以及這種意義在其文化背景中的精神理路之間進行來回的重建和創造性的闡釋。這樣就可消除語言的時空距離造成的誤解，基本上達到對作者原初話語之含義的確定性理解，搞清作者說了些什麼，是怎麼說的，也弄清了作者自己在何種程度上可能誤解其所用的語言，也明白了讀者可能會在什麼層面上誤解作者。因此，達到了這樣的理解，就可以說完成了釋義學避免誤解、理解作者原意的任務。現代釋義學的錯誤之處就在於，把確切理解的不可能性與理解的不可能完全混淆，把難於確定作者意指的全部含義，說成是作者意指的含義根本不存在。如果是這樣的話，不僅施萊爾馬赫同狄爾泰這樣的力圖重建作者原意的方法論釋義學沒有存在的必要，所有的釋義學，不論它是作為服務於其他學科的輔助性工具的，還是直接闡發生命意義之本體論的，都無存在的必要。因為，如果語言的含義根本就不能確定，理解根

本不可能，人們還要坐到一起「對話」，這難道不是浪費時間嗎？

事實上，當代釋義學為了使釋義學變成對生存意義的闡明，已敗壞了釋義學的傳統。放棄對作者原意的追尋而探討解釋者本人的生存論意義，這是另一個更為深層次的問題。施萊爾馬赫開創的語法解釋的意義就在於，它堅持理解他人（作者或作者創造的人物）的生命意義，要通過理解他的思想，而要理解他的思想就要理解他的話語。其話語的確切含義（深層奧義）是無限可解釋的，而他的話語的一般含義並不是不可理解的。釋義學的語法解釋的一般任務，就在於只探究作者的話語可共有的，即可傳達的含義。因此，在此能夠提出探討的唯一問題是：解釋者如何把握作者意指的語義而不誤解它？這可以說是釋義學真正的問題之一。施萊爾馬赫的理論對此作出了令人信服的回答。因此，在當代也不乏卓越的追求者和繼承人。美國釋義學家赫施正確地看到了這一點，並不斷維護施萊爾馬赫的釋義學觀點。他說：「釋義學的目標也就必定是基於眾所周知的事實而對如下這一點獲得某種默契：正確的理解是大致地被達到的。因此，這裡的問題並不在於解釋者是否能肯定他所作出的解釋，而在於作者所意指的含義是否能夠被解釋者所見出。」❹

當然，施萊爾馬赫也正確地看到了，語法的解釋只能理解作者話語所傳達出的公共含義，至於更為深層的生存論意義，則是它所無能為力的，這必須有賴於另一種理解的藝術，即對作者個體性的生命表現的理解藝術。承擔這一任務的，是所謂的「心理的解釋」。

3.心理的解釋

語法的解釋通過回返到話語的原初語境來確定作者的語言域

---

❹　[美]赫施：《解釋的有效性》，北京，三聯書店，1991年中文版，頁26。

(Sprachgebiet)及其相互聯結的方式(Verknüpfungsweise)，從而把握原文的可傳達的公共含義和整個作品的統一性。但是，施萊爾馬赫同時也看到，原文理解的困難表面上是語言問題，而更深層的是語言背後的人的問題。因為正是人——作者——賦予了語言這種或那種微言大義。這樣，語言的理解問題也就變成了對「你」或「他人」的理解問題。釋義學對話語原初語境的回返和重建，同時也包含著回返到「你」或「他人」的心理個性特徵上來。語言的特定含義正是表現著這種特定時刻的心理個性特徵的。因此，在施萊爾馬赫看來，語法的解釋必定要同時與心理的解釋相結合，才能完滿地完成重建原文含義的釋義學任務。

　　總體說來，施萊爾馬赫把「心理的解釋」(die psychologische Auslegung) 同時也看作是「技術的解釋」(die technische Auslegung)，或者說，「技術的解釋」被包含在「心理的解釋」之中。因此，在我國，學者們普遍地把這兩者籠統地等同起來了。實際上，只要我們讀一讀施萊爾馬赫的《釋義學》原著，就很容易發現，這兩者在理解的方法上是很不相同的。不明白這一點，就很難理解他的釋義學的真正特色。

　　我國古代文論把閱讀（釋義）活動看作是「通作者之意、開覽者之心」的功夫。施萊爾馬赫則認為，釋義不僅僅是在語法的意義上「通作者之意」，還要在生命活動的意義上「通作者之心」，並且，只有「通作者之心」，才能真正地「通作者之意」。「意（義）」在更深層上是「心（靈）」的表達，「心意」才成為生命活動的「事實」或符號。但無論是「心」還是「意」，都不是直接顯明的，這就需要「釋義」工作去「開覽」，即把作者真實的「心」「意」「解開」並清楚地「展示」出來。由於作者的「心」「意」是通過他的話語

表現出來的，因此，「正如我們在語法的『解釋』方面把作者看作是語言的工具(Organ)一樣，『在心理的解釋方面』，則同樣可以把作者看作是形式(Form)的工具，看作整個精神生命的類型。」❶語法的解釋要處理的是作為公共交往工具的語言同作者個性化運用的個人話語之間的關係，而心理的解釋則要處理整個文化的精神生命同作者個體生命之類型的關係，兩者都以語言為媒介。在語法的解釋視野內，「語言」是話語的「形式」，「話語」是確定的「內容」。在心理解釋的視野內，「語言」是一般精神生命的「形式」，而以話語所表現的個體生命則是作者的個性特徵之風格化。所以，正如語法的解釋是要重建話語的原初語境，以確定語言域一樣，「心理解釋的任務，自為地看，一般地就是把每一所予的思想情結(Gedankenkomplexus)解釋成某一特定人物的生命的窗口。」❶

在此，我們不得不問，把話語構成的思想情結看作是個體生命的窗口，為什麼就是「心理」的呢？這種解釋同心理學到底具有何種聯繫呢？

實際上，這裡涉及的是「我思」與「我在」的關係問題。它把「思」看作「在」的顯現或表現，或者說，把語言看作是直言「我在」的形式。施萊爾馬作為一位語言大師，這種深刻的洞見實質上蘊育著釋義學領域內的一場驚天動地的革命的契機。因為一方面，他使釋義學的理解第一次突破了語義解釋的藩籬，進入到了個體內在的精神和心靈領域；另一方面，或者說更為重要的方面還在於，他洞悉出個人對語言的理解和使用，是其生命（生活）介入語言的機緣，語言不僅能夠表達「我思」，而且還在昭示著「我在」。無論

---

❶　《釋義學》，《施萊爾馬赫選集》卷四，頁162。

❶　《釋義學》，《施萊爾馬赫選集》卷四，頁155。

是狄爾泰發展出來的作為精神科學普遍方法論的歷史生命釋義學，還是當代伽達默爾立足於現象學和生存哲學創造的語言存在論釋義學，都是以施萊爾馬赫的上述洞見為出發點的。不過，區別在於，狄爾泰是直接把語言看成是個體的生命表現 (Lebensäußerungen)，在歷史意識的引導下，通過體驗和理解的循環進入到「他者」的「客觀」精神之中，❶比施萊爾馬赫的「語法」和「心理」二元方法論大大推進了一步。但他們兩者都預設了一個在「我在」之「生命表現」的背後存在的「客觀意義」，作為理解重建的目標和標準。而伽達默爾則更為直截了當地繞過「我思」的方法論環節，放棄了對原文的客觀意義之關注，完全從語言的存在論（本體論）出發闡述個體的生存意義。然而，施萊爾馬赫的獨特性就在於，在他那裡，「思」決不是可以輕易繞開的偶然的東西，相反，釋義學之作為理解的藝術，關鍵就在於重建「思」的意義。對「我在」的生命表現，也只是通達「思」的橋梁和方法。繞過「我思」的原意去闡發「我在」的意義，無疑是文不對題，找錯了目標。因此，施萊爾馬赫雖然在某種意義上發現了語言的存在論屬性，並且從中可以了悟個人的生命表現，但這種生命表現僅僅是照亮通向原文之思想幽境的一個窗口和燈塔，而並非釋義學所要達到的目標本身。釋義學的目標只是作者的思想原意，理解這種思想原意，不僅僅要把握原文的文字意義，更重要的還在於把握作者的生活、心理及其整個內在精神世界的特色和風格。對後者的把握之所以被稱之為心理學的方法，乃在於這種理解一方面需要理解者從自己的內心世界進入他人的內心世界，進行心理上的轉換；另一方面，這種心理轉換的實質，乃是完

---

❶　參見狄爾泰：《歷史理性批判綱要》，載《狄爾泰全集》卷七，1927年德文版，頁205–210。

全忽視和否定理解者自己的個性，從而在心理上完全再現他人的心境意圖。

如何能夠完成這種心理解釋的藝術課題呢?施萊爾馬赫認為:「我們必須返回到說者和聽者的關係。」 ⑱這是一個非常深刻的洞見，二十世紀歐洲大陸語言哲學的深刻性，就是在說和聽的關係中深入到作為存在之家園的語言之中的。在釋義學中，對話首先不是「說語言」，而是「聽語言」。「聽」別人說了什麼，說的是什麼意思。因此，人只有在真正「傾聽」的時刻，才能被「語言」召喚「回家」， 領悟語言的真正含義。也只有在真正「傾聽」的時刻，進入別人的內心世界才是可能的。所以，施萊爾馬赫首先要求返回到說者和聽者的關係，作為心理解釋的關鍵，是尤其適當的。因為這是一種在心理上設定的最真實的對話關係，思想的聯繫在說者和聽者所處的這種關係中是同樣的。之所以是同樣的，乃在於施萊爾馬赫認為在說和聽的關係中存在著語言的一致性(Gleichheit或等同性)，因而理解說者的語言和思想就像理解自己的語言和思想一樣，產生了一種自我理解。這是一種最為理想的對話關係，解釋者由於有先於理解的「傾聽」而進入了作者言說的語言之中，因而可以說，對話雙方有著某種共同的「語言」。這種「共同語言」的獲得是以「聽者」的沉默為條件的。所以說，施萊爾馬赫所設想的是一種最理想的原始對話關係。但在大多數情況下，理解他人的真正困難，正在於雙方所說的是兩種不同的語言，你說你的一套，我說我的一套;或者說者表達的是一個意思，而聽者聽出的卻是另一個意思。正因為如此，理解才顯得特別重要。而他不顧這一事實，假設聽者完全沒有自己的不同理解，或者聽者可以忽略自己的個性，趨向於認同

---

⑱ 《釋義學》，《施萊爾馬赫選集》卷四，頁155。

說者的話語，實現心理上的完全置換。在此意義上，施萊爾馬赫的心理闡釋忽略了理解的最為艱難的課題。

4.技術的解釋

如果心理解釋的任務能夠這麼簡單地完成，那麼施萊爾馬赫為此制定的一大套心理解釋的藝術也就失去了它的魅力。可喜的是，他也意識到實際的困難比此要大得多，但堅持認為，理解他人的心理，進入他人的精神世界，「應該」有這樣的一個前提條件。當然僅從這一點出發，施萊爾馬赫的這一設定才是有意義的。為了進一步探討心理解釋的藝術，他還讓人們注意到另外一個重要的差異：「即在未定的、流動的思想行程(Gedankengange)和已經完結了的思想情結 (Gedankenkomplexus) 之間的差異」。前者如同在河流之中，從一種思想到另一種思想的轉化是無限的，不確定的，沒有必然的聯繫；而後者是在封閉的(geschlossenen)談話中，一切都與一個特定的意圖相聯繫，一種思想必然地規定著另一種思想，因而可達到其目的，這個系列也就有其終點。在這裡，施萊爾馬赫又進一步作出了心理的解釋和技術的解釋之區分。他說：

> 在第一種情況中，個體化的、純粹心理的東西居統治地位，在第二種情況中，向著某種特定目標前進的意識「居統治地位」，因而結局就是預謀的(Vorbedachtes)、方法的和技術的。因此，釋義學的任務在此方面分為純粹心理的和技術的。⑲

在這裡，純粹心理的解釋，面對的是作者和讀者的開放式的對

---

⑲　《釋義學》，《施萊爾馬赫選集》卷四，頁156。

話關係，其中，沒有事先確定的意圖和目的，兩個活生生的思想精
靈面對一個話題展開思想的對話，留下的是思想的行蹤，如同奔騰
不息的河流；而技術的解釋是把原文作為封閉的整體，把其中的思
想作為凝固的話語，理解者按作者凝固下來的話語的意圖與之達成
理解的一致，從而理解其思想和人格。這種區分表面上看是很明晰
的，但實際上也很難截然分開。因為理解活動的對象，無論是用文
字固定下來的原文，還是他人活生生的人生過程，都涉及到思想的
無限行蹤和符號化的確定意圖，兩者是無法區分的。在同一作品中，
我們從文字出發，既可讀出某種確定的意圖，也能聽到作者心靈跳
動的脈搏和生命超越沉淪的氣息，兩者是合而為一的整體。因此，
施萊爾馬赫作出心理和技術的區分，實質上乃是告訴人們一種從動
中求靜，從靜中求動，或者說從差異中求統一，從統一中求差異的
理解方法。如果把兩者截然分開，無論是純粹心理的解釋還是技術
的解釋，都是難以理解的。施萊爾馬赫無疑清楚地意識到了這一點，
因此，對兩者的區分又作了進一步的說明：「純粹心理的和技術的這
種相對對立的方法，可以這樣作出更為明確的解釋：前者更多地關
係到從個體的生命窗口出發『探求』其思想的形式，後者則更多地
是對一種由起點發展出系列來的思想和表達意圖(Darstellen-
wollen)的回返。」[20]

　　在這裡，施萊爾馬赫還是把純心理的解釋和技術的解釋看作是
同一理解過程的兩個不同的階段：一種是從起點到思想的形成過程，
一種是從思想成果到起點的回返過程。心理的解釋作為起點的東西，
就是決定作者思想發展的思想萌芽，從這個萌芽出發，發現其思想
形成的過程。而解釋者只有從作者表現於文字中的生命窗口中才能

[20]　《釋義學》，《施萊爾馬赫選集》卷四，頁159。

領悟到這一作為起點的思想萌芽。因而心理的解釋從根本上說，是一種「頓悟的理解」；而技術的解釋，因它在總體上屬於心理的解釋，並有別於語法的解釋，所以從一般意義上看，其出發點也是把一種思想狀況或者一種思想系列看作是從一種生命活動發展而來的結果。就是說，在語法的解釋中，語言是個體話語的符號及其組合，而在技術的解釋中，語言是個體生命的符號及其表現。但技術的解釋在理解的方向上與心理的頓悟是相反的，即從原文的內容和形式之構成要素的相互關聯出發，返回到思想的起點或萌芽，這種方法實質上是推論的或綜合的。

但是，在解釋的步驟上無論作出多麼細致和明晰的區分，當他把心理的解釋和技術的解釋看成是理解的兩種不同的階段，而不是同一理解階段中的兩種不同的方法時，他的這種區分的必要性和可行性是大可令人生疑的。因為正如他所一貫倡導的那樣，原文理解的過程並不是從起點到終點，又從終點到起點的線性循環。只要是「循環」，「起點」和「終點」的區分就不再是確定不移的，它們的聯結方式也不再是線性的，而是一個不斷擴展其內涵和外延的同心圓。每一次產生的理解，都是圍繞這個圓心所作的圓周運動。因此，無論是純粹心理的「頓悟」式的理解，還是技術方面的「綜合」推論式的理解，都只能圍繞著作者的「思想萌芽」（圓心）所作的進一步對話的創造性關係。

在這裡，無論是理解還是評價這兩種不同的理解方法，要都聯繫到施萊爾馬赫賦予它們的根本任務：即通過對作者個性的理解達到對原文原意的重建。整個心理學的解釋（包括純粹心理的和技術的）歸根到底是以直覺為基礎的，這種直覺是一種把自己置身於作者的整個創作中的活動，一種對一部著作撰寫的「內在根據」的把

握，對一種決定作者思想發展的思想萌芽的確定，因而是對作者創造性活動的模仿和重建(Nachkonstruktion)。施萊爾馬赫的內在困境就表現在：我們作為原文去理解的思想創造物或思想情結，並不能按照它的客觀內容（即原文所說的事物）去理解，即它不是一種共同的關於事物的思想，而只是個體的思想。個體的思想又只是其生命的自由表現，以至於原文也成了一種表達個體生命的藝術形式。「思想創造的差異必不僅受制於言說者的對象和個體性，而且也受制於藝術形式(Kunstformen)的差異性。」 ❷ 所以，作為個別生命存在的自由構造、表達和自由表現的藝術性思想創造物同其重建原意之間的巨大矛盾，一直是施萊爾馬赫難以克服的問題。當他以克服誤解為己任、重建作者原意時，他總是堅持解釋者與作者（最初的讀者）要處於同一層次，解釋者要防止自己的主觀隨意，防止自己的生命要素介入到作者的原意之中，以此作為理想的先決條件。而當他把作品看作是生命之自由創造和表達的藝術品時，他在任何地方都追求自由創造的元素，甚至解釋者和作者之間的「對話」也是「自由的對話」， 是類似於審美欣賞的創造性過程，而不機械地模仿作者的過程。這種折磨人的困難，的確不是施萊爾馬赫個人的理論困境，而是所有試圖客觀地去理解他人的人都必然要遇到的困境。正因為如此，釋義學在二十世紀六〇年代之後成為一門世界性「顯學」，成為人們思想對話的前沿陣地。所以，不管人們是否在內心真的能夠理解施萊爾馬赫的苦心，但對他從普遍方法論的角度把釋義學發展成哲學的一個專門學科，尤其是對他首開心理學解釋方法的大門，均是充滿讚美之辭的。狄爾泰充滿景仰地把施萊爾馬赫稱之為「現代釋義學之父」，而伽達默爾則明言「施萊爾馬赫的特殊貢獻

---

❷　《釋義學》，《施萊爾馬赫選集》卷四，頁159。

是心理學解釋。」㉒這些評價對於施萊爾馬赫而言當然是十分客觀而公正的。但是對於其釋義學方法的合理定位，則遠不是這些隻言片語所能確定的。我們必須從更為廣闊的視野來思考它。

三、施萊爾馬赫釋義學方法的理論意義和局限

眾所周知，近代西方哲學對科學方法論的崇拜和迷信，是人類歷史上空前絕後的特色。在此之前，自然科學或者是「哲學女王」庇護下的一株小草，或者是專橫獨斷的神學宮廷之中的一名婢女，沒有自己的獨立地位和尊嚴。只有到了近代，實證科學才衝破了神學的禁錮，從哲學中分化出來，逐步確立了自己的獨立地位，並以其對自然規律的客觀發明和對人類生活的巨大作用而贏得了普遍的讚賞。哲學也從高高在上的「女王」寶座上墜落下來，把為自然科學奠定基礎的認識論（或知識論）作為自己的第一使命。在認識論成為「第一哲學」（在古希臘「本體論」才是「第一哲學」）後，如何以自然科學為榜樣，發現正確而合理的認識方法，以確保更準確而有效地通達「真理」，便成為哲學家殫思竭慮的主題。因此，作為近代哲學開端的兩位哲學家培根和笛卡爾都是以其確立自然科學的方法論模型而確立起自己作為哲學家之地位的。前者以經驗歸納方法開創了經驗主義認識論和方法論的學派，而後者則是以幾何學的原理建立起演繹法，從而開啟了唯理論的方法之河。這樣洶湧澎湃的方法論洪流，沖出英格蘭和法蘭西，流經德意志，在整個世界上

㉒　伽達默爾：《真理與方法》，圖平根，德文第四版，頁175。

產生著巨大的影響，以至於後來泛濫成災。

施萊爾馬赫所生活的「後康德時代」，雖然人們在康德思想的指導下，對於各有偏頗的經驗和唯理論之方法上的不足已經有了深刻的認識，但是對於以自然科學為榜樣所確立的方法論本身在多大程度上有助於「真理」的發現，尚缺乏有意義有意識的反省。這時的哲學家們，無論是康德，還是謝林，甚至作為文學家的歌德和後來的叔本華，都對自然科學方法論具有崇高的敬畏。他們或者能直接躋身於科學家之列（如康德），或者在參與科學問題的研究中能夠保持自己與科學家平等對話的權利（如歌德的光學研究和謝林的醫學研究等）。在此情況下，出於普遍的對於方法論的迷信，施萊爾馬赫重新闡釋古老的釋義學，試圖把它確立為理解原文的「技藝學」(Kunstlehre)是有其重要意義的。

首先，重新啟用和提升釋義學，可以說正是對自然科學方法論局限性的一種預感，為開闢一條新的方法論作理論的準備。因為無論自然科學的方法多麼嚴密，它都不能直接應用於一切文化典籍的認識和理解。雖然對以語言符號為載體的人類精神文化的認識和理解，要像自然科學那樣，追求客觀的真理（真實），但畢竟需要另外一套不同於自然科學的方法論，這正是施萊爾馬赫創立普遍釋義學的初衷：就是要為這些完全以語言凝固下來的精神事實找到一種合理理解的方法。這些用語言凝固下來的精神事實均有著類似於解釋《聖經》的特點，其意義既見諸於文字，又同特定作者和解釋者的信仰、氣質、個性及其生命緊密相聯。釋義學方法論的重要性無疑正是填補了這個以自然科學方法論不可解決的領域的理解問題。雖然就施萊爾馬赫本人而言，他並不一定完全自覺地意識到了釋義學的對象領域同自然科學方法論領域之間有著多麼明顯的區別，但

他以其對《聖經》解釋和古典文獻翻譯的理解經驗給予後人的啟示，就正是認清了釋義學這個原文理解的領域同自然科學所要解釋的領域是完全不同的。他的重要意義就在於通過創立普遍的哲學釋義學方法推動了人文精神科學方法論的興趣，推動了人類認識領域從自然向人類精神文化領域的擴展和向心理領域的邁進。正是在施萊爾馬赫的直接啟發之下。狄爾泰才明確地作出了「精神科學」和「自然科學」兩大領域的劃分，進一步闡明了釋義學只是探討「精神科學」的方法論。因此，雖然對釋義學的這種方法論定性的關鍵性話語是由狄爾泰說出來的，但無疑是施萊爾馬赫首先開創了這一重要領地，才使得狄爾泰能夠達到這種自覺的意識。

其次，施萊爾馬赫的釋義學方法論致力於客觀化的理解，極力避免誤解，並從語法的解釋，心理的解釋和技術的解釋諸方面探討了合理理解原意的技藝，其中包含著許多深刻的洞見。這些洞見均啟示了當代釋義學的反思，其奠基性地位是不容輕易否定的。即使是他的客觀主義目標本身，儘管有伽達默爾的激烈反對，但從深層看，他同伽達默爾之間仍然是不矛盾的。因為伽達默爾本人也是反對對原文作任意解釋的，針對施萊爾馬赫的「比作者本人更好地理解作者」這句話，伽達默爾指出：「這句精心炮製的方法論名言，直到今天還被誤用為任意解釋的特許證，因而相應地受到人們的攻擊，同語文學家的行業精神也極不協調。」❷如果以為伽達默爾反對方法論，同時也就是反對對原文作客觀的理解，那將大大誤解了伽達默爾。以伽達默爾反對方法論（實質上他是反對對自然科學方法論的迷信）為由，進而否定施萊爾馬赫客觀理解的精神，無論在什麼時候，都是極不應該的。不管他提出的「比作者本人更好地理解

❷　伽達默爾：《真理與方法》，圖平根，德文第四版，頁82。

作者」能在多大程度上實現，但只要有對原文的理解現象存在，這種理解就不應該是任意的，曲解的，而首先應該考慮原意是什麼，作者說了些什麼，這是一個基本的要求。沒有客觀精神作引導，人文精神領域的研究就有可能成為任意曲解的天堂，這將導致人文科學領域內的全面混亂和人類精神的更大危機。因此，合理地承認客觀主義釋義學，是當代人文科學領域內十分重要的課題。

第三，他對語言和言語的區分，對如何正確理解作者話語的創造性語義，作出了十分精要的技術闡明，這的確是現代語言哲學的一大思想資源。正確地發掘這一思想資源，不僅對於認清現代語言哲學的起源、背景有著巨大的歷史意義，而且對於把握歐洲大陸語言哲學同英美語言哲學的不同旨趣，從而合理地判定當代哲學的發展趨向及其各自的意義，是極有價值的。

當然，我們不能也不應隨意拔高施萊爾馬赫釋義學的現代意義，更應從現代的立場上，反省它的局限。其主要的局限表現在：

其一，片面地強調釋義學必須回返到作者的原意，而對讀者創造性理解的價值不予承認，並把它作為「主觀性」的東西予以否定和排除。

其二，沒有明確地區分能夠重建的到底是原文的「含義」(Sinn)，還是原文的意義(Bedeutung)。按照施萊爾馬赫的本意，他要重建的，實際上只是原文的「含義」，即作者的「本意」，但一部作品的意義是不必要重建的，因為它是隨著時代的不同，文化的進步而不斷變化的。

其三，與第二點相聯繫，施萊爾馬赫的客觀主義釋義學沒有考慮理解的歷史性。他雖然明確意識到了話語是個體生命參與語言公共含義的機緣，這種機緣實質上就是一種特定歷史存在中的時刻，

這本應讓他注意到話語含義的歷史生成性，但是，為了追求理解的客觀性，為了回返到作者的原意，他寧可把這種最具創造性和生動現實感的話語的歷史性含義當作一種手段，一種工具而不予重視，最終讓位於語言本身的超歷史的客觀含義上來。這是伽達默爾最激烈反對的一點。倘若在釋義學中不承認理解的歷史性，就不可能有對釋義學問題的真正解決。

指出一種歷史上的思想體系的缺點是容易的，也是必要的，因為正是前人留下了種種的「缺點」，才為後人提供了創造性思想的空間。但是，後人卻不能因這些缺點去非難古人。因為這些「缺點」是以後人的眼光找出來的，這在當時，或許根本不是他所要解決的難題所在。如果以我們後人的眼光去非難古人，才是真正的非歷史的態度。

第五章　施萊爾馬赫的美學

施萊爾馬赫一直是作為一名神學家而著稱於世，對於他的美學，人們一直知之甚少。有的人甚至還從根本上否定他有自己獨立的美學思想。實際上，施萊爾馬赫從早期在柏林認識浪漫主義的首領施萊格爾以後，他的內在意識就對美和藝術敞開了大門。他甚至還在施萊格爾的指導下，常常嘗試著寫詩。雖然他不可能成為詩人，但在他身上卻存在著非凡的詩人氣質。也許正是靠著這種氣質，他才真正找到了在內心深處通往神性的道路，使他的思想本身無不散發出令人振奮和賞心悅目的美感來。

不過，施萊爾馬赫系統地思考美學這個剛剛獲得獨立地位但尚未成熟的學科，是於 1819 年第一次在柏林大學講授美學開始的。1825年，以及1832-1833年他又重覆地講授這門課。這就使得他的美學思想在時間上遠遠落後於與他幾乎同時出名的謝林，以及晚於他身後的黑格爾和叔本華。他的美學之所以一直沒有引起人們的重視，可能也與此相關。當然更重要的是，在他有生之年，他未能完成一部美學方面的專著。他留下的唯一的美學文獻，是經他的學生收集和整理，於 1842 年才出版的他的美學講稿。❶作為講稿而言，

---

❶　《美學講座》由Lommatsch發表，柏林，1842年版。現收於《施萊爾馬赫全集》第三部分卷七。

一般地總有語言不太精練和學術性不太高的缺點，因為講授的對象是一般的大學生，這遠不如專著能表達出作者閃光的思想。所以，他的《美學講座》出版後，受到了許多人尖銳的批評。赫爾巴特派的美學史家齊默爾曼(J. Chr. G. Zimmermann)粗暴地說這部著作是一堆廢紙，「完全是言詞的遊戲，哲學的零碎和辯證法的信手拈來之物。」❷唯心主義史學家哈特曼 (E. von Hartmann) 說這部著作是「一篇年老體弱的佈道者在下午作的花言巧語的佈道詞」， 如果要使它變得令人卒讀，至少要減少它四分之三的内容，認為同黑格爾的美學相比，「根本沒有提出任何新的東西。」❸

在筆者所掌握的有限資料中，只有意大利美學家克羅齊對施萊爾馬赫美學的價值作出了極高的肯定。他說：「在德國，十九世紀上半葉是眾多的和喧鬧的哲學定理產生的時代……在所有這些喧鬧中，平庸的哲學家比那些有價值的哲學家更為嘩然作響和緊緊地抓住他們唯一的財產即言詞不放；一些謙虛的和坦白的思想家，一些沉思事物的哲學家卻敗北，不被聽從和缺乏影響，並在那些吵鬧的或徒有虛名的人群中感到狼狽不堪。這並不令人驚奇。我們覺得，這似乎就是施萊爾馬赫的情況。他的美學學說很少被人所識，儘管在這一階段中，它可能是最值得注意的。」❹

---

❷ 齊默爾曼：《美學史》，維也納，德文版，頁608–634。轉引自[意]貝尼季托・克羅齊：《作為表現的科學和一般語言學的美學的歷史》，北京，中國社會科學出版社，1984年版，頁155。

❸ E. V. 哈特曼：《論康德以來的德國美學》，德文版，頁156–169。轉引自[意]貝尼季托・克羅齊《作為表現的科學和一般語言學和美學的歷史》，北京，中國社會科學出版社，1984年版，頁155。

❹ [意]貝尼季托・克羅齊《作為表現的科學和一般語言學的美學的歷史》，北京，中國社會科學出版社，1984年版，頁154。

對於這兩種絕然相反的評價，我們漢語學界如何作出我們自己的判斷，這只有依靠我們對施萊爾馬赫的美學作出深入地研究。

一、施萊爾馬赫的美學定向

自從鮑姆伽登(A. G. Baumgarten, 1714–1762)把「美學」命名為 "Ästhetik" 以來，德國古典美學家們就一直在探討「美學」的對象究竟應該是什麼？或者說「美學」在人類精神領域裡的位置到底何在的問題。康德把「美學」確定為「判斷力批判」，謝林認為「美學」應該是「藝術的哲學」，而「藝術的構成就是規定藝術在宇宙中的地位。」黑格爾也接受了謝林的這種觀念。施萊爾馬赫也是從給美學定向開始他的美學建構的。在《美學講座》的第一部分一開頭，他就明確地表達出他的獨見：

> 美學思辨部分的首要任務，就是根據我們所採用的方法，探尋藝術活動在倫理學中的位置。❺

表面上看，這一規定是無法理解的。西方美學史自古希臘至今，把美與德聯繫起來的可以說不乏其人，但把美學看作是在「倫理學」中探尋藝術活動的位置，施萊爾馬赫完全是這樣說的第一人。要能理解這一規定，我們首先得弄清楚，在施萊爾馬赫思想中，「倫理學」到底指什麼？

我們已經知道，施萊爾馬赫是個著名的古典語文學家。出於他對古典文獻的熟知，在哲學上也完全偏愛使用古希臘人的詞彙。按

---

❺　《美學講座》，載《施萊爾馬赫選集》卷四，頁94。

照古人的詞彙學，他把科學分成物理學和倫理學兩部分，前者是包括所有自然事物的科學，後者是研究人的所有自由活動的科學，相當於後人所說的「精神科學」或「文化科學」。就是說，語言、思維、藝術、宗教和道德都被包含在倫理學中，倫理學不僅僅是關於道德的學說。他說：

> 如果我們把倫理學作廣義的理解，即不把它僅僅理解為在道德和義務學說之形式下的東西，那麼在倫理學中理應就能確立人類精神自由活動的規律，以至於由此出發也能把握住通過這種自由活動而成為可能，也必將變成現實的一切東西。❻

在對倫理學作了這種廣義的理解之後，我們便可明白，所謂美學的首要任務，是在倫理學中探尋藝術活動的位置，起碼具有兩個相互聯繫的意義：其一，它指出了我們應在其中找到美學基礎的倫理學究竟應是什麼樣的倫理學；其二，它指出了美學的第一要務，就是在人類自由活動中尋找藝術活動的基礎及其基本規律。

如果僅僅是從把美學限定在為藝術活動尋找基礎並確立審美的藝術品之創造規律上面的話，那麼可以說，施萊爾馬赫的美學定向基本上與謝林和黑格爾是站在同一路線上的，或者說，他沒有說出什麼新的東西來。但問題在於，他要在倫理學中為藝術活動尋找基礎和規律，決不僅僅是為了故作深沉而繞圈子，最終落實到自由活動上來，而是要在整個人類文化創造領域裡指出美和藝術的基礎和地位。因此，他確立的應該說是一種美學研究的文化視野，即從時代、民族、精神風貌及文化諸種型態：哲學、道德、宗教、科學

❻ 《美學講座》，《施萊爾馬赫選集》卷四，頁97。

等方面構成的自由活動的總體中，來確定藝術活動的位置。這種文化的視野，後來在法國史學家兼批評家丹納 (Hippolyte Adolphe Taine, 1828–1893)那裡發展成為相當系統而完備的方法。他在其著名的《藝術哲學》中，按照種族、環境和時代三大因素考察藝術品及偉大藝術家產生的規律，早已征服了漢語學界的精神。丹納的這種研究方法可以說同施萊爾馬赫所說的「在倫理學中探尋藝術活動的位置」是完全一致的，其實質便是施萊爾馬赫在其作為「理解的藝術」的「釋義學」中作出系統論證的部分與整體循環的方法。就是說，每一部藝術作品的產生及其意義都不是孤立的。它們從屬於作者的全部作品之總體。包括藝術家所在藝術流派或藝術家群體的總體以及更廣大的社會風俗趣味與時代精神的總體。只有同這種不同層次的文化整體相聯繫，不斷地同特定個人的藝術創造個性之間進行來回循環地考察，才能深刻地闡明藝術活動的創造規律，找到藝術創造的深刻基礎，並找到理解單個藝術品意義的鑰匙。所以，施萊爾馬赫對美學所作的這個基本定向，完全超越了德國思辨美學的抽象性，在文化精神的自由創造活動中更能讓人看清藝術活動之實實在在的基礎，其學術意義是不容低估的。

當然，一種美學體系的價值不僅僅表現在為美學合理地定向，而且在某種程度上，更重要的還在於能夠對藝術的創造規律本身作出深刻的洞見。在此方面，施萊爾馬赫同樣留給了後人豐富的遺產。

二、藝術活動的特徵

藝術活動從屬於倫理學,也就是說它是一種自由創造的活動。但在倫理學中所包含的所有文化活動在某種程度上都可以說是「自

由創造」的活動，那麼藝術到底屬於哪一種自由創造呢？藝術的自由創造要遵循什麼樣的規則呢？

為了回答這個問題，施萊爾馬赫首先將人類自由活動區分為「同一性的活動」(identisehe Tätigkeiten) 和「個體性的活動」(individuelle Tätigkeiten)。「同一性的活動」追求一致性，以同樣的方式行事，以同樣的方式存在；而「個體性的活動」則以多樣性為前提，以差異和區別為特徵。同一個活動，既可以是同一性的活動，也可以是個體性的活動。例如，當我們一般地設想思維時，我們就會把它視之為同一性的活動，因為這是人與人之間相互理解的前提，否則溝通就不可能。但事實上，每個人都在一種特定的語言中進行思考，這其中就蘊含了多樣性。這就如同感覺活動一樣，我們對一個事物的感覺，既不可避免地會受到大眾共同感受的影響（同一性活動），同時又為自己的特殊意願所左右（個體性活動），沒有同一性的純粹個體性的感覺是無法傳達的，而每一種對於美的特殊感覺，又總是內在地要求具有普遍一致性。這就是人類自由活動的普遍特徵。

在此，人們不得不問，藝術活動到底屬於哪一種自由活動呢？當人們去考察某門具體的藝術時，就會發現它們總是存在著同一性的。例如，繪畫藝術都是對形象的感性塑造，音樂藝術都與聲音的運動節奏相關，那麼，我們可以說，藝術活動就是同一性的活動嗎？施萊爾馬赫作出了否定的回答：「從自在自為的角度看，藝術不是為了創造同一性，而是為了創造某種特定的印象。」❼但是否就可以反過來說，藝術就是為了表現個體差異性的活動呢？也不是。因為藝術的創造雖然總是以創造出新奇的富有個性差異的產品表現出來

---

❼　《美學講座》，《施萊爾馬赫選集》卷四，頁100。

的，但是，從根本上說，藝術並不直接表現每個人的多樣性和差異性，而是每個群體之間的多樣性，即從民族差異上表現出來。沒有一個民族會與另一個民族具有相同的審美觀，因為沒有哪個民族會與其他民族具有完全相同的感覺方式。反過來說，就民族外部而言，藝術是差異性的活動，而就民族內部而言，則又具有某種程度上的同一性，創造本身就會體現出某種群體的傾向。所以，施萊爾馬赫總結說：「從實際的事實來看，藝術家只是為了民族的緣故而進行創造，藝術品永遠只是他的民族的產品；如果這個觀點成立的話，那麼由此就可得出結論：藝術與民族差異性相關，並且本質上在自身之中包含著這種民族差異性。」❽

可以說，自赫爾德以來，民族文化的差異性一直受到了人們的尊重，這就意味著人們應該平等地對待不同民族的文化價值問題。然而，隨著黑格爾《歷史哲學》的完成，歐洲中心論，尤其是日耳曼民族優越論在其所謂的理性辯證發展的藍圖中達到了頂峰，這就使得他們以一種自大狂的優越感去對待別的民族文化。正像古代中國人把華夏文明以外的文化稱之為野蠻的「夷」、「狄」一樣，西方人也用「野蠻」來稱呼歐洲以外的文明型態。在此情形下，施萊爾馬赫強調藝術本質上含有民族差異性，要在民族的創造性活動中尋找藝術的基礎，找到藝術的起源，的確是西方藝術理論的一次昇華。在美學史上，開創了從民族的審美情趣、生活風俗和精神文化（即從倫理活動）中考察藝術之花繁榮昌盛之根源的先河。晚於施萊爾馬赫近一個世紀的德國藝術史家格羅塞 (Ernst Grosse, 1862–1927) 就是從考察原始民族的生產方式、家庭的風俗習俗、實際活動和遊戲，及其宗教、道德等等被施萊爾馬赫稱之為「倫理學」的文化活

❽　《美學講座》，《施萊爾馬赫選集》卷四，頁100–101。

動入手，找到藝術起源和發展的規律。從他的著作《藝術的起源》成為西方美學史上經久不衰的經典名著來看，施萊爾馬赫的上述觀點的確屬於卓見。正如格羅塞視他的工作為一開創性的藝術史考察方式所說的那樣：「在一塊從未有人探索過的新境地，誰都不可能找到許多無價的事實，只要找得到路徑，就應當知足了。」❾而這個正確的路徑，實際上在施萊爾馬赫這裡就找到了。

施萊爾馬赫之所以得出這一科學的理論結論,從理論上說無疑受到了赫爾德思想的影響，從實踐上說，則是對德國中期浪漫派——海得堡浪漫派藝術實踐的科學總結。在海得堡浪漫派中，布倫塔諾(Clemens Brentano, 1778–1842)、阿爾尼姆(Achim von Arnim, 1781–1831)和格林兄弟(Jacob Grimm, 1785–1863和Wilhelm Grimm, 1786–1859)，這些代表人物都是從開拓民間文學遺產，吸收民族文化素材的過程中，取得輝煌的藝術成就。像《男童的神奇號角》和《格林兄弟童話》等均成為世人喜愛的藝術傑作。從民族文化差異性中尋求藝術的基礎和起源，後來也成為指導各個民族的藝術家從事藝術實踐的一條重要規律，以至於在當代「越具民族性，就越具世界性」已成為超越藝術領域而廣被採用的一條方法論法寶，在發展民族文化藝術的實踐中起著重要的作用。以音樂為例，能在世界音樂史上占有重要地位的音樂家，無一不是從本民族的民間音樂素材中吸收養料而一舉成名的，像格林卡(M. Glinka, 1804–1857)之作為俄羅斯音樂之父以及由他的精神和方法孕育出來的「強力集團」；德沃夏克(Antonin Dvorǎk, 1841–1904)之作為捷克民族音樂家，西貝柳斯之作為芬蘭音樂之父等等均說明這一重要原理的適宜性。正由於這一重要原理的重大現實指導意義，現代藝術以

---

❾ 格羅塞：《藝術的起源》著者序。

至於後現代藝術，儘管流派紛呈，但都有一個鮮明的特色：即從原始的民間文藝，或原始部落的遊戲中去尋找藝術表現的原始生命。其原因即在於，藝術雖然是遊戲，但決不是無謂的遊戲。只有表現出事物內在的生命活力的遊戲才能成為藝術。而真正的生命活力，人類最旺盛的意志力決不是在成熟的或程式化的文明生活中，而是在民族生活的最原始的質樸性中，在充滿野性而本能的自然性中。因而，只有在這種民族風情的差異性中，才能找到藝術生命的真正搖籃。

就此而言，可以看出，施萊爾馬赫雖然是個傑出的注重宗教生活的神學大師，但他以其敏銳的宗教靈感和直覺，比謝林和黑格爾等追求絕對精神的美學家更能真正地站在「現實」的大地上，作出對藝術發展更為有效而真實的科學洞見。站在思辨美學的立場上完全貶低施萊爾馬赫無疑是錯誤的。當然，施萊爾馬赫仍然是德國的，他的思想本身也不可能擺脫他所從屬的那個時代的民族性本身。就是說，他對藝術活動之本質的沉思，也不可能不同德國思辨美學具有某種程度上的「同一性」。這種「同一性」就表現在，他不可能僅僅以藝術同廣義的「倫理學」這種外在的民族差異性的關係中去確定藝術活動的本性，使藝術之為藝術的真正內在本性得不到說明。所以，在闡明了藝術活動的民族差異性之後，施萊爾馬赫立即提出了：「藝術活動是屬於以外化為其目標和方向的活動，還是屬於在人自身內完成的活動？」❿這個對於藝術而言屬於其內在性的問題。

回答這個問題也並不簡單。從現象上看，繪畫和雕刻是外在性的藝術，其活動只有在作品被製作出來以後才算完成，實體化的藝術品成為這種藝術的外在確證。而音樂似乎是內在的，其旋律和聲

---

❿　《美學講座》，《施萊爾馬赫選集》卷四，頁130。

音的運動本身即這種藝術的表現。但是，對於表演藝術而言，歌唱家的音樂演唱顯然又屬於外部的活動了。由此可見，從內部活動和外部活動出發，即按在人心之內中完成的和在外部世界中完成的區別出發，確定一個統一的藝術概念，也非常困難。在此意義上，施萊爾馬赫正確地指出：「我們或許根本不應在此道路上去尋求普遍的藝術概念，也許根本就不存在普遍的藝術概念。」⓫這種看法正是現代種種反本質主義思潮之心聲的最早表達。或者按施萊爾馬赫的意思，只能這樣說，在不同的民族、不同的時代都有著不同的藝術概念，藝術的民族差異性和時代差異性，拒絕導向一種普遍有效的藝術概念。這種概念是符合藝術發展的史實的。因為按照傳統的藝術觀念，現代西方的種種「先鋒藝術」的實驗根本就不是藝術。而現代藝術，作為一種真正勇於冒險的意識，使所有迄今為止的藝術都變成了一種過去了的歷史的記憶，從內容到形式都同傳統藝術發生了全面的對抗和決裂。根據伽達默爾的考察，每當一個時代的藝術發生了和過去藝術概念的偏離（這是必然的現象），那麼「藝術的合理性」就要被提到哲學的法庭前，重申自己存在的權利。⓬

在普遍的藝術概念根本不存在的情況下，美學對藝術本性的反思，只得選擇另一種方式，施萊爾馬赫由此轉入了從藝術品入手的道路。就是說，我們既然不能先驗地從藝術概念出發去衡量什麼是藝術，但我們卻可以反過來從每個民族、每個時代事實上已經認可了的藝術品出發，考察什麼樣的活動真正導致了藝術品的產生，從中發現我們可以歸之於藝術性活動的東西。

在此，人們遇到的一個最古老的活動就是「模仿」。在古希臘，

⓫　《美學講座》，《施萊爾馬赫選集》卷四，頁104。

⓬　參見伽達默爾：《美的現實性》，1975年德文版，前言部分。

柏拉圖和亞里士多德均把藝術同這種活動聯繫在一起。但要知道，「藝術」這個詞在古希臘是指一切可憑專門知識來學會的工作，因而「製作的知識和技能」，即「技藝」。所以，就「技藝」而言，它總是和機械性的模仿聯繫在一起的。正是在此意義上，柏拉圖貶低「藝術」和「詩人」，除了其嚴肅的道德主義的理由外，就在於這種機械性地模仿和製作的「技藝」，和手工業、農業等生產勞動一樣，都是由奴隸和貧民這些沒有什麼藝術修養的人就可完成的活動。但是美的藝術如何同機械性的技藝相區別呢？在柏拉圖那裡，這種區別還不明確，但我們根據柏拉圖對藝術的態度可以認為，這種區別主要在於模仿的對象不一樣。技藝的機械活動模仿的只是感性事物的外貌，而美的藝術模仿的是事物的理念。施萊爾馬赫作為柏拉圖著作的德文翻譯者，無疑深刻領會了其老師的這種思想，但作了較大的改進：他認為，機械性的模仿只是在外部世界中完成的，是工人的作品，而真正的美的藝術品是對「內在形象的模仿(die Nachahmung des innern Bildes)。」是在藝術家心中完成的。例如，雕刻家的藝術創作的過程一般是這樣的：首先在內心形成美的藝術形象，然後用陶土根據內心形象製作出模型，再後就是在堅硬的大理石上根據模型製作出藝術品來。在這裡，模型本身就是對內在形象的模仿，而這個模型所附著的材料，甚至是不能長久存在的，它只是作為原型向那個只是機械地完成的模仿之間的過渡而存在。所以，雕刻家在外部作品中傾注的精力最小，他們將大部分製作任務留給根本不是藝術家的機械工人去完成。這樣，施萊爾馬赫就在柏拉圖模仿理論的啟發下，得出了「真正的藝術品是內在的形象」這一結論，並從這一結論出發，把真正的藝術活動也同樣看作是在內心完成的活動。

在這裡，施萊爾馬赫否認了把機械的模仿視為藝術的錯誤看法，重申了他的德國前輩們一貫堅持的真正藝術品的純粹內在性思想，這在日益機械化的時代是有重要意義的。但是，僅僅把藝術看作不是在外部完成的，而是在人心內部完成的活動，又著實把藝術太泛化了。眾所周知，思維是內在的，那麼是否把思維看作是藝術呢？施萊爾馬赫在此提醒大家注意他對藝術的第一個提示：藝術是差異性的活動。意思是說，思維雖然也是內在性的意識活動，卻是以同一性為基礎的，所以不能是藝術，儘管它也有某種藝術性。人們只能把以差異性為基礎的內在意識活動稱作藝術。按此規定，施萊爾馬赫對理解(Verstehen)活動又解釋不通了，在他的釋義學中，他把理解這種按理說是差異性的活動，看作是要同作者的思想達成一致的同一性活動，然而這並不妨礙他一再地強調「解釋是藝術」（參閱上一章相關之處）。 由此看來，施萊爾馬赫對藝術特徵的這兩種限定，都過於寬泛，其「內在形象」這個概念，如果得不到進一步的說明，即若不能說明以什麼作為這種「內在形象」之藝術性的原型，或真實性的判斷標準，那麼這個概念就完全是空洞的，他對藝術特徵的說明也就沒有深入到真正的本質之中。為此目的，我們要進一步探究他有關藝術真實性的思想。

三、藝術的真實性

對藝術特徵的闡明，必須說明藝術的來源何在？也就是說，必須指明，到底是什麼沉入了主體「內心的形象」之中，使得機械模仿的產品變成了藝術品？柏拉圖、黑格爾和叔本華都指出這是「理念」，席勒說是「活的形象」（即有生命力的形象），謝林認為是顯

現神性的「絕對」。只有指出了藝術的本原，或者說是「原型」，才能說清藝術的真實性。

我們已經指出，施萊爾馬赫所說的「內在形象」是空洞的，因為他沒有進一步闡明這種「內在形象」為什麼顯現於藝術品就能是美的。他只指出了這種「內在形象」不是同一性的，即不是同存在相一致的。因為在他看來，內在的形象只要與存在相符合，就不再是藝術。而藝術的「內在形象」只能是異於存在的東西，即有差異的存在。如何理解這一點呢？其實，這種有差異性的存在構成的內在形象，完全類似於歌德的「特徵論」。歌德在《論德國建築》一書中指出：「這種顯出特徵的藝術才是唯一真實的藝術。只要它是從內在的、單整的、自然的、獨立的情感出發，來對周圍事物起作用，對不相干的東西毫不關懷甚至意識不到，那麼，不管它是出於粗獷的野蠻人的手，還是出於有修養的敏感人的手，它都是完整的，有生命的。」❸由此看來，施萊爾馬赫所說的「有差異的內在形象」，其實就是指顯示事物（存在）之特徵的東西，這種特徵不是人們日常眼光下的一般的特點，而是事物內在的本質，從而作為一種「異在」的形象令人震驚而賞心悅目地被表現出來，成了美的存在。內在的審美意識對這種顯示出特徵的形象的感悟、發現和表現，不是來源於機械地模仿和被動的接受，而是來源於直覺的創造性。這裡的「創造」不是完全主觀的想像，而是要把「特徵」這種最為內在和本質的東西在最具個性的個體中最充滿地顯現出來，從而在有限的東西裡發現無限，在特殊中見出一般。這種思想既是歌德、謝林和黑格爾他們共同堅持的藝術觀，同時也是施萊爾馬赫作為藝術本

---

❸　轉引自朱光潛：《西方美學史》下卷，北京，人民文學出版社，1981年版，頁419。

質特徵的「內在差異性意識」所蘊含的真實內容。

　　只有在這裡,即能作為藝術本原並與藝術本性相一致的地方,人們才能說明藝術的真實性。藝術雖然是差別性的和個體性的內在意識,但純粹的差別和個體是不存在的。個體只有表達了類的意識,差別只有象徵著普遍,有限只有啟示著無限時,這裡才存在著藝術的真實。藝術的真實有別於思維的知性真實,後者追求知識,追求與存在的同一性,而前者追求內在的直覺的鮮明性,追求異於存在的差異性。在這裡,施萊爾馬赫承認所有的藝術也是一種思想(Denken),但它們都不是追求同一性的思想。但作為「思想」而言,都要追求「真實性」, 假如人們在藝術的思想中發現它根本不表達真理,那就是一個糟糕的藝術品了。詩歌藝術、造型藝術、表演藝術,甚至音樂藝術概莫能外。但是,藝術思想表達的真是另一種真,它不是人們在科學的知性思想中所尋求和假定的具有同一性的真。他說:

　　　　試想,如果在一首詩中表現了一種特徵(Charakter),而詩人這時說,這種特徵不真實,那就是對這首詩的譴責了。而當另一個人說,在這裡所描述的個別人物不真實,而是一種虛構(Erdichtung),這就是另外一回事。在這種情況下,思想的存在方式是,在被給予的方式中沒有個別的存在與之符合,但所表現的特徵一般來說仍然是正確的。這種特徵的真實性在於:在這特徵中概括了在各種各樣的方式中的思想和在各種不同處境下的行為。 ❹

----

❹ 《美學講座》,《施萊爾馬赫選集》卷四,頁110。

　　這的確就同我們前面所說的歌德的「典型說」相一致了。藝術中的真，就存在於那個作為「典型」的特徵的差異性中。只要有一種思想與現實的存在相符合，無論它是個別的還是普遍的，那都被施萊爾馬赫視為同一性領域的思想，因而不會是藝術了。即使在肖像畫中，人們普遍地要求要與原型符合，但每一個作為藝術品的肖像畫也都不可能完全符合一個現實的人物，而是對這個人典型特徵的表現。所以，施萊爾馬赫說，純粹描摹的圖畫，不會是藝術品，而是機械的複製品。詩和藝術只表達內在意識的真實，表達個體特徵的真實。

　　當然，藝術的真實性，不能陷入對經驗現實的機械模仿中，也不能陷入典型的內在主觀抽象裡。施萊爾馬赫的思想總是在追求辯證的綜合，防止走入任何一個極端。他說，在藝術家的心中有兩種傾向，一種是接近典型的完善，一種是自然的現實表象，這兩者都對藝術的真實性產生影響。當藝術家描繪現實中給定的某樣東西，畫出肖像、風景畫或個體的形象時，「逼真」往往是個基本的要求。這時藝術家必須放棄創造的絕對自由而要同時追隨現實。但追隨現實並不意味著藝術家要機械模仿現實。肖像畫的價值和成功之處，就在於「相像」、「逼真」，如果它與整體的外表不相符合，那就不成其為肖像畫。但是，純粹描摹的圖畫，儘管有某種實用的價值，但沒有人會稱之為藝術品，原因何在呢？關鍵在於，它只是一種模仿品，而不是在自由的創造性中逼近對象的完善的典型特徵。所以，把純粹脫離現實對象的典型的完善，還是把脫離完善的典型的對現實的模仿，看作是藝術真實性的依據，都只有半瓶子真理。藝術的真實性所期望的，是作為現實表象的理想表象，作為客觀表象的主觀表象。或者說，是立足於創造的模仿和立足於模仿的創造。

四、藝術中的靈感和沉思

藝術拒斥同存在的符合，拒斥同一性，它要讓存在大放「異彩」，表現其類屬的完滿的個體差異，因此，藝術的創造既離不開沉思，也離不開靈感。藝術之所以離不開「沉思」(Besonnenheit)，是因為「有分寸是對藝術品的最基本的要求。」在音樂藝術中，對情緒的表現，要通過聲音的高低、快慢，音高升一點或降一點，節奏快一點或慢一點都達不到理想的效果；在表演藝術中，動作太大或太小，都不能準確表達其意義；在造型藝術中也是如此。因此，如何把握這種「分寸」，除了熟練地運用已有的藝術技巧外，作為藝術家必須通過自己的藝術沉思。藝術之所以離不開「靈感」(Begeisterung) 是因為藝術所要表現的那種作為個體差異性的內心形象，同時就是其類屬的最典型（本質）特徵和生命的完善化。它既是個別的，又是普遍的；既是有限的，又是無限的；既是常見的，又是奇特的。它在現實的理想化、在客觀的主觀化中創造出令人驚異和振奮的生命力四溢的美感來。這種自由的創造，顯然不能來自於知性的思想，邏輯的證明，而只能來自於靈感的創造，感性的直覺。

追求同一性的知性思維依靠的邏輯和推論，而追求差異性和個體性的藝術思維依靠的是靈感和直覺。只有靈感和直覺，才是施萊爾馬赫為藝術所劃定的「直接的自我意識」之內的思維形式，也只有在強烈的「直接的自我意識」中，才能激發出藝術的自由的創造力。他有時把藝術的沉思和靈感同「夢」(Traum) 相提並論，甚至認為，在夢中可以找到藝術的所有本質性的因素：

因為夢，如同上文所說，是這種自由活動的狀態，在其中，思想和意象同時出現。**⑮**

　　在藝術家的生活中，也常常是思想和意象的創造同時出現，這彷彿就成了藝術家創造特定的意象的原因。藝術家也有其夢的狀態：睜著眼的夢。在這種夢中，只有那些有著充足力量的意象才成為藝術品。而一般的夢卻不是藝術品，因為它缺少藝術所需的關鍵要素。同藝術相比，夢是一個模糊的過程，它沒有定性、秩序、連貫性和尺度，它也不需要任何技巧。而藝術家在做「夢」時，需要整理、計算和確定其內心的意象，以引入秩序和規則。這就是說，在靈感直覺中引入沉思。所以，準確地說，如果說靈感和直覺對應於「夢」的話，那麼，沉思則是夢醒時分的理智狀態。後者給無意識的夢境帶來尺度、確定性和統一。沒有夢就沒有思想和意象的創造，沒有沉思，思想和意象的創造就沒有規則、分寸和定性。因此，兩者對於藝術創造而言，都是必不可少的。

五、貢獻和缺陷

　　因施萊爾馬赫美學的原文資料不足，對之又缺乏深入而全面的研究，目前，我們仍不具備對之進行全面評價的條件。我們只能根據我們上文所涉及到的幾個具體問題，對施萊爾馬赫美學的貢獻和缺陷作一簡要的說明，目的在於糾正前人對他的不公正的判斷以及後人對他的美學的不重視。

　　在鮑姆伽登學派那裡，美學雖然獲得了獨立的學科名稱 ——

---

⑮　《美學講座》，《施萊爾馬赫選集》卷四，頁128。

「感性學」—— 但他們卻使美學迷失在建立學科或感性快感理論的無謂努力中。康德之後的德國古典美學，實質上都是在同這種傾向作鬥爭，以防止美學走入錯誤的方向上去。因而，給美學指出一個正確的發展方向，指出它的獨立的地位，正是這時的美學家們思考的出發點。施萊爾馬赫既不滿意於鮑姆伽登把美學界定於感性認識論上，也不滿意於康德僅取鑑賞力（判斷力）為主要對象的方式；當然也不同意費希特把藝術變成一種教育的藝術的做法。在美學的定向上，他更多地傾向於謝林。因為在謝林這裡才第一次明確地指出了美學即「藝術的哲學」，「美學的構成就是確定藝術在宇宙中的地位」，而且謝林對造型藝術的強調和發展造型藝術的貢獻（謝林擔任過幾年慕尼黑造型藝術科學院院長），比之以前的美學家過多地重視「詩歌」，因而更易走出道德的空洞說教和純粹的哲學思辨。在經歷了對當時主要美學思想的考察之後，施萊爾馬赫為美學指出了這個獨特的位置：在倫理學中確定藝術的地位，的確為美學找到了一個現代的方向，為藝術確立了獨立的地位。

因為如上文所述，「倫理學」是研究人的所有自由活動的科學，「倫理學」等同於「文化科學」，美學要在倫理學中確定藝術的位置，實質上就是在人類的文化生活領域確定藝術的位置。這種限定，比之於謝林的「在宇宙中確立藝術的位置」更為具體和明瞭，它更實際地指出了藝術是屬於人類的自由創造活動，屬於人類的文化實踐的領域，從而使藝術區別於自然，使美學區別於自然科學和純理論思辨的學科。但是其不足在於，施萊爾馬赫因此也不適當地否定了自然美的概念，並為此讚揚了本不應讚揚的黑格爾。

他以這個指向文化和人的精神自由創造的倫理學，否定了美學圍繞「美的本質」這個科學主義定向的展開方式，使美學緊緊地圍

繞藝術創造、藝術鑑賞和藝術意識做文章，的確對傳統美學有某種
糾偏之效。他用「藝術的完善」(Vollkommenheit in der Kunst)取代
美的概念，甚至斷言，在一件渺小的和一件偉大的藝術品之間存在
著審美的等值性（由於每一件藝術品在它自身的領域內部是完善
的），這種「審美無差別」的思想，在當代伽達默爾的解釋學中，
受到了特別的關注。❶可以說，現代西方美學的發展，正是放棄了
「美的本質」之類的「形上學」思辨而直接走向關注藝術品和藝術
意識及心理的，這一方面的奠基者，正是施萊爾馬赫。

　　他明確地把美學從屬於廣義的「倫理學」，但拒斥了美學同道
德的關聯。因為藝術的自由排斥任何實踐的和道德的實用目的或效
果。他不願使「美」僅僅成為「善」的象徵，從而區別於康德；也
不願意以藝術的自由為理由，把藝術等同於「遊戲」，從而拒絕了
席勒。

　　在藝術創造的源泉上，他認為藝術有著「直接的自我意識」，從
而使美學從思辨的觀念領域走向了感性意識和心理領域，使美學直
接與情感、宗教體驗有了某種聯繫。但藝術既不等同於情感的直接
流露，也不等同於宗教的虔敬體驗。因為直接流露的情感，沒有「分
寸」和「形式」，沒有「象徵」和「意謂」，不能超越有限的現實指
向內在的無限。而宗教體驗雖然可以指向無限，但又總是被一個外
在的存在(auβeres Sein)所限定，是一「絕對的依賴感」之表現，沒
有藝術的絕對的自由。藝術的直接的自我意識也同知識學相關，因
為在德國唯心主義知識論中，知識也源自「自我意識」，但是，作
為知識論的「自我意識」是理智的自我，思維的自我，確定的自我，
它追求的是與「存在」相符合的同一性的知識；而藝術意識的「自

---

❶　參見伽達默爾：《真理與方法》第一部和〈美的現實性〉一文。

我」，追求的是同一性中的異於存在的令人驚異和神奇的東西，是差別性的、個體性的內在意象的展現。因此，藝術的直接自我意識是情感的源泉，但有別於直接流露的情感；類似於宗教體驗性的超越，但不同於被外在對象所規定的宗教體驗；同知識一樣，藝術也思想，但不是追求同一性的知性的思想，而是要求差異性和個體性的靈感思維。所以，施萊爾馬赫澄清了美學同感性意識（快感和痛感）的混淆，同宗教意識的混淆和同認識論（知識論）的混淆。

施萊爾馬赫也是近代把語言引入美學的最早的人之一，他明確地指出了語言有音樂的和邏輯的兩種要素，前者具有象徵性，後者具有確定性。藝術的語言應是音樂的、象徵的，而科學知識的語言應是邏輯的和確定的。他尤其強調，詩（藝術）的語言，應從普遍的語言中抽象出個體的形象來。這都是他的偉大貢獻。如果他能夠把審美活動很好地同語言活動緊密聯繫起來的話，必將有助於實現美學的語言革命。但是十分可惜的是，施萊爾馬赫更多地是在其釋義學中緊緊地圍繞著語言來談對文本（不僅僅是藝術文本）的理解的技藝，而不是專門就藝術本身或審美意識本身來談論語言問題。因此，整個說來，在他那裡，審美活動和語言活動仍是分開的。原因在於，他仍是把語言看作是抽象的表現工具的整體，而不是把它看作是表現的活動本身，這個本應是他所能完成的美學的語言轉向，被推遲到當代，由被他所啟發的當代釋義學大師伽達默爾來完成了。

最後，我們還要指出的是，施萊爾馬赫雖然使藝術取代美的概念成了美學的中心課題，但是，在他的美學中，人們卻並未發現他對於具體藝術的富於啟發性的精湛分析。其原因並不在於他對具體藝術缺乏豐富的感性知識，而在於他的一些藝術的思想之混亂。一方面，他正確地指出了流行的藝術概念及其分類學說的困境，懷疑

萊辛把特殊的藝術區別開來的依據，並透露出藝術分類和單項藝術的概念沒有美學價值的看法。但是，另一方面，他又從他所理解的藝術的一般概念出發，來對藝術進行分類，即認為具體的藝術形式是從藝術意識中合乎規律地產生的：從直接的自我意識的表象中可以引申出模仿的藝術和音樂（他稱之為「伴奏藝術」）；從對象意識(gegenständliches Bewuβtsein) 的形象中可以引申出象徵型藝術（包括建築、園藝、繪畫和雕刻）；從語言的個體化形象的意識中可以引申出詩歌藝術。他並且竭力給單項藝術下定義並試圖找出它們的界定，有時甚至想從不同藝術的結合中找到一個完整的藝術。這種混亂足以說明他的美學既想挽救藝術的個體性，擺脫抽象的理念論和典型論，但又處處陷入理念論和典型論之抽象的形上學思辨形式中不能自拔。

因此，施萊爾馬赫的美學儘管有著獨創性的貢獻，但也存在著許多矛盾，對它作出一個確定的評語是十分困難的，也許克羅齊的評價才是合適的：

> （對他的）批判好像是譴責，其實是讚揚……在他那個時代的形上學的縱情狂鬧中，「神學家」施萊爾馬赫作為敏銳的哲學家，用眼睛盯住了那些真正具有審美事實的東西並區分了它們的特點和關聯；雖然他未能看清和游離於不定之間，但未沉浸在胡思亂想的研究裡。❼

---

❼ [意]貝尼季托·克羅齊：《作為表現的科學和一般語言學的美學的歷史》，版本同前，頁163–164。

第六章　施萊爾馬赫思想的現代意義和對後世的影響

在漢語裡，「現代意義」往往在兩種含義上使用：一是作者的「現代」，即作者的思想所達到的他那時代的「現代水平」；一是讀者的「現代」，即作者的思想對於讀者所處的時代的意義，實為「當代意義」。本文談「現代意義」，是在第一種含義上的。而第二種含義上的「現代意義」，就是本文所述的「對後世的影響」，即「後代意義」。它著重於闡述作者的思想對後代的滲透、作用和激勵，或者說，是後代對原作者思想的接受、消化、認同與發展。施萊爾馬赫，作為他那時代的著名哲學家、神學家、倫理學家、教育學家和心理學家，以其卓越的思想，推動了他那時代的文化進步，塑造了他那時代的人文精神，滿足了他那時代的心理需要，因而成為其時代的真正知音，當然具有極其深刻的現代意義。施萊爾馬赫的思想又不僅僅是屬於他那時代的，它早已超越了時空的限制，在其身後的文化、思想、宗教和哲學中產生廣泛的影響。對其時代而言，施萊爾馬赫處在文化的中心和前臺，是人們的精神導師和領袖；對其身後的時代來說，施萊爾馬赫仍然活在人們的心中，是人們傾聽、交談和對話的夥伴。

一、施萊爾馬赫思想的現代意義

哲學家的現代意義，總是和他在多大程度上提出、推進和解決他那個時代的文化精神所面臨的問題緊密相關。如果說，康德那一代德國人所面臨的主要文化精神問題，是如何推進德國的啟蒙運動，進一步確立科學理性精神，反對封建專制，追求人的自由、平等和全面發展的「主體性」的話，那麼，在施萊爾馬赫所生活的「後康德時代」，哲學家所面臨的文化精神問題，更多的是對康德所確立的「範式」的反思。通過對現實生活中人們心靈世界的領悟和對康德哲學的研究，施萊爾馬赫從神學、哲學、倫理學、釋義學、心理學、教育學和美學等等方面，推進和建構了德國文化的精神價值世界。可以說，在上述各個領域，均確立了其不朽的豐碑。下面，我們簡要地從三個方面，論述施萊爾馬赫思想的現代意義。

1.神學「現代性」的開拓者

「現代性」主要是標示西方現代「知識狀態」的概念，它包含了精神結構、話語方式、價值傾向、思維方式和意識型態等等。神學的現代性，主要是指，能夠為現代人提供精神信仰的那種神學型態和信仰體系。前面我們已經闡述過，施萊爾馬赫時代的德國，為人們提供信仰的，主要是虔敬主義和理性主義。而且兩者處於尖銳的對立之中。虔敬派強調上帝神性的崇高與偉大，人性的有限性和原罪，因而要通過信仰基督教而得救；理性派強調人的理性的萬能，人的主體性的增強，因而強調通過社會理性化來推動人類進步和世俗生活水平的提高。虔敬派說理性派失去了對上帝的信仰，必定帶

來道德的墮落，生活的腐化，失去內在的靈性；理性派則指責虔敬派拒斥科學，愚昧無知，心靈病態。在虔敬主義神學襁褓中長大的施萊爾馬赫，優於一般虔敬主義者的地方，就在於他深入研究和領會了柏拉圖、亞里士多德、斯賓諾莎，尤其是康德的理性主義哲學，從而能以科學精神為武器，對傳統路德派的正統神學教條進行了大膽的懷疑和否定；而他優於一般理性主義者的地方，就在於，他對神性的虔敬，使他能對理性的盲目樂觀主義和自大狂始終保持著警惕。因此，施萊爾馬赫一直確信，在徹底由自然律統治的世界中，仍有人類必須崇敬的最後神秘之處；可以說，施萊爾馬赫正是把康德的科學理性信念同虔敬派的神學信念有機結合起來，才超越了虔敬派和理性派神學，開創了「現代性」神學的典範。正如漢斯·昆所言：「在施萊爾馬赫身上，我們看到了一個徹底現代人的神學家」。❶

　　這種「現代性」的神學的主要特徵在於：在宗教觀上，不把宗教看成外在於人的儀式，而是從人的內在精神需要、從人的直接自我意識、直觀、情感和靈性出發，把宗教真正發展成人的「心靈的宗教」；在信仰上，把情感和理智結合起來，既不把上帝看作外在於世界和人的萬能的主宰，也不把上帝當作形上學的「實體」和種種知識論的、道德論的僵死的「概念」。上帝是無限發展了的和完善的人性本身，是人的生命活生生的高級潛能，因而成為人本主義的人性理想。在教會觀上，既反對教會與國家政權的合一而導致的專制與腐敗，也反對取消教會的一切偏激行為。他把教會看作是所有虔敬的人自願組成的自由團體，是在一起宣講和傾聽聖言、交流宗教感受、領悟上帝成人的生命之光的場所。因此，「教會史的新

---

❶　漢斯·昆：《基督教大思想家》，1995年，香港中文版，頁170。

時期在他這兒達到了神學上的成熟」。❷在研究方法上，他也自覺採用了啟蒙時期理性主義的歷史批評法，對《聖經》進行了一系列的「解神話」活動，不僅使聖經更易於為現代人理解和接受，而且，他的《聖經》解釋也發展成為現代神學、哲學和文學的普遍方法論；在文化效果上，他的神學思想使他的時代在經歷了啟蒙運動對宗教神學的懷疑、批判和不信之後，又重新確立了宗教信仰，使人既能是「現代的」，又能是「宗教的」，從而也使他自己真正成為人們的精神導師和知音。因此，施萊爾馬赫名副其實地成為「現代性」發軔之際的現代典範神學家，他的著作成為宗教哲學、信仰學、教義學和釋義學的現代經典文本。

2.現代人文精神的推進者

「人文主義」或「人文精神」，無論在中文還是在西文裡，都是一個不易界定的概念。在這裡我們不想陷入概念史的詳細考證之中，而只想從西文的原義，引出我們的基本用法。從詞根來看，西文的「人文主義」(Humannism) 直譯過來，就是「人 (Human) 主義」，「唯人論」，或者說是「以人為中心的學說」。西方的「人文主義」，實質上，並不是指一個統一的哲學學說、一個統一的哲學流派，而是指自文藝復興運動以來，經過啟蒙運動（包括在此過程中形成的種種「人本主義」哲學）、浪漫主義所形成的一種尊重人的價值、地位、注重人的修養，以人為出發點的思想傾向和信仰維度。因此，在這一傳統的演變過程中，不同的時代和不同的國家，以及不同的思想家，他們對人文主義這一文化精神資源所做出的貢獻是不同的。那麼，施萊爾馬赫對人文主義精神的發展做出了什麼貢獻

❷　漢斯・昆：《基督教大思想家》，版本同前，頁170。

呢？或者說，他在何種意義上推進了人文精神的養成呢？

第一，把人文主義與基督教信仰結合起來，真正形成了一種人文主義的宗教觀點。這是西方精神界的一次燦爛的日出，把施萊爾馬赫推上了「十九世紀西方的教父」的寶座上。

眾所周知，作為近代人文主義之源頭的文藝復興運動，是與中世紀的宗教神學針鋒相對的世俗化運動，它以人的現世享樂否定了神學的禁慾主義，以對人的感性生命的讚美，拒斥了宗教天國的輓歌。隨後興起的啟蒙運動，整個說來，也正是喚醒人的科學理性精神，增強人的知識水平，以取代宗教信仰；從哲學而言，就是以人的世俗主體性的勝利，否定超驗的上帝的權威。在此聲勢浩大的理性化、科學化和世俗化的進程中，施萊爾馬赫之前的宗教神學，雖然也在不斷地改革，以適應人文主義的價值演變，但是，路德派神學家主要還是生活於前哥白尼的心態中，基本上是一個中世紀的、天使與魔鬼對立的世界，對其他的信仰形式不能寬容；加爾文的宗教倫理，雖然對財富讓了路，為世俗化的資本主義提供了新的精神動力，但是他那嚴格而陰鬱的教規，也容忍不了自由的、批判的理性精神存在，有人對早期教會的某個教義有疑問，或反對三位一體，那就得遭受火刑。只有在施萊爾馬赫這裡，人文主義和宗教信仰才真正結合起來了。這主要表現在，對上帝的信仰，不是來自神學的論據或基督教教條，而是來自人的自由意識，來自個人的人性意識，來自他所說的「個人內心中神的最高指示，邀請到時間領域之外去過不朽的生活，不受時間嚴格規律的約束。」❸因為在施萊爾馬赫的基督教信仰中，耶穌基督，不是外在於人、外在於世界的神，祂既

---

❸ 轉引自[英]阿倫・布洛克：《西方人文主義傳統》，北京，三聯書店，1997年版，頁153。

有真實的人性，又有真實的神性；祂是人的生命的一種高級的潛能，是一個無限擴展了的完善的人性理想。因此，在基督中，上帝意識，是塑造整個人格的原則。正是在此意義上，我們可以說，施萊爾馬赫的宗教，是人文主義的。這種人文主義的宗教觀念，既是虔敬信仰的，又是理性批判的；既是超越的，又是在世俗此岸實現這種超越；既是對上帝有絕對依賴感的，又是人性自由意識的最充分表露。這種人文主義的宗教觀念，不僅徹底改變了人們對宗教的態度，喚醒了人們長期被世俗的物質功利所拖累的靈性，而且為人的精神重新確立了一個堅實的支柱，為塑造西方人的人格精神和教養找到了主要的原則。

第二，作為著名的現代人文主義教育的先驅和教育家，施萊爾馬赫為在學校教育中，弘揚人文精神做出了不可磨滅的貢獻。

在近代德國，實施人文素質教育，不是一句空洞的口號，而是一項制度化的事業。因為當時，普魯士在對拿破侖的戰爭中，不斷失敗，經過深刻的反省，他們認識到，德國人不是輸在物資、技術和體力上，而是輸在頭腦、精神和素質上。因此，在國王的親自認可下，由著名的人文主義者威廉·洪堡來主持一系列的教育體制改革，實施人文素質教育。施萊爾馬赫就是在這時受洪堡之邀，一同來策劃、組織普魯士的教育科學體制的。他們按照瑞士教育改革家皮斯塔洛茨(Johan Pestalozzi, 1746–1827)的方針（即反對死記硬背的教學方法，主張教育要以具體經驗為基礎。）改革基礎教育，創建了人文中學(Gymnasium)，以學習希臘文、拉丁文、德語和數學為基礎，培養學生的個性。他們還創建了柏林科學院和柏林大學。從施萊爾馬赫的那篇論文《關於德國式大學的基本構想——論將要建立的一所新大學》中，❹我們就可知道，他是完全按照其人文主

義理想來設想該校的院系設置的。結果，他們使該校成為世界上最有威望的高等教育楷模。施萊爾馬赫後來還在洪堡的推薦下，擔任過普魯士教育部的一個處長，親自主管教育改革。不僅如此，施萊爾馬赫在教育實踐中，他以其豐富的知識、深厚的教養、全面的才華所作的每一堂深受學生歡迎的講課，也堪稱人文教育的典範。另外，施萊爾馬赫不僅在其《教育學》專著中，闡述了其豐富的人文主義教育理想，而且，在其《基督教家庭講道集》中，對兒童的家庭教育問題也有一系列獨見，充滿著人文主義的光輝：「榮耀你孩子的獨特與奇想，以使它們能健康發展，使你的孩子能在此世中過一個很好的生活。」因此，在德國人文主義教育史上，無論是理論領域，還是實踐領域，都留下了施萊爾馬赫的痕跡。

　　第三，施萊爾馬赫從哲學上，將理性主義的主體性原則同浪漫主義的個體性原則結合起來，既防止了它們各自的偏頗，也為僵化的理性主義注入了新的生命活力。

　　主體性(Subjektivität)原則的確立，是理性主義發展的一個重要階段。它從知識論、價值論和生存論上，都確立了以「自我」(Ich, Ichheit) 的在場性為基礎和中心的原則，因而常常被籠統地稱作「人本主義」哲學，成為人文主義的哲學表達和最高階段。然而，在這裡必須說明的是，籠統地把「主體性」哲學，都看作是「人本主義」的，是不準確的。一方面，並非所有的「主體性」哲學，都是以「人的主體性」為原則的哲學。在謝林那裡，他就提出了「自然的主體性」哲學，把自然看作是有「自主性」、「獨立性」和「創造性」的「主體」，甚至把自然看作是有「靈性的」。❺而在黑格爾的

----

❹　參見本書第一章的簡介，頁28。

❺　參看拙著《謝林》，第二章。

「客觀精神」學說裡，他還提出了所謂的「現代國家的主體性」問題等等。❻另一方面，並非所有的強調「人的主體性」的哲學，就是強調真實的「個人」的主體性。在認識論的「主體性」中，實際上，是以極其抽象的人類普遍的「自我意識」為主體；在價值論的「道德主體性」中，實際上，是以人類實踐理性的「自律」為主體；這些學說，雖然都以不同的方式最終有助於確立人的主體性，但實質上，活生生的個人被抽象為理性的概念，被各式各樣的人的集合體（諸如國家、市民社會、教會等）和體現人的價值的理念（諸如「自我」、「理性」、「法權」等）所架空，失去了其內在的生命活力。

德國浪漫主義的追求，正是要以「流動著的生命」反對「僵化的存在」，以充滿感性魅力的個人取代乾枯的理性「主體」，以富有天才創造力和豐富的藝術修養的詩性人格取代老成持重、精於算計的理性道德人格。因此，在德國剛剛興起的這種浪漫主義所實現的一次重大的價值轉變在於，使創造性的生活高於模仿性的認知，使感情的價值優於理性的價值，對自然與審美的崇拜取代對理智和邏輯的崇拜。總之，是要向理性主義高高在上而又抽象乾枯的「主體」注入鮮活的浪漫內容。施萊爾馬赫從一開始，就深刻領悟了浪漫主義的這一價值轉向，把理性主義的「主體性」哲學發展成為浪漫主義的「個體性」哲學，這在其倫理學中得到了最鮮明的體現。

與康德主體性道德學強調主體的立法意志不同，施萊爾馬赫使個體性、自主性、獨創性、友誼和愛情成為其學說的核心。「人」不再被要求成為沒有慾望衝動的純粹「善良意志」的主體，人的「自然性」即「本性」受到了應有的尊重。「人」成了有血有肉的生命

---

❻ 參看張世英：《論黑格爾的精神哲學》，上海人民出版社，1986年版，頁214。

個體。這樣，許多真正屬於人的生活的主題，如家庭、兩性關係、愛情、幸福、信仰、財富，甚至經濟、政治和教會生活等等，也都進入其倫理學之中，占有一席之地。這樣就大大擴展了康德責任倫理學的界限，為人們在各個方面所應具有的「德性」、「品質」和「能力」這些人文主義的「教養」，提供了一份可供選擇（而不是康德命令式的「你必須……」）的價值範型。

當然，無論是「主體性」哲學，還是「個體性」哲學，他們都是人文主義的重要理論表現形式。但「主體性」哲學突出強調和尊重的，是人的理性能力和社會的理性化，從而使人和社會都成為「單面的」。個體性哲學意在把個人的生命作為哲學的根本，反對理性主義對人的抽象化和單面化，使人成為真正意義的人，即既是自然的，又是社會的；既是感性的，又是理性的；既是情感的，又是理智的；既注重科學的認知，又需要宗教的信仰。在這種「個體性」的哲學中，施萊爾馬赫說：

> 要想使倫理學本身，作為對人的完整規定(die ganze Bestimmung des Menschen)，成為最高的科學。❼

在德國，他們把人文主義與Bildung（個人修養）等同起來，❽而這種個人修養又同理性主義的「自我主體性」聯繫在一起，這樣做的缺點在於，個人可能總是封閉在「自我」的狹小範圍內，只顧自己，而不關心集體和社會。而施萊爾馬赫的「個體性」原則，即使人成為個體的，又使人成為集體和社會的；集體要以個體性為基

---

❼　《施萊爾馬赫選集》卷一，頁23。

❽　參看《西方人文主義傳統》，版本同前，頁151。

礎，個體要以集體為皈依。他說：

> 絕對集體性的東西，要再次成為個體性的東西；個體應該再
> 次進入集體。❾

在具有根深蒂固的個人主義傳統的歐洲，能以這種辯證的態度對待
個體與集體的關係，的確是難能可貴的。他既防止了理性主義狹隘
理智的偏頗，又避免了浪漫主義個體激情的放縱，奠定了一種新的
人格教養的基礎，從而把人文精神推向了一個嶄新的階段。

3.現代「方法論」釋義學的創建者

整個西方釋義學，從古至今，大致說來，經歷了三大階段：一
是古代的「局部」解釋學；一是現代「方法論」釋義學；三是當代
「本體論」釋義學。在施萊爾馬赫之前，古代「局部」解釋學，基
本上由文獻學和經典注釋學組成。它按照特殊的注釋對象，制定特
殊的解釋方法；方法的特殊性從屬於解釋對象的特殊性；經過施萊
爾馬赫的系統闡述，原先由特殊文本的注釋學和文獻學這樣的輔助
性學科組成的解釋學，變成了一種普遍的釋義學方法論；而當代的
釋義學，則不管原文的「客觀意義」如何，繞過方法論的環節，直
接從本體上追問「此在」(Dasein) 的意義。我們認為，無論後人如
何評價釋義學從「方法論」到「本體論」轉變的意義，普遍「方法
論」的釋義學都是人類文化中的一個里程碑式的創造。

這種創造之所以可能，是因為施萊爾馬赫的思想在「認識論」
上追隨康德的結果，並達到了他那時代的最高水平。康德認識論的

---

❾ 《施萊爾馬赫選集》卷二，頁91。

出發點是，在提出關於事物的真理性認識之前，首先考察我們的認識能力以及我們知識客觀性的普遍條件；而被狄爾泰稱為「釋義學的康德」的施萊爾馬赫，則是通過追問有效解釋的普遍可能的條件，而實現普遍方法論釋義學的獨創的。

　　普遍方法論釋義學的現代意義，在於施萊爾馬赫以當時最高水平的科學認識論為榜樣，把認識的對象擴展到人類精神文化上來，並相應於科學方法論，制定出人文學的系統的普遍方法論。在他那裡，作為理解對象的文化產品——作者原文——就如同科學認識論中的「客體」，其意義既有獨立於解釋和理解的客觀性，又假定了它們不隨實踐而變異的絕對性。這種意義，是由作者的書寫所確定的，存在於本文自身的語言結構之中，包括語言的公共意義和作者意欲表達的心理意義和象徵意義兩種，它們都獨立於讀者的理解而存在。他所闡發的「語法的解釋」、「心理的解釋」（包括「技術的解釋」） 構成了一個系統的方法論，都是為了達到對原文的客觀理解，把握原文的客觀含義。他的語法解釋，第一次把「語言問題」引入哲學，並最早作出了對二十世紀影響深遠的「語言」和「話語」的區分；他的心理解釋，第一次把心理學引入釋義學，竭力創造性地重建原文作者當初的思想創造過程；這些都促使他就把研究的重心轉到對理解過程本身（而不是被理解的單個的特殊文本）的分析，探索客觀理解形成的條件、過程及其可能性的限度。因此，他的釋義學一方面具有了現代認識論的意義，另一方面，又大大擴展了現代認識論的範圍，為後人開闢獨立的人文科學認識論和方法論奠定了堅實的基礎。

二、施萊爾馬赫對後世的影響

上文我們已多次提到，施萊爾馬赫是個百科全書式的人物，他以其深得民心的現代性神學理論，同各種現代社會理論之間進行協調和對話，因而在哲學、倫理學、美學、教育學、心理學和釋義學等方面，都創造出了對後世有影響力的學說來。但是，影響最大的，還是在神學和哲學上。因此，我們主要探討他對神學和哲學的影響。

1.對後世神學的影響

施萊爾馬赫於1799年五月出版的《論宗教》和1800年元旦出版的《獨白》，堪稱新世紀基督教神學的第一道曙光，照亮了整個十九世紀西方基督教哲學和神學發展的道路。以後的1805年，施萊爾馬赫又出版了《慶祝聖誕節談話》，1810年撰寫了《導論——簡論神學研究》，1821–1822年出版了《論基督教信仰——根據新教教會的原則系統描述的》。這些著作的出版和他那富於感染力和凝聚力的神學講道，都使得他在這個革命與復辟、啟蒙與浪漫、科學與宗教相互激盪的時代，重新把新教神學，確立為人們的內在信仰；把遭受湮滅威脅的宗教，重新置入無比豐富的現代理智生活的核心之中。因此，無論他在神學界的朋友，還是神學界的敵手，都不得不承認，施萊爾馬赫是他那時代最有創造性、最有影響力的神學大師。激烈攻擊和反對施萊爾馬赫神學的黑格爾派神學家施特勞斯(David Friedriech Strauss, 1808–?)也不得不承認：「他在教堂和課堂裡的聽眾人數之多，聽眾們從他那兒得到的激情如此之深刻和持久，他的講演給聽眾們留下的影響是如此之難忘，這一切都證明他在這方面

是極其傑出的。……但我剛從圖賓根結束大學學習來到柏林的時候，還從未聽過這樣一種自由的講演。……施萊爾馬赫自己出版的著作表明，他是一個無與倫比的大師，並且正是由於有了這樣一個特點，我們也就可以在這些著作中看到他那無可比擬的激情和豐富的教益。」❿

　　施萊爾馬赫對十九世紀神學的影響，首先表現在他對德國浪漫派宗教轉向的影響上。德國浪漫派對世俗社會和世俗生活一直感到一種強烈的壓抑，對啟蒙運動以來所追求的「理性化」也深表失望。總之，他們在現代文化面前，感到的只是一種無家可歸的恐懼和失去真正生命之內在詩意的苦痛。因為在他們看來，現代生活，在外受制於對物質的盲目追求；在內，精神被束縛在理性的清規戒律之中，自由和無限，仍然只是夢中的理想。他們渴慕無限，追求自然，嚮往詩意和靈性的生活，但哪裡有「無限」，　哪裡有充滿詩意和靈性的「蘭花」呢？在浪漫派渴求無限的征途中，一開始，他們找到的並不是「宗教」，　而是藝術、審美和詩。只有在施萊爾馬赫加盟浪漫派之後，並在他的內在意識論和直覺體驗論的宗教中，浪漫派才看到了通往無限的驚喜，以及宗教意識與審美、藝術、詩性思維的內在關聯。

　　諾瓦利斯在閱讀了施萊爾馬赫的《論宗教》後不久，就寫出了《基督性或歐洲》，內心的宗教之火一下就被點燃了。

　　謝林雖然在其1800年的《先驗唯心論體系》中，找到了哲學與詩的結合點和通往無限的道路，然而，宗教還是在他的視野之外。但在他於1802-1803年講授《藝術哲學》時，就把他原來作為「理

❿　F. W. Kantzenbach:《施萊爾馬赫》，北京，中國社會科學出版社，1990年版，頁166-167。

性」解釋的「絕對」(Absolute)，直接等同於上帝和神性了。認為「一切藝術源自絕對」，就是說「一切藝術的直接原因是神」(die unmittelbare Ursache aller Kunst ist Gott)⑪。在1804年，他就以其《哲學與宗教》一書，同他剛剛建立起來的理性主義的哲學體系一刀兩斷，向宗教神學轉變，以至於他的後半生都是陷在宗教神學之中。

弗・施萊格爾雖然一開始對施萊爾馬赫缺乏歷史感的宗教觀不太滿意，但他的宗教意識卻被施萊爾馬赫這位真誠的朋友強烈地喚醒了。其後半生，也是主要沉浸於哲學與神學的著述之中，並經歷了從新教的重要代表和領袖到改宗天主教的重大轉變。在他的《論新教的性格》一書中，人們完全看得到施萊爾馬赫宗教哲學的印痕：「只有那種同時賦予一切以靈魂、在其中天下眾生未經約定便成一體的、稱為他們紐帶的東西，才是新教的本質。這就是宗教改革家們所藉之以宣講其主張的自由，就是獨立思考並按照自己的思想去信仰的勇氣；就是拋棄那即使最堅實、剛剛還為他們自己所神聖地珍惜的謬誤組成的桎梏時的果敢。」⑫

可以說，浪漫派成員無不受到了施萊爾馬赫宗教思想的影響。正如俄圖・布勞恩所說：施萊爾馬赫「新思想的影響面起初並不寬，但深深地植根於同志們的精神之中：施萊格爾的、諾瓦利斯的、謝林和卡洛琳娜的，大家都因他的思想而同宗教有了聯繫，並在他們的著作中受到了施萊爾馬赫的影響。」⑬

⑪ 《謝林全集》卷五，德文版，頁386。

⑫ 恩斯特・貝勒：《弗・施萊格爾》，北京，三聯書店，1991年中文版，頁7–8。

⑬ Otto Braun：《施萊爾馬赫的生平和著作》，載《施萊爾馬赫選集》卷

其次，施萊爾馬赫對十九世紀宗教神學影響最大的，還是他那自由而寬容的宗教信仰方式，在大眾心中深深地紮下了根，從而影響到神學思想的發展。在神學思想上，他很早就成了任何一種僵化體系的最尖銳的反對者，而不論這種體系是正統路德派的，還是自由改革派的；也不論這種體系是福音派的，還是理性派的。在神學實踐中，施萊爾馬赫是十九世紀民眾宗教的發起人。這種民眾宗教，實質上就是以自己內心真實存在的「心靈的宗教」自願組成的民間的自由宗教，它的最大敵人是國家教會。施萊爾馬赫堅決拒絕國家教會，反對政府對主教發號施令。他的改革目標是使世俗的民眾教徒自願地組織起來，教區應由他們自己選舉出來的代表來管理，獨立於國家。他的晚年一直在同復辟派的、正統派的、黑格爾派的，甚至國王本人進行激烈的辯論和鬥爭，以使教會最大限度地獨立於國家。他甚至完全不顧自己的名利得失，違背國王的意志，激烈批評國王的自上而下的禮拜儀式改革，反對國王自己弄出來的禮拜規則。這一切，不僅顯示出施萊爾馬赫是一位獻身於自由的人性和基督教與上帝緊密聯繫的現代典範神學家，而且「被稱為自由主義神學之先驅」，「他的宗教觀為自由主義神學奠定了基礎，特別是為自由神學之父里奇耳(Albrecht Ritschl, 1822–1899)所繼承。」❶

再次，正如我們在第二章所說，施萊爾馬赫的宗教哲學開創了宗教現象學的方法，這種方法，清除了現代文化所強加於宗教的種種偏見和誤解，廓清了宗教與形上學、知識論、道德學、神話學、甚至審美的區別，使宗教自在的本性在描述性的語言中顯現出來。這種宗教現象學的方法的影響，超出了十九世紀，啟發了二十世紀

一，頁LIX–LX。

❶ 于可主編：《當代基督新教》，東方出版社，1993年版，頁11–12。

宗教現象學的興起。「在眾多的追隨者中間，魯道夫・俄托(Rudolf Otto, 1869-1937) 被公認為施萊爾馬赫觀點在當代最有影響的傳承者」。⑮

在此，還有一點必須說明的是，關於施萊爾馬赫的宗教神學思想對十九世紀的影響，巴特(K. Barth, 1886-1968)的評價最為中肯和中聽，他說：「人們常說施萊爾馬赫沒創立任何學派，這話的力量實際上沒那麼強。因為我們可以看出，他在柏林有繼承者特維斯頓(A. Twesten)，不來梅有尼策(K. I. Nitsch)，蘇黎世有施韋澤(A. Schweizer)。但是施萊爾馬赫的意義遠遠超出這些以他的名義激勵的學派。他沒開創一個學派，而是開創一個時代。」「最近時代的神學史中的首要位置歸於並將永遠歸於施萊爾馬赫，無人能與他競爭。」⑯但巴特的這種評價有一個私心，就像漢斯・昆正確指出的那樣，他的目的是不讓施萊爾馬赫這位「十九世紀的教父」，也成為二十世紀的教父，從而把這個位置留給他自己。但從我們上面的研究來看，儘管施萊爾馬赫也許真的不是「二十世紀的教父」，但他的思想的確遠遠超出了十九世紀，為二十世紀眾多的學派和思潮奠定了基礎和方向。英國當代神學家詹姆士・利奇蒙德的評價則更為公道：「他在歐洲大陸的神學中開創了一種延續至今的傾向。」⑰

---

⑮ 張志剛：《理性的彷徨——現代西方宗教哲學理性觀比較》，東方出版社，1997年版，頁46。

⑯ 轉引自漢斯・昆：《基督教大思想家》，頁165，版本同前。

⑰ James Richmond：《神學和形而上學》，四川人民出版社，1997年版，頁10。

2.對後世哲學和美學的影響

施萊爾馬赫不僅僅是作為神學家，對其身後的宗教哲學與神學產生了重大的影響，而且也是舉世公認的重要哲學家和美學家，對其身後的哲學與美學的深遠影響，也越來越為研究者所重視。

在十九世紀的偉大哲學家中，受施萊爾馬赫影響最大的，是威廉·狄爾泰。他作為施萊爾馬赫的傳記作者，對他的哲學思想相當熟悉並十分感興趣。面對實證主義和歷史主義的雙重挑戰，狄爾泰受施萊爾馬赫把科學分成物理學和倫理學思想的影響,極力強調「精神科學」(Geisteswissenschaft, 相當於施氏的「倫理學」，指的是「人文科學」) 相對於自然科學的獨立性。並且，狄爾泰還在施萊爾馬赫釋義學的影響下，把釋義學的「理解」作為精神科學的普遍方法論。他贊同施氏的看法，把人類文化的世界，看作是自由的、創造的世界，它起源於人類對宇宙的直觀和感受，即起源於人類的意識和心靈。這同物理的世界是絕對對立的。但狄爾泰不同於施萊爾馬赫，僅重視文化精神世界的民族差異性，他更把這個世界看作是歷史的世界。狄爾泰贊同施氏釋義學的客觀主義方法論，並尤其重視運用施氏心理學的「體驗」方法，進入原文作者的精神世界。不同的是，施氏始終重視重建原作者表達於文本中的客觀含義，而狄氏重建的則是黑格爾意義上的「客觀精神」。 狄爾泰還把施氏的「體驗」概念，廣泛地運用於美學之中，創立了「體驗美學」。 總之，沒有施萊爾馬赫，就沒有狄爾泰；而沒有狄爾泰，就沒有人文科學及其方法論的獨立性。

施萊爾馬赫釋義學的客觀主義方法論，在現代的傳承者，主要有意大利的著名哲學家貝蒂和美國文論家赫施。貝蒂在釋義學的兩

個關鍵問題上，完全採取了施萊爾馬赫同樣的做法，這就是，第一，
仔細研究解釋過程的細節，弄清理解的條件、過程和可能的限度；
第二，提出一整套系統的方法論來確保解釋的客觀性。不同的是，
他為了確保解釋不帶主觀性，連在施氏和狄氏那裡都很重視的心理
學方法，他都要剔除乾淨。

赫施在其代表作《解釋的有效性》的〈前言〉中，就公開聲明，
他的思想受到了施萊爾馬赫的影響。⓲他像施氏一樣，認為釋義學
的根本目的，是要「保衛作者」，準確地理解作者所表達的含義，
避免誤解。通過赫施對伽達默爾的批判，施萊爾馬赫的釋義學思想，
不僅在當代贏得了越來越多的支持者，而且更廣泛地在文藝理論界
傳播。

在當代哲學中，德國哲學泰斗伽達默爾雖然是施萊爾馬赫釋義
學的激烈批判者，但由於他對施氏在釋義學發展史上的貢獻，做出
了充分的肯定，所以，施萊爾馬赫的思想，也是通過他的批判和肯
定而得以在哲學、史學、語言哲學、美學和文藝學等文化領域中廣
泛傳播，作為人們思想必不可少的一個緯度，參與當代的學術對話。
在某種程度上，我們也完全可以說，施萊爾馬赫仍是一位「活著的
現代人」，在我們的文化和精神生活中，起著不可替代的作用。

三、結語

施萊爾馬赫生活在德國向現代轉型的時代，他廣泛地思考和探
討了各種現代社會理論同基督教精神的協調和融合，使神學、哲學、
釋義學等均具有了「現代性」。他重新使宗教獲得了生命，使人們

⓲　E. Hirsch：《解釋的有效性》，北京，三聯書店，1991年版，頁6。

有了精神上的內在依靠，讓信仰在理性時代重新有了地盤；他同浪漫派一起把生命的活力和詩意的情感推向了哲學的前臺，使直覺、想像、體驗、感情、本性、個體性成為哲學的核心概念，促進了非理性主義價值觀的發展，防止並糾正了僵化的理性主義思想的偏頗；就此而言，他在向非理性主義轉變中起著極其重要的作用。

　　但另一方面，我們卻決不能說施萊爾馬赫是個沒有理智、任憑意志和情感衝動的「非理性主義者」。他對理性主義哲學有著深厚的學養，對理性本身也有著某種程度上的尊重。在他的倫理學中，他一直把道德的行為看作是理性對本性的作用和影響，把善看作是理性和本性的和諧與統一。可見，他批判理性主義，旨在糾其之偏，而非剷除其根。他防止了理性的絕對化、單面化和抽象化，使其同生命的本性和諧一致，這才是真正的「理性」。在理性哲學中，也應有施萊爾馬赫的一席之地。

　　在他的思想中，處處閃現著「辯證法」的光輝，感性與理性，科學與宗教，情感與理智，個體與集體都在他的卓見中統一起來了。

　　在他的思想中，顯現著現代文化最為重要的理念。如果說，他尚未體系化地為解決現代文明的危機開出方劑的話，至少在文化的主要部門為避免現代文明的危機指明了合理的方向。

　　中國學界如果再不重視對施萊爾馬赫思想的學習、研究和傳播，那實在是對世界文化資源的一大浪費。

後 記

　　這部斷斷續續寫了多年的專著，現在終於完稿了，內心真有一種說不出的快慰和放鬆。回想起這麼多年和施萊爾馬赫相伴的日日夜夜，既有讀不懂原文的緊張和焦灼，但更多地還是受大師思想浸潤的幸福和與其無語交談的快樂。我最初接觸施萊爾馬赫的思想，是在八〇年代中期讀研究生時。那時我以伽達默爾的釋義美學為研究方向，自然就要涉及施萊爾馬赫的釋義學和美學。正好這時湖北大學德國哲學研究所從德國買到了一套《施萊爾馬赫選集》，我如獲至寶地借來閱讀，但憑那時的德語水平，我還只能是似懂非懂的。而正因為如此，我就下定了決心要好好研究施萊爾馬赫。後來，在我讀博士研究生時，因研究方向定在謝林的浪漫哲學上，這又與施萊爾馬赫有相當緊密的聯繫。因為正是施氏的神學（他被看作是浪漫主義在神學上的代表）影響了謝林（他被看作是浪漫主義在哲學上的代表），使其早早地轉向了宗教神學。當我完成了謝林哲學的博士論文後，就把精力放在施萊爾馬赫身上來了。

　　當傅偉勳先生得知我的這一研究計畫後，多次從美國給我來信，熱情地鼓勵我早日完成這項研究，並把它列入了這套叢書的出版計畫。誰知，當我日夜沉浸於施萊爾馬赫宗教激情的喜悅中時，傅先生卻獨自一人被上帝召回天國。現在，在拙著付梓出版之際，怎能

不激起我對傅先生深深的懷念和哀悼之情呢?!

我首先要表達我對三民書局劉振強先生、叢書主編韋政通先生和編輯部所有同仁的衷心感謝!沒有您們發展文化學術的高瞻遠矚,敝人的這三本學術專著(《謝林》、《叔本華》和《施萊爾馬赫》)是相當難以出版的。真誠地謝謝您們!

本書的完成,得自許多師友的鼓勵和幫助,我的博士導師楊祖陶教授、鄧曉芒教授在我離開武漢大學,甚至離開武漢後,仍然不斷地在生活和研究上給予我指教和關心;湖北大學德國哲學研究所的老師和學友,這麼多年來,一直讓我獨自使用《施萊爾馬赫選集》和其他德文版名著;盧風教授借給我他的藏書《基督教大思想家》和《歷代耶穌形像及其在文化史上的地位》;沒有這些師友的指教、關心和鼓勵,這部著作的寫作,就會更加艱難。衷心地感謝您們!

我還要感謝香港漢語基督教文化所的劉小風博士,沒有他惠贈給我的一些基督教方面的書籍,我對基督教神學的理解,也許仍然停留在表面上。

最後我要感謝我的女兒鄧婧,當我在電腦上輸入文稿時,她經常告訴我正確的漢語拼音。

我要指出的是,雖然我用了多年的時間寫作該書,可以說用盡了心力,這是我目前對施萊爾馬赫的研究所能達到的最高水平。但施萊爾馬赫的思想淵博、學識深奧,涉獵廣泛,遠非個人有限的能力所能窮究。書中無疑存在著許多紕漏和錯誤,懇請學界同仁批評指正。

作者
1998年5月於長沙岳麓山

施萊爾馬赫生平大事年表

1768年11月21日

　　弗里德里希・丹尼爾・恩斯特・施萊爾馬赫誕生於布勒斯勞
的一個具有濃厚宗教傳統的家庭。其祖父就是神職人員並同秘
密的宗教團體有聯繫，其父親哥特利布・阿道爾夫・施萊爾馬
赫是軍隊牧師，其母親是柏林宮廷牧師長施圖本勞赫的女兒。

1770年

　　黑格爾誕生。

1775年1月27日

　　謝林誕生。

1780年

　　在布勒斯勞的弗里德里希學校學習和上過父親的家庭課後，施
萊爾馬赫進了普勒斯的市立學校。

1783年春季

　　施萊爾馬赫進格爾利茨的尼斯基兄弟會師範學校。

1785年

　　成為兄弟會的成員。

　9月22日

　　進易北河畔巴比兄弟會神學院。

1787年復活節

施萊爾馬赫經過鬥爭後離開巴比，並取得父親同意後去哈勒大學學習。

1788年2月22日

叔本華誕生。

康德《實踐理性批判》出版。

1789年

施萊爾馬赫離開哈勒。在哈勒時，他在約翰・奧古斯特・埃北哈特的鼓勵下學習哲學，在F. A. 沃爾夫鼓勵下學習希臘經典著作。他從5月16日起，在德羅森準備第一次神學考試。

1790年5月

施萊爾馬赫在柏林通過第一次神學考試，隨後在西普魯士施洛比滕的多納伯爵家擔任家庭教師。

10月

謝林進圖賓根神學院學習，比黑格爾和荷爾德林低一年級，但是同住一室的朋友。

1793年5月

施萊爾馬赫結束家庭教師工作，在德羅森渡假後，秋季在柏林擔任教師。

復活節

費希特發表《向歐洲各國君主索回他們迄今壓制的思想自由》。

5月

費希特又發表《糾正公眾對於法國革命的評論》第一卷,《評法國革命的合理性》，成為哲學界令人矚目的人物。

6月

費希特與謝林第一次會晤。

1794年4月

施萊爾馬赫通過第二次神學考試，接受了就職儀式後，當上了蘭茨貝格的助理牧師。翻譯的《講道集》首次出版。研究斯賓諾莎和康德。

5月

費希特發表《論知識學或所謂哲學的概念》，開始形成自己的哲學體系。

9月

施萊爾馬赫的父親去世。施萊爾馬赫在柏林相當孤獨和痛苦。隨後同熱愛文學的很有教養的貴族太太赫爾茨夫人相識、結成親密友誼並引起風波。

謝林發表第一部重要的哲學著作《論哲學的可能形式》，又按費希特的哲學理念趕寫《論自我作為哲學的原則》，在費希特之後緊追不捨。

1797年

施萊爾馬赫加入柏林浪漫派，同浪漫派首領之一的F・施萊格爾相識，並結下親密友誼，甚至在聖誕節搬到一起居住。討論浪漫主義的發展計畫。

謝林在思想上脫離費希特，轉向自然哲學，發表《自然哲學的觀念》，在學術界引起反響。

1798年

謝林發表《論宇宙靈魂》，與席勒和歌德相識並得到歌德的器重。在歌德的幫助下，取得耶拿大學編外教授的職務，在耶拿加入浪漫派。

8月

施萊爾馬赫開始撰寫《論宗教》。

1799年5月

完成並出版《論宗教》。發表《談施萊格爾〈盧琴德〉的密信》
表達浪漫主義的愛情觀，維護受到攻擊的朋友。

謝林完成了他的自然哲學體系。

1800年元旦

施萊爾馬赫出版《獨白》。

3月

謝林出版《先驗唯心論體系》。

1801年

施萊爾馬赫出版《講道集》第一集。與柏林一個牧師的太太埃
萊諾勒·格魯諾夫有一段不愉快的交往。

1802年春季

施萊爾馬赫作為宮廷牧師以被流放的形式去斯托爾普。翻譯柏
拉圖的著作，研究新舊倫理學體系。

1803年8月

出版《對迄今為止的道德學說進行批判的基本思路》。

1804年3月

康德逝世訃告。

春季

謝林出版《哲學與宗教》，開始從前期的理性主義向後期非理
性的宗教哲學過渡。

維爾茨堡大學給施萊爾馬赫發出聘請。

10月

施萊爾馬赫接受哈勒大學的聘請,任神學副教授兼大學牧師,遷往哈勒。

1805年

出版《慶祝聖誕節談話》。

第三次反法聯盟戰爭。

5月

席勒去世。

1806年夏天

施萊爾馬赫在哈勒大學教學與講道;滿意地開展學術活動;在反拿破侖戰爭的活動中成為愛國者,把神學與愛國主義結合起來。

10月

耶拿與奧爾斯塔特之戰,法軍獲勝。作為抗戰中心的哈勒大學被關閉。

1807年7月7日

哈勒併入新成立的威斯特法利亞王國,施萊爾馬赫為了行動自由去了柏林,先作自由職業者。

法、俄、普和談,華沙大公國建立。

費希特發表〈告德意志公民書〉。

1808年

施萊爾馬赫為愛國者服務。

夏天,四十歲的施萊爾馬赫與年僅十九歲,但帶有兩個小孩的年輕寡婦亨麗特‧馮‧維里希訂婚。

1809年2月22日

叔本華舉行成年禮。

5月

施萊爾馬赫成為三一教堂牧師。

5月18日

施萊爾馬赫結婚。

謝林出版《論人的自由之本質》，完全轉向基督教神學。

謝林的愛妻（施萊格爾的前妻）卡洛琳娜病逝。

1810年秋天

施萊爾馬赫在新建的柏林大學任教授和神學院第一任院長。撰寫《導論——簡論神學研究》。

1811年

施萊爾馬赫撰寫《辯證法》，作為哲學講座的導言。

9月

費希特當選柏林大學校長。叔本華慕費希特和施萊爾馬赫之大名，轉入柏林大學學習。

1812年3月28日

法軍進駐柏林。

夏季學期

叔本華和施萊爾馬赫發生爭執。

6月24日

法軍開始進軍俄國。

10–11月

拿破侖軍從俄國撤回。

1813年

施萊爾馬赫參加普魯士反拿破侖的戰爭，任軍隊牧師，以其充滿激情的愛國主義講演，使人們深受鼓舞和感動。

1814年

作為《普魯士通訊》的編輯而轉入政治，受到反動派的懷疑，
被開除出教育部。

費希特因在前線服務而染上瘧疾逝世。

1815–16年

任柏林大學校長。

1816年

瑞典開始出版《謝林全集》。

1817年

參加和領導普魯士教派聯盟。

1818年

叔本華出版《作為意志和表現的世界》，成為一個新的哲學家。

　5月

卡爾・馬克思誕生。

1819年

施萊爾馬赫與黑格爾政見不同，在神學思想上發生重大分歧，
教派改革計畫失敗，開始反對國王的禮拜儀式。

1820年

叔本華與黑格爾發生爭執，在講課的擂臺賽中，叔本華失敗。

　5月

維也納會議決議，德意志聯邦建立。

　11月

弗里德里希・恩格斯誕生。

1821年

為反對復辟派神學而再版《論宗教》。

出版新的巨著《論基督教信仰》。

韋伯的《自由射手》在柏林首演。

5月

拿破侖逝世。

黑格爾發表《法哲學原理》。

1822年

黑格爾激烈地攻擊施萊爾馬赫的情感神學。

1823–24年

對施萊爾馬赫政治上的懷疑達到頂點。

1823–25年

就國王宗教事務的權利進行激烈的爭論。

1827年3月26日

樂聖貝多芬逝世。

1828年11月19日

歌曲之王舒伯特逝世。

1829年1月12日

弗里德里希・施萊格爾逝世。

施萊爾馬赫九歲的兒子夭折。

7月

歌德完成《威廉・邁斯特的漫遊時代》。

1831年8月

叔本華因懼怕霍亂病而離開柏林。

11月14日

黑格爾因霍亂死於柏林。

施萊爾馬赫榮獲三級紅鷹勳章。

1832年3月22日

歌德去世。

5月27日

漢巴哈大會，號召為建立統一的德意志共和國而鬥爭。

1833年5月7日

音樂家勃拉姆斯誕生。

7月6日

叔本華定居法蘭克福，在那裡度過他餘生的二十八年。

施萊爾馬赫十分榮耀地去瑞典和丹麥旅遊，在哥本哈根，學生們舉行盛大的火炬遊行歡迎他。

1834年

德意志關稅同盟建立。

2月12日

死於肺炎，葬於柏林三一公墓。

夏季學期

謝林繼續在慕尼黑(München)大學講授《神話哲學》和《啟示哲學》。

主要參考書目

一、原文書目

1. *Schleiermachers Werke*, Erster Band, Hamburg, Felix Meiner Verlage.《施萊爾馬赫選集》，第一卷，漢堡，1981年德文版：

   A：Otto Braun: *Schleiermachers Leben und Werke*

   　　俄圖・布勞恩：《施萊爾馬赫的生平和著作》

   B：*Grundlinien einer Kritik der bisherigen Sittenlehre*

   　　《對迄今為止的道德學說進行批判的基本思路》

2. 《施萊爾馬赫選集》，第二卷，版本同上：

   A：俄圖・布勞恩的〈導論〉

   B：諾爾(H. Nohl)的〈前言〉

   C：*Versuch einer Theorie des geselligen Betragen*

   　　《試論社會責任理論》

   D：《德性論》，1804-05

   E：《倫理學》，1812-13（導論和善論）

   F：《倫理學》，1812-13（德性論和義務論）

   G：《倫理學》，1814-16（導論和善論Ⅰ）

H:《倫理學》，1814–16（義務論）

I:《倫理學》，1816（一般導論和善論Ⅰ）

J:《倫理學評論》，1832

3.《施萊爾馬赫選集》，第三卷，版本同上：

A:《辯證法》（節選）

B:《論基督教道德》（節選）

C: *Predigten über den Hausstand*（《家庭佈道集》，附有一篇由Johannes Bauer教授寫的導論：〈基督教家庭佈道集的形成和意義〉）。

D:《論教育學》（節選）

E:《國家學說》（節選）

F:《論基督教信仰》（節選）

4.《施萊爾馬赫選集》，第四卷，版本同上：

A:《心理學》

B:《美學講座》

C:《釋義學》

D:《論宗教》

E:《獨白》

F:《慶祝聖誕節談話》

G: *Gelegentliche Gedanken über Universität im deutschen Sinne*《關於德國式大學的基本構想》

H: 施萊爾馬赫發表於《雅典娜神殿》上的兩篇評論:〈恩格爾(Engel): 世界的哲學家〉和〈費希特: 論人的使命〉

5. Rudolf Eucken: *Die Lebensanschauungen grösse Denker—Eine Entwicklungsgeschichte des Lebensproblems der Menschheit von*

Plato bis zur Gegenwart, Dreizehnte und Vierzehte Auflage, Berlin und Leipzig, 1919.

魯多爾夫・奧伊肯:《大思想家的生命觀──從柏拉圖一直到當代人類生命問題的發展史》,第13和14版,柏林和萊比錫,1919年。

6.Herbert Schnädelbach: *Vernuft und Geschicht*, Frankfurt, 1987.

赫爾伯特・施納德巴赫:《理性和歷史》,法蘭克福,1987年版。

7. F. W. J. Schelling: *Über das Wesen der Menschlichen Freiheit*, Philip Reclam jun, Stuttgart, 1983.

謝林:《論人的自由之本質》,法蘭克福,1983年版。

8. F. W. J. Schelling: *Bruno oder Über das Göttiche und Natürliche Prinzip der Dinge*, Verlage Phlipp Reclam jun, Leipzig, 1989.

謝林:《布魯諾,或者論事物的神性原則和自然原則》,萊比錫,1989年版。

二、譯著

1.[德] F. W. 康岑巴赫(F. W. Kantzenbach):《施萊爾馬赫》,北京,中國社會科學出版社,1990年版。

2.士來馬赫(即施萊爾馬赫):《宗教與敬虔》,臺北,基督教文藝出版社,1991年,第二版。

3.漢斯・昆(Hans Küng):《基督教大思想家》,香港,漢語基督教文化研究所,1995年版。

4.基爾克果(Kierkegaard):《論懷疑者》,香港,漢語基督教文化研究所,1995年版。。

5.帕利坎(Pelikan):《歷代耶穌形像及其在文化史上的地位》,香港,

漢語基督教文化研究所，1995年版。

6. 莫爾特曼(J. Moltmann)：《被釘十字架的上帝》，上海，三聯書店，1997年版。

7. 奧特(H. Ott)：《不可言說的言說》，北京，三聯書店，1994年版。

8. 漢斯·昆(Hans Küng)：《論基督徒》(上、下冊)，北京，三聯書店，1995年版。

9. 馬丁·開姆尼茨(Martin Chemnitz)：《基督的二性》，南京，譯林出版社，1996年版。

10. 約翰·麥奎利(John Macquarrie)：《二十世紀宗教思想》，上海人民出版社，1989年版。

11. 劉小楓主編：《二十世紀西方宗教哲學文選》(上、中、下卷)，上海，三聯書店，1988年版。

12. 黑格爾：《黑格爾早期神學著作》，北京，商務印書館，1988年版。

13. 黑格爾：《宗教哲學講座·導論》，濟南，山東大學出版社，1988年版。

14. 費希特：《倫理學體系》，北京，中國社會科學出版社，1995年版。

15. 康德：《實踐理性批判》，北京，商務印書館，1960年版。

16. 康德：《道德形上學原理》，上海人民出版社，1986年版。

17. 弗里德里希·包爾生：《倫理學體系》，北京，中國社會科學出版社，1988年版。

19. [美]阿拉斯戴爾·麥金太爾(Alasdair Macintyre)：《誰之正義？何種合理性?》，北京，當代中國出版社，1996年版。

20. [英]約翰·托蘭德(John Toland)：《基督教並不神秘》，北京，商務印書館，1989年版。

21. [英]休謨(David Hume)：《自然宗教對話錄》，北京，商務印書館，

1989年版。

22. [美]梯利(Frank Thilly)：《西方哲學史》（上、下冊），北京，商務印書館，1975年版。

23. 《十九世紀西方美學名著選》（德國卷），上海，復旦大學出版社，1990年版。

24. [意]貝尼季托・克羅齊（?）：《作為表現的科學和一般語言學的美學的歷史》，北京，中國社會科學出版社1984年版。

25. 斯賓諾莎：《倫理學》，北京，商務印書館，1981年版。

26. 亨利希・海涅：《論德國宗教和哲學的歷史》，北京，商務印書館，1974年版。

27. 亨利希・海涅：《論浪漫派》，北京，人民文學出版社，1979年版。

28. 盧卡奇：《理性的毀滅》，濟南，山東人民出版社，1988年版。

29. [美]莫蒂默・艾德勒(Motimer J. Adler)和查爾斯・范多倫(Charles Van Doren)編：《西方思想寶庫》，長春，吉林人民出版社，1988年版。

30. [英]詹姆士・利奇蒙德(James Richmond)：《神學和形而上學》，成都，四川人民出版社，1997年版。

三、中文著作

1. 陳修齋、楊祖陶：《歐洲哲學史稿》，武漢，湖北人民出版社，1987年版。

2. 楊祖陶：《德國古典哲學的邏輯進程》，武漢大學出版社，1993年版。

3. 張世英：《論黑格爾的精神哲學》，上海人民出版社，1986年版。

4.梁志學：《費希特青年時期的哲學創作》，北京，中國社會科學出版社，1991年版。

5.鄧曉芒：《思辨的張力——黑格爾辯證法新探》，長沙，湖南教育出版社，1992年版。

6.趙敦華：《基督教哲學1500年》，北京，人民出版社，1994年版。

7.趙林：《神旨的感召——西方文化的傳統和演進》，武漢大學出版社，1993年版。

8.趙林：《黑格爾的宗教哲學》，武漢大學出版社，1996年版。

9.謝舜：《神學的人學化——康德的宗教哲學及其現代影響》，南寧，廣西人民出版社，1997年版。

10.張志剛：《理性的彷徨——現代西方宗教哲學理性觀比較》，北京，東方出版社，1997年版。

11.鄧安慶：《謝林》，臺北，三民書局，1995年版。

12.鄧安慶：《叔本華》，臺北，三民書局，1997年版。

索　引

二劃

人文精神　4, 16, 213, 214, 239, 242, 243, 244, 248

三劃

上帝　4, 5, 7, 10, 11, 19, 28, 33, 34, 35, 37, 43, 47, 50, 53, 55, 56, 59, 61, 62, 63, 64, 66, 67, 68, 69, 70, 71, 74, 75, 77, 78, 81, 82, 83, 84, 85, 86, 94, 95, 96, 104, 105, 108, 109, 110, 111, 112, 114, 115, 116, 117, 119, 125, 130, 138, 141, 163, 174, 175, 176, 177, 178, 182, 183, 240, 241, 243, 244, 252, 253

五劃

兄弟會　4, 7, 8, 9, 10, 11, 26, 48, 49, 70, 123
世界觀　10, 12, 13, 14, 16, 20, 25, 64, 74, 137, 176
世俗化　14, 61, 85, 132, 173, 183, 243
民眾宗教　33, 253
母愛　46, 47, 50
主體性　62, 125, 240, 243, 245, 246, 247

六劃

同一性　22, 25, 34, 85, 88, 150, 154, 174, 201, 222, 223, 225, 228, 229, 230, 231, 232, 235, 236

自然宗教　40, 101, 102

自由　13, 23, 24, 29, 30, 35, 37, 41, 42, 43, 48, 61, 68, 70, 72, 77, 79, 92, 93, 94, 101, 103, 104, 105, 113, 121, 124, 126, 130, 132, 133, 138, 150, 158, 161, 166, 167, 170, 173, 188, 193, 199, 210, 220, 221, 222, 231, 232, 233, 234, 235, 240, 241, 243, 244, 251, 252, 253, 255

自然神論　63, 64, 66, 67, 75, 96, 101

伊斯蘭教　100, 101, 102

七劃

狄爾泰 (W. Chr. L. Dilthey)　2, 18, 124, 196, 201, 205, 210, 213, 249, 255

泛神論　19, 40, 41, 63, 64, 66, 67, 69, 82, 83, 85, 88, 90, 101

形上學　37, 73, 74, 75, 76, 77, 79, 81, 84, 85, 90, 96, 97, 116, 131, 135, 137, 138, 139, 235, 237, 241, 253

八劃

叔本華 (A. Schopenhauer)　1, 2, 12, 13, 31, 35, 130, 154, 157, 161, 189, 212, 217, 228

宗教　1, 2, 3, 4, 5, 6, 8, 10, 11, 13, 14, 16, 17, 18, 19, 20, 22, 24, 25, 37, 38, 39, 41, 42, 43, 47, 49, 50, 53, 54, 55, 56, 59, 60, 61, 62, 63, 64, 65, 66, 67, 68, 69, 70, 71, 72, 73, 74, 75, 76, 77, 78, 79, 80, 81, 82, 83, 84, 85, 86, 87, 88, 89, 90, 91, 93, 95, 96, 97, 106,

108, 109, 110, 111, 112, 113, 114, 115, 116, 117, 119, 120, 121, 122, 123, 124, 125, 126, 132, 133, 143, 144, 147, 152, 162, 163, 167, 171, 173, 174, 175, 177, 178, 182, 188, 189, 190, 220, 223, 225, 235, 236, 239, 241, 242, 243, 244, 247, 250, 251, 252, 254, 255, 256, 257

直觀　14, 15, 19, 23, 30, 34, 37, 38, 40, 53, 59, 60, 70, 71, 76, 77, 79, 80, 81, 82, 83, 84, 85, 87, 88, 90, 94, 95, 96, 97, 99, 100, 101, 103, 104, 105, 106, 111, 114, 115, 118, 119, 120, 121, 125, 171, 172, 241, 255

九劃

耶穌基督　33, 38, 54, 56, 105, 107, 108, 109, 110, 117, 174, 176, 181, 243

神學　1, 2, 3, 4, 10, 14, 16, 18, 19, 21, 22, 23, 24, 25, 26, 29, 30, 33, 35, 36, 41, 54, 55, 56, 57, 59, 60, 61, 62, 64, 65, 70, 77, 78, 96, 102, 103, 106, 107, 108, 111, 112, 116, 122, 123, 128, 129, 133, 138, 139, 149, 163, 183, 187, 188, 191, 192, 211, 217, 225, 237, 239, 240, 241, 242, 243, 251, 252, 253, 254, 255, 256

美學　2, 18, 71, 124, 125, 186, 193, 199, 217, 218, 219, 220, 221, 223, 224, 225, 226, 233, 234, 235, 236, 237, 240, 250, 255, 256

洪堡(W. von Humboldt)　12, 16, 25, 30, 131, 244, 245

柏拉圖　6, 18, 21, 22, 24, 26, 37, 44, 45, 46, 52, 74, 100, 127, 128, 136, 137, 138, 141, 142, 187, 190, 196, 227, 228, 241

施萊格爾 (F. Schlegel)　16, 17, 20, 26, 54, 97, 124, 125, 127, 157, 217, 252

思辨神學　34

信仰　3, 4, 10, 11, 12, 15, 33, 34, 38, 39, 41, 54, 55, 56, 59, 60, 61, 62, 63, 65, 66, 67, 68, 69, 71, 75, 78, 81, 88, 96, 97, 98, 102, 105, 107, 109, 110, 111, 116, 117, 120, 122, 123, 126, 131, 132, 163, 174, 175, 181, 212, 240, 241, 242, 243, 244, 247, 250, 252, 253, 257

十劃

馬丁‧路德(Martin Luther)　59, 68, 70, 106, 111, 188

倫理學　2, 7, 13, 21, 22, 23, 27, 43, 44, 45, 46, 54, 75, 90, 123, 124, 125, 126, 127, 128, 129, 130, 131, 132, 133, 134, 135, 136, 137, 138, 139, 140, 142, 143, 144, 145, 146, 147, 148, 150, 152, 154, 156, 157, 158, 161, 162, 163, 168, 172, 173, 174, 175, 176, 180, 181, 193, 219, 220, 221, 223, 225, 234, 235, 239, 240, 246, 247, 250, 255, 257

個體性　32, 40, 81, 102, 125, 126, 127, 130, 166, 167, 171, 172, 173, 193, 201, 202, 210, 222, 230, 232, 236, 237, 245, 246, 247, 248, 257

虔敬主義　12, 56, 60, 65, 66, 67, 69, 70, 71, 240, 241

浪漫主義　18, 19, 31, 36, 41, 70, 86, 100, 123, 124, 125, 133, 150, 157, 158, 161, 172, 189, 217, 242, 245, 246, 248

浪漫主義神學　71

拿破侖　24, 25, 28, 30, 31, 32, 130, 131, 244

哲學　1, 2, 3, 4, 5, 6, 10, 12, 13, 14, 16, 18, 20, 21, 22, 23, 25, 28, 29, 30, 31, 33, 34, 36, 37, 41, 42, 43, 52, 53, 54, 59, 62, 63, 65,

66, 67, 68, 69, 70, 71, 72, 73, 74, 75, 76, 77, 78, 83, 84, 85, 90, 96, 97, 98, 99, 101, 102, 103, 121, 122, 126, 127, 129, 130, 131, 133, 134, 135, 136, 137, 138, 144, 147, 148, 150, 158, 162, 167, 172, 174, 175, 178, 180, 185, 186, 187, 188, 190, 191, 192, 193, 194, 196, 205, 206, 210, 211, 212, 213, 214, 218, 219, 220, 221, 223, 226, 234, 237, 239, 240, 241, 242, 243, 245, 246, 247, 249, 250, 251, 252, 253, 255, 256, 257

十一劃

康德(Immanuel Kant)　1, 2, 3, 4, 6, 7, 10, 12, 13, 15, 37, 43, 44, 45, 52, 53, 66, 67, 69, 70, 71, 73, 75, 77, 78, 86, 97, 122, 123, 124, 128, 133, 138, 139, 140, 141, 142, 145, 146, 147, 148, 149, 154, 158, 161, 162, 163, 164, 172, 173, 212, 219, 234, 235, 240, 241, 246, 247, 248, 249

基督教　7, 10, 24, 25, 33, 34, 38, 40, 41, 51, 54, 55, 56, 59, 63, 64, 65, 67, 68, 69, 71, 74, 75, 88, 97, 98, 100, 101, 102, 103, 104, 105, 106, 107, 109, 110, 111, 112, 116, 117, 120, 121, 132, 144, 152, 163, 178, 240, 243, 245, 253, 256

基督教神學　11, 66, 175, 176, 177, 190, 250

基督教道德　129, 131, 173, 174, 175, 176, 177, 179, 180, 181, 182, 183

啟蒙運動　11, 19, 60, 61, 62, 67, 69, 71, 75, 78, 79, 85, 96, 97, 106, 107, 109, 112, 114, 124, 125, 189, 240, 242, 243, 251

啟蒙神學　12,

理性主義　15, 21, 25, 62, 63, 64, 69, 108, 123, 133, 134, 138, 149,

150, 158, 161, 163, 172, 240, 241, 242, 245, 246, 247, 248, 252, 257

教會　3, 15, 24, 32, 33, 37, 39, 49, 55, 56, 64, 65, 68, 73, 78, 96, 97, 99, 111, 112, 113, 114, 115, 116, 130, 131, 152, 171, 188, 241, 243, 246, 247, 250, 253

情感　2, 5, 8, 16, 18, 19, 26, 38, 47, 48, 49, 50, 56, 59, 69, 70, 71, 78, 83, 85, 86, 87, 88, 89, 90, 91, 94, 95, 96, 97, 99, 100, 105, 106, 108, 113, 114, 152, 153, 158, 161, 163, 229, 235, 236, 241, 247, 257

救贖　46, 51, 55, 56, 68, 104, 106, 107, 108, 109, 110, 111, 116, 120, 121, 122, 181, 182

現象學　25, 37, 73, 80, 103, 205, 253, 254

現代性　106, 107, 123, 132, 133, 240, 241, 242, 250, 256

十二劃

惡　16, 45, 49, 55, 64, 81, 82, 111, 112, 128, 137, 139, 140, 148, 149, 150, 156, 170, 176, 177, 183

費希特 (J. G. Fichte)　1, 14, 19, 20, 24, 25, 29, 32, 37, 42, 43, 44, 45, 52, 53, 66, 70, 78, 90, 126, 128, 130, 133, 141, 234

斯賓諾莎　15, 19, 41, 44, 45, 46, 63, 66, 82, 88, 126, 128, 142, 241

猶太教　40, 101, 102, 104, 107

善　4, 8, 9, 13, 15, 32, 36, 39, 44, 45, 50, 65, 66, 79, 97, 102, 105, 106, 107, 109, 110, 116, 120, 121, 124, 127, 128, 129, 130, 133, 136, 137, 138, 139, 140, 142, 143, 144, 147, 148, 149, 150, 151, 152, 153, 154, 155, 156, 157, 158, 161, 162, 163, 164, 166, 170,

171, 172, 174, 175, 176, 177, 178, 180, 181, 182, 183, 231, 232, 235, 241, 244, 246, 257

黑格爾 (G. W. F. Hegel)　1, 14, 15, 25, 33, 34, 52, 54, 64, 69, 70, 71, 73, 78, 98, 102, 103, 161, 217, 218, 219, 220, 223, 225, 228, 229, 234, 245, 250, 253, 255

十三劃

道德　2, 3, 4, 7, 8, 10, 16, 17, 18, 19, 20, 22, 43, 44, 45, 65, 70, 71, 74, 76, 77, 78, 79, 84, 85, 96, 101, 107, 109, 110, 121, 123, 125, 126, 127, 129, 131, 132, 133, 134, 137, 139, 140, 141, 142, 145, 146, 147, 149, 150, 151, 154, 156, 159, 160, 161, 162, 164, 165, 166, 167, 168, 169, 170, 171, 173, 174, 175, 176, 177, 178, 179, 180, 181, 182, 183, 220, 223, 227, 234, 235, 241, 246, 253, 257

道德哲學　13, 135, 148, 172

道德神學　13, 37, 63, 66, 67, 69, 75, 124

愛情　19, 25, 26, 27, 28, 125, 157, 171, 246, 247

愛國主義　24, 30, 31, 32, 130, 131

新教　4, 21, 24, 33, 36, 54, 56, 68, 70, 112, 113, 123, 131, 168, 188, 250, 252

義務　13, 45, 128, 131, 140, 141, 143, 144, 148, 153, 162, 163, 164, 165, 166, 167, 168, 169, 170, 171, 172, 173, 175, 179, 180, 181, 182, 220

十四劃

歌德(J. W. von Goethe)　10, 12, 16, 20, 31, 64, 125, 126, 130, 212,

229, 231

實證宗教　40, 98, 99, 100, 101, 103, 104, 105, 107

十五劃

德性　13, 45, 46, 124, 128, 129, 130, 131, 137, 140, 141, 142, 144, 153, 154, 155, 156, 157, 158, 160, 161, 162, 163, 168, 169, 170, 173, 175, 178, 179, 180, 181, 182, 247

十七劃

謝林(F. W. J. von Schlling)　1, 2, 14, 15, 19, 20, 21, 22, 24, 25, 26, 34, 41, 42, 52, 53, 64, 70, 78, 84, 88, 90, 97, 98, 150, 190, 212, 217, 219, 220, 225, 228, 229, 234, 245, 251, 252

十九劃

懷疑主義　6, 7

二十劃

釋義學　2, 23, 185, 186, 187, 188, 189, 190, 191, 192, 193, 194, 195, 196, 197, 198, 199, 200, 201, 202, 203, 204, 205, 206, 207, 210, 211, 212, 213, 214, 215, 221, 228, 236, 240, 242, 248, 249, 250, 255, 256

二十一劃

辯證法　2, 52, 53, 54, 84, 130, 144, 149, 164, 193, 218, 257

世界哲學家叢書（一）

書　　　　名	作　　　者	出　版　狀　況
孔　　　　子	韋　政　通	已　　出　　版
孟　　　　子	黃　俊　傑	已　　出　　版
荀　　　　子	趙　士　林	已　　出　　版
老　　　　子	劉　笑　敢	已　　出　　版
莊　　　　子	吳　光　明	已　　出　　版
墨　　　　子	王　讚　源	已　　出　　版
公　孫　龍　子	馮　耀　明	排　　印　　中
韓　　　　非	李　甦　平	已　　出　　版
淮　　南　　子	李　　　增	已　　出　　版
董　　仲　　舒	韋　政　通	已　　出　　版
揚　　　　雄	陳　福　濱	已　　出　　版
王　　　　充	林　麗　雪	已　　出　　版
王　　　　弼	林　麗　真	已　　出　　版
郭　　　　象	湯　一　介	已　　出　　版
阮　　　　籍	辛　　　旗	已　　出　　版
劉　　　　勰	劉　綱　紀	已　　出　　版
周　　敦　　頤	陳　郁　夫	已　　出　　版
張　　　　載	黃　秀　璣	已　　出　　版
李　　　　覯	謝　善　元	已　　出　　版
楊　　　　簡	鄭　曉　江貴 李　承　貴	已　　出　　版
王　　安　　石	王　明　蓀	已　　出　　版
程　顥　、　程　頤	李　日　章	已　　出　　版
胡　　　　宏	王　立　新	已　　出　　版
朱　　　　熹	陳　榮　捷	已　　出　　版
陸　　象　　山	曾　春　海	已　　出　　版

世界哲學家叢書（二）

書　　　　名	作　　者	出　版　狀　況
王　　廷　　相	葛　榮　晉	已　　出　　版
王　　陽　　明	秦　家　懿	已　　出　　版
李　　卓　　吾	劉　季　倫	排　　印　　中
方　　以　　智	劉　君　燦	已　　出　　版
朱　　舜　　水	李　甦　平	已　　出　　版
戴　　　　震	張　立　文	已　　出　　版
竺　　道　　生	陳　沛　然	已　　出　　版
慧　　　　遠	區　結　成	已　　出　　版
僧　　　　肇	李　潤　生	已　　出　　版
吉　　　　藏	楊　惠　南	已　　出　　版
法　　　　藏	方　立　天	已　　出　　版
惠　　　　能	楊　惠　南	已　　出　　版
宗　　　　密	冉　雲　華	已　　出　　版
永　　明　　延　　壽	冉　雲　華	已　　出　　版
湛　　　　然	賴　永　海	已　　出　　版
知　　　　禮	釋　慧　岳	已　　出　　版
嚴　　　　復	王　中　江	已　　出　　版
康　　有　　為	汪　榮　祖	已　　出　　版
章　　太　　炎	姜　義　華	已　　出　　版
熊　　十　　力	景　海　峰	已　　出　　版
梁　　漱　　溟	王　宗　昱	已　　出　　版
殷　　海　　光	章　　　清	已　　出　　版
金　　岳　　霖	胡　　　軍	已　　出　　版
張　　東　　蓀	張　耀　南	已　　出　　版
馮　　友　　蘭	殷　　　鼎	已　　出　　版

世界哲學家叢書（三）

書　　　　　名	作　　　者	出　版　狀　況
牟　　宗　　三	鄭　家　棟	排　　印　　中
湯　　用　　彤	孫　尚　揚	已　　出　　版
賀　　　　　麟	張　學　智	已　　出　　版
商　　羯　　羅	江　亦　麗	已　　出　　版
辨　　　　　喜	馬　小　鶴	已　　出　　版
泰　　戈　　爾	宮　　　靜	已　　出　　版
奧羅賓多·高士	朱　明　忠	已　　出　　版
甘　　　　　地	馬　小　鶴	已　　出　　版
尼　　赫　　魯	朱　明　忠	已　　出　　版
拉達克里希南	宮　　　靜	已　　出　　版
李　　栗　　谷	宋　錫　球	已　　出　　版
空　　　　　海	魏　常　海	排　　印　　中
道　　　　　元	傅　偉　勳	已　　出　　版
山　鹿　素　行	劉　梅　琴	已　　出　　版
山　崎　闇　齋	岡　田　武　彥	已　　出　　版
三　宅　尚　齋	海老田輝巳	已　　出　　版
貝　原　益　軒	岡　田　武　彥	已　　出　　版
荻　生　徂　徠	王　祥　齡 劉　梅　琴	排　　印　　中
石　田　梅　岩	李　甦　平	已　　出　　版
楠　本　端　山	岡　田　武　彥	已　　出　　版
吉　田　松　陰	山　口　宗　之	已　　出　　版
中　江　兆　民	畢　小　輝	已　　出　　版
蘇格拉底及其先期哲學家	范　明　生	排　　印　　中
柏　　拉　　圖	傅　佩　榮	已　　出　　版
亞　里　斯　多　德	曾　仰　如	已　　出　　版

世界哲學家叢書（四）

書　　　　　名	作　　者	出　版　狀　況
伊　壁　鳩　魯	楊　　適	已　　出　　版
愛　比　克　泰　德	楊　　適	排　　印　　中
柏　　羅　　丁	趙　敦　華	已　　出　　版
伊　本・赫　勒　敦	馬　小　鶴	已　　出　　版
尼　古　拉・庫　薩	李　秋　零	已　　出　　版
笛　　卡　　兒	孫　振　青	已　　出　　版
斯　賓　諾　莎	洪　漢　鼎	已　　出　　版
萊　布　尼　茨	陳　修　齋	已　　出　　版
牛　　　　頓	吳　以　義	排　　印　　中
托　馬　斯・霍　布　斯	余　麗　嫦	已　　出　　版
洛　　　　克	謝　啓　武	已　　出　　版
巴　　克　　萊	蔡　信　安	已　　出　　版
托　馬　斯・銳　德	倪　培　民	已　　出　　版
梅　　里　　葉	李　鳳　鳴	已　　出　　版
狄　　德　　羅	李　鳳　鳴	排　　印　　中
伏　　爾　　泰	李　鳳　鳴	已　　出　　版
孟　德　斯　鳩	侯　鴻　勳	已　　出　　版
施　萊　爾　馬　赫	鄧　安　慶	已　　出　　版
費　　希　　特	洪　漢　鼎	已　　出　　版
謝　　　　林	鄧　安　慶	已　　出　　版
叔　　本　　華	鄧　安　慶	已　　出　　版
祁　　克　　果	陳　俊　輝	已　　出　　版
彭　　加　　勒	李　醒　民	已　　出　　版
馬　　　　赫	李　醒　民	已　　出　　版
迪　　　　昂	李　醒　民	已　　出　　版

世界哲學家叢書（五）

書　　　　　名	作　　　者	出　版　狀　況
恩　　格　　斯	李　步　樓	已　　出　　版
馬　　克　　思	洪　鐮　德	已　　出　　版
約　翰　彌　爾	張　明　貴	已　　出　　版
狄　　爾　　泰	張　旺　山	已　　出　　版
弗　洛　伊　德	陳　小　文	已　　出　　版
史　賓　格　勒	商　戈　令	已　　出　　版
韋　　　　　伯	韓　水　法	已　　出　　版
胡　　塞　　爾	蔡　美　麗	已　　出　　版
馬克斯・謝勒	江　日　新	已　　出　　版
海　　德　　格	項　退　結	已　　出　　版
高　　達　　美	嚴　　平	已　　出　　版
盧　　卡　　奇	謝　勝　義	排　　印　　中
哈　伯　馬　斯	李　英　明	已　　出　　版
榮　　　　　格	劉　耀　中	已　　出　　版
皮　　亞　　傑	杜　麗　燕	已　　出　　版
索　洛　維約夫	徐　鳳　林	已　　出　　版
費　奧　多洛夫	徐　鳳　林	已　　出　　版
別　爾　嘉耶夫	雷　永　生	已　　出　　版
馬　　賽　　爾	陸　達　誠	已　　出　　版
阿　　圖　　色	徐　崇　溫	排　　印　　中
傅　　　　　科	于　奇　智	排　　印　　中
布　拉　德　雷	張　家　龍	已　　出　　版
懷　　特　　海	陳　奎　德	已　　出　　版
愛　因　斯　坦	李　醒　民	已　　出　　版
皮　　爾　　遜	李　醒　民	已　　出　　版

世界哲學家叢書（六）

書　　　　　　　名	作　　　者	出　版　狀　況
玻　　　　　　爾	戈　　革	已　　出　　版
弗　雷　格	王　　路	已　　出　　版
石　里　克	韓　林　合	已　　出　　版
維　根　斯　坦	范　光　棣	已　　出　　版
艾　耶　爾	張　家　龍	已　　出　　版
奧　斯　丁	劉　福　增	已　　出　　版
史　陶　生	謝　仲　明	已　　出　　版
馮　・　賴　特	陳　　波	已　　出　　版
赫　　　　　爾	孫　偉　平	已　　出　　版
愛　默　生	陳　　波	已　　出　　版
魯　一　士	黃　秀　璣	已　　出　　版
普　爾　斯	朱　建　民	排　　印　　中
詹　姆　士	朱　建　民	已　　出　　版
蒯　　　　　因	陳　　波	已　　出　　版
庫　　　　　恩	吳　以　義	已　　出　　版
史　蒂　文　森	孫　偉　平	已　　出　　版
洛　爾　斯	石　元　康	已　　出　　版
海　耶　克	陳　奎　德	排　　印　　中
喬　姆　斯　基	韓　林　合	已　　出　　版
馬　克　弗・森	許　國　賢	已　　出　　版
尼　布　爾	卓　新　平	已　　出　　版